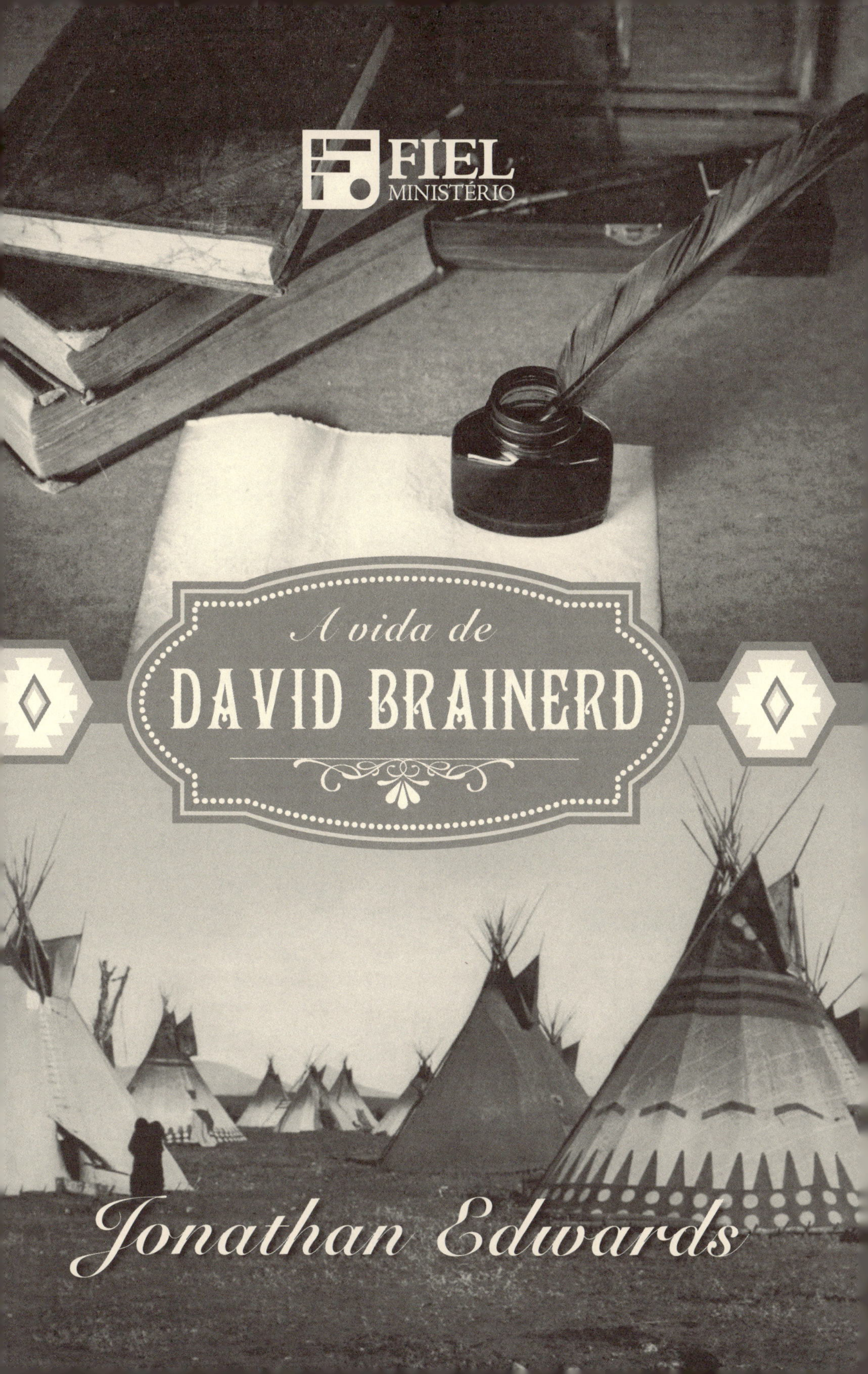
FIEL
MINISTÉRIO
A vida de
DAVID BRAINERD
Jonathan Edwards

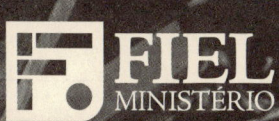

E26v   Edwards, Jonathan, 1703-1758
       A vida de David Brainerd / Jonathan Edwards ; [tradução:
       Valter Graciano Martins]. – 2. ed. – São José dos Campos,
       SP : Fiel, 2017.

       322 p. : il.
       Tradução de: An account of the life of the late reverend
       Mr. David Brainerd.
       ISBN 9788581323893

       1. Brainerd, David, 1718-1747. I. Título.

                                                    CDD: 922

Catalogação na publicação: Mariana C. de Melo Pedrosa – CRB07/6477

A Vida de David Brainerd
Traduzido do original em inglês
*An Account of the Life of the Late Reverend
Mr. David Brainerd.*

Publicado originalmente por Jonathan Edwards,
a partir do diário de David Brainerd em 1749.

■

Copyright©1993 Editora FIEL.

1ª Edição em Português: 1993
2ª Edição em Português: 2017

Todos os direitos em língua portuguesa reservados
por Editora Fiel da Missão Evangélica Literária

Proibida a reprodução deste livro
por quaisquer meios, sem a permissão escrita
dos editores, salvo em breves citações,
com indicação da fonte.

Versão bíblica utilizada Almeida Revista e
Atualizada da Sociedade Bíblica do Brasil

■

Diretor: Tiago J. Santos Filho
Editor-chefe: Vinicius Mulsselman
Editor: Tiago J. Santos Filho
Tradução: Valter Graciano Martins
Revisão: Marilene Paschoal,
         Anna Maria de Azevêdo
Diagramação: Rubner Durais
Capa: Rubner Durais
ISBN impresso: 978-85-8132-389-3
ISBN e-book: 978-85-8132-431-9

Caixa Postal 1601
CEP: 12230-971
São José dos Campos, SP
PABX: (12) 3919-9999
www.editorafiel.com.br

Sumário

Prefácio 7

Nota Introdutória 13

1   Do seu nascimento ao tempo em que começou
a estudar para o ministério — *1718 - 1742* 15

2   Do tempo em que começou a estudar teologia
até ser licenciado para pregar — *abril - julho de 1742* 37

3   Do tempo de sua licença para pregar até ser indicado
como missionário aos índios — *julho - novembro de 1742* 49

4   Do tempo de seu exame e indicação até sua chegada entre
os índios de Kaunaumeek — *1742 - 1743* 57

5   Do início de seu ministério aos índios em
Kaunaumeek até sua ordenação — *1743 - 1744* 65

6   De sua ordenação até o início da pregação aos índios de Crossweeksung
13 de junho de 1744 - 18 de junho de 1745 97

7   O avanço e o progresso de uma notável obra da graça
19 de junho - 5 de novembro de 1745 129

8   A continuidade de uma notável obra da graça
24 de novembro de 1745 - 19 de junho de 1746 183

9   Seu retorno de Susquehanna
29 de junho - 20 de setembro de 1746 249

10   De seu retorno de Susquehanna até sua morte
21 de setembro de 1746 - 9 de outubro de 1747 263

11   Reflexões sobre as memórias anteriores, por Jonathan Edwards 307

Prefácio
Por Jonathan Edwards
Presidente da Universidade de Princeton – 1758

Existem duas maneiras para representar e recomendar a verdadeira religião e a virtude ao homem - uma é mediante a doutrina e o preceito; a outra é por instância e exemplo. Ambas são abundantemente usadas nas Sagradas Escrituras.

Deus também, na sua providência, tem se inclinado a fazer uso de ambos esses métodos para trazer luz e motivações à humanidade para que ela cumpra seus deveres, em todas as épocas. Ele tem, de tempos em tempos, levantado ensinadores eminentes para exibirem e darem testemunho da verdade pela sua doutrina, e para se oporem aos erros, às trevas e à impiedade do mundo. Também Ele tem levantado pessoas eminentes que têm deixado brilhantes exemplos daquela religião que é ensinada e prescrita na Palavra de Deus; exemplos esses que, no curso da providência divina, têm sido mostrados ao povo.

Um exemplo assim temos na excelente pessoa cuja vida é publicada nestas páginas. Seu exemplo é visto com uma grande variedade de circunstâncias tendentes a prender a atenção do povo religioso. Ele foi o instrumento de um mui notável despertamento, uma maravilhosa e permanente alteração e transformação moral de pessoas que tornam a mudança peculiarmente rara e admirável.

No relato que segue, o leitor terá a oportunidade de ver não somente quais foram as circunstâncias externas e notáveis desta pessoa, seu comportamento, e como gastou seu tempo, dia após dia, mas também o que se passava em seu próprio coração. Aqui, o leitor verá a maravilhosa mudança que ele experimentou em sua mente e em sua disposição; verá a maneira como aquela mudança foi operada, como continuou, quais foram suas consequências na disposição íntima dele, nos seus pensamentos, afeições e exercícios secretos, através de muitas dificuldades e provas por mais de oito anos.

Estou longe de supor que os exercícios e as experiências internas de Brainerd, ou sua conduta externa, estiveram livres de imperfeição. O exemplo de Jesus Cristo é o único que já existiu, na natureza humana, totalmente perfeito; o que, portanto, é um critério para testar todos os outros exemplos. As disposições, as atitudes e as práticas de outros devem ser recomendadas e seguidas na medida que foram seguidoras de Cristo.

Há uma coisa facilmente discernível na vida de Brainerd, que por muitos pode ser considerada uma objeção às evidências extraordinárias de sua religiosidade e devoção, a saber, que ele era, por *sua própria constituição e temperamento natural, muito inclinado para a melancolia e desânimo de espírito*. Há quem pense que a religião é algo melancólico e que aquilo que se chama de experiência cristã é pouco mais do que melancolia, que perturba o cérebro e excita imaginações entusiásticas.

Mas, ainda que o temperamento e a constituição de Brainerd o inclinassem ao desalento, não é justo supor que sua extraordinária *devoção* fosse apenas o fruto de uma imaginação calorosa. A despeito dessa inclinação para o desânimo, é claro que ele era um daqueles homens que, usualmente, vivem bem longe de uma imaginação fervilhante, sendo dotado de um gênio penetrante, de pensamento claro, de raciocínio lógico e de julgamento muito exato, como era patente para todos que o conheciam. Possuidor de grande discernimento da natureza humana, perscrutador e judicioso em geral, ele também sobressaía em juízo e conhecimento teológico, e, sobretudo, na religião experimental.

Ele distinguia claramente entre a piedade real, sólida, e o mero entusiasmo; entre aquelas afeições que são racionais e bíblicas, alicerçadas sobre a luz e o bom juízo, e aquelas baseadas em presunções excêntricas, com impressões fortes na imaginação e em emoções veementes dos espíritos animalescos. Era extremamente sensível à exposição dos homens à estas impressões, à quão extensivamente elas tinham prevalecido, à quantas multidões tinham sido enganadas, às suas perniciosas consequências, e ao temível prejuízo que elas têm feito no mundo cristão. Brainerd não confiava nesse tipo de religião e tinha farto testemunho contra ele. Ele percebia de imediato quando coisas dessa natureza surgiam, ainda em seus estágios primários, disfarçadas da maneira mais plausível e aparentemente justa. Ele tinha um talento, como nunca vi igual, para descrever as várias operações dessa religião *entusiástica e imaginária,* desmascarando sua falsidade e vaidade e demonstrando a enorme diferença entre ela e a autêntica devoção *espiritual.*

Seu espírito judicioso não transparecia somente quando distinguia entre as experiências *alheias,* mas também entre os vários exercícios de sua *própria mente,* em particular ao discernir o quê, em seu próprio íntimo, devia ser lançado na conta da *melancolia,* no que ele excedeu a todas as pessoas melancólicas que conheci. Sem dúvida, isso devia-se à profundeza de seu *juízo;* pois é deveras raro que pessoas, sob a influência da melancolia, mostrem-se sensíveis para com sua própria fraqueza, reconhecendo que os seus frutos e operações deveriam ser atribuídos a mesma.

Brainerd não adquiriu esse grau de habilidade com rapidez, mas gradualmente; e isso o leitor poderá discernir através deste relato de sua vida. Na parte *inicial* de sua carreira religiosa, ele atribuía muito desse tipo de tristeza mental ao *afastamento* espiritual, ao passo que na segunda metade de sua vida reconhecia que era devido à doença de *melancolia;* conforme frequentemente fez menção de modo claro em seu diário, atribuindo seus surtos de tristeza a essa causa. Em suas conversações, por muitas vezes referiu-se à diferença entre a melancolia e a tristeza piedosa; entre a verdadeira humilhação e o afastamento espiritual; e também sobre o perigo de confundir uma coisa com a outra, e sobre a natureza mui prejudicial da melancolia. Discursava com grande discernimento sobre ela, sem dúvida, com muito mais profundidade com base naquilo que conhecia por experiência própria.

Uma outra imperfeição em Brainerd, que pode ser observada neste relato de sua vida, é que ele era *excessivo em seus labores,* não levando em conta a devida proporção entre a sua própria fadiga e as suas forças. De fato, os aparentes *chamados* da Providência, eram, por muitas vezes, extremamente difíceis, levando-o a labutar acima de suas próprias forças. Sem dúvida, as suas circunstâncias e atividades como missionário entre os índios eram tais que se tornavam inevitáveis grande fadiga física e dificuldades. No entanto, finalmente deixou-se convencer de que estava errando quanto a essa questão e que deveria ter exercido maior cautela, mostrando-se mais resoluto a resistir à tentação para um tal grau de trabalho que lhe prejudicava a saúde. Foi em consonância com isso que advertiu a seu irmão, que o sucedeu no campo missionário, a ser cuidadoso para evitar esse erro.

Além das imperfeições mencionadas, pode-se admitir prontamente que havia algumas imperfeições que lhe marcaram pela vida toda, misturadas a seus afetos e exercícios religiosos, havendo alguma mistura do que era espiritual com o que era natural, tal como acontece com os melhores santos neste mundo. Sem dúvida, o temperamento natural tinha alguma influência nos exercícios religiosos de Brainerd, como visivelmente tinha em homens devotos como Davi e os apóstolos Pedro, João e Paulo. Não há dúvida que sempre havia alguma mescla de melancolia com verdadeira tristeza piedosa e real humildade cristã; alguma mistura do fogo natural da juventude com o seu zelo santo por Deus; e também alguma influência de princípios naturais misturados com a graça divina em vários outros aspectos, como sempre foi e será com os santos, enquanto eles estão neste lado do céu. Talvez ninguém se mostrasse mais sensível para com as imperfeições de Brainerd do que ele mesmo; ou talvez ninguém pudesse detectá-las melhor, distinguindo o que era natural daquilo que era espiritual. É fácil para o leitor cuidadoso observar que à medida que as graças amadureciam nele, os exercícios religiosos de seu coração tornavam-se mais e mais puros; e quanto mais ele vivia, mais perspicaz ficava em seu juízo. Ele tinha muito para purificar e ensinar a si mesmo e não falhou em beneficiar-se.

Apesar de todas essas imperfeições, todo leitor piedoso e cuidadoso reconhecerá de pronto que aquilo que aqui expomos é uma notável demonstração da verdadeira e eminente piedade, no coração e na prática - tendendo grandemente a confirmar a realidade da religião vital e do poder da piedade. Isso é mui digno de imitação, em vários sentidos calculado para promover o benefício espiritual de observadores atentos.

O leitor deve tomar consciência de que aquilo que Brainerd escreveu em seu *diário*, do qual esta narrativa de sua vida foi principalmente tirada, foi registrado para seu próprio uso, e não a fim de conquistar o aplauso e honra humanos, nem com o propósito de ser apreciado pelo mundo, nem enquanto vivia nem após a sua morte. Só não foi para seu uso algumas poucas coisas que escreveu, já quase à morte, depois de ter sido persuadido, com dificuldade, a não suprimir inteiramente todos os seus escritos privados. Ele mostrou-se quase invencivelmente contra a publicação de qualquer porção do seu *diário*, depois que morresse. E quando ele pensava que estava morrendo, em Boston, deu as mais estritas e decisivas ordens sobre isto. Mas depois que alguns de seus amigos dali conseguiram convencê-lo, ele retirou essa proibição estrita e absoluta, tendo cedido até ao ponto em que seus papéis fossem deixados em minhas mãos, a fim de que eu dispusesse deles conforme eu pensasse "redundar mais para a glória de Deus e para o interesse da religião".

Nota Introdutória
Por Jonathan Edwards

DAVID BRAINERD nasceu a 20 de abril de 1718, em Haddam, Connecticut. Seu pai chamava-se Ezequias Brainerd, um advogado, e sua mãe, Dorothy Hobart, era filha do Pr. Jeremias Hobart.

Ele foi o terceiro filho de seus pais, que tiveram cinco filhos e quatro filhas. O filho mais velho foi um respeitável cidadão de Haddam; o segundo foi o Pr. Neemias Brainerd, um digno Ministro em Eastbury, Connecticut; o quarto, o Sr. John Brainerd, que substituiu a seu irmão, David, como missionário entre os índios, foi pastor da mesma igreja dos índios crentes de Nova Jersey; e o quinto foi Israel, posteriormente estudante do Yale College, e que faleceu pouco depois de seu irmão David. A mãe deles, depois de ter vivido por cerca de cinco anos como viúva, morreu quando o personagem central destas memórias tinha cerca de catorze anos de idade. Assim, em sua juventude, Brainerd ficou órfão de pai e mãe. A seguir, transcrevo o relato que ele fez de sua própria pessoa.

Haddam, Connecticut, lugar onde Brainerd nasceu.

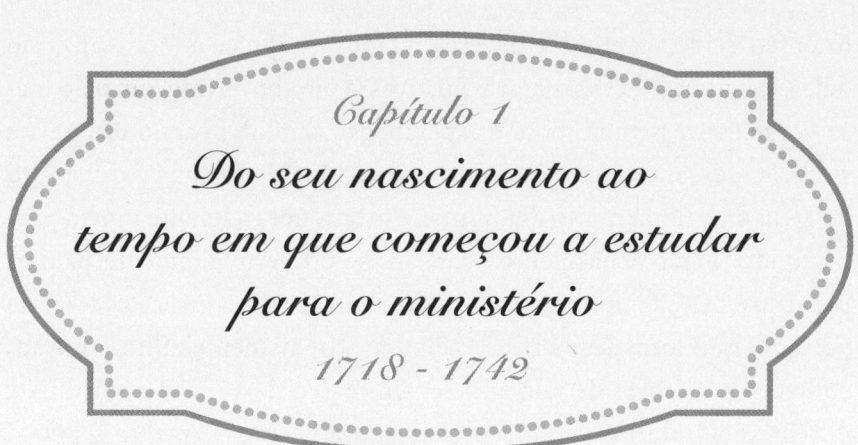

Capítulo 1
Do seu nascimento ao tempo em que começou a estudar para o ministério
1718 - 1742

Desde bem pequeno fui um tanto sóbrio, inclinado à melancolia; mas não me lembro de qualquer convicção de pecado, digna de qualquer observação, até que eu já estava com cerca de sete ou oito anos de idade. Então fiquei preocupado com a minha alma, aterrorizado diante da ideia da morte; fui impelido ao cumprimento de deveres religiosos; mas isto pareceu ser uma ação da melancolia que destruía a minha vontade de brincar. Embora, infelizmente, essa preocupação religiosa fosse apenas passageira, algumas vezes me entregava a orações secretas; e assim vivia "sem Deus no mundo" e sem muito interesse, até ter mais de treze anos de idade.

Durante o inverno de 1732, fui despertado desse senso de segurança carnal, nem sei dizer direito por quais meios; mas fiquei deveras preocupado diante da prevalência de certa enfermidade mortal em Haddam. Tornei-me frequente, constante e fervoroso em oração e também deleitava-me na leitura, sobretudo do livro do Sr. Janeway, *Token for Children* [um livro para crianças]. Algumas vezes sentia-me muito enternecido diante dos deveres religiosos, apreciando a realização deles, e algumas vezes esperava que tivesse me convertido, ou, pelo menos, que estivesse num bom e esperançoso caminho para o céu e para a felicidade, sem saber o que era a conversão. Nesta época, o Espírito de Deus trabalhou muito em mim. Eu estava notavelmente morto para o mundo; meus pensamentos volviam-se quase inteiramente para as preocupações da minha alma e posso realmente dizer que estava "quase persuadido a tornar-me cristão". Fiquei extremamente aflito e melancólico com a morte de minha mãe, em março de 1732. Depois disso, porém, meu interesse religioso começou a declinar e pouco a pouco retornei a um considerável grau de segurança própria, embora continuasse fazendo orações secretas.

Em cerca de 15 de abril de 1733, mudei-me da casa de meu pai para East Haddam, onde permaneci por quatro anos. Continuava "sem Deus no mundo", embora, com certa frequência, me entregasse a orações secretas. Nunca gostei muito da companhia e das diversões da juventude; mas sei que quando me punha em tal companhia, nunca voltava com tão boa consciência como quando ia. Isso sempre me adicionava uma nova culpa, fazendo-me temeroso de aproximar-me do trono da graça, e prejudicava aquelas boas disposições que eu tanto apreciava. Mas, infelizmente, todas as minhas boas disposições eram apenas justiça própria, não alicerçadas sobre um desejo pela glória de Deus.

Perto do fim de abril de 1737, tendo completado dezenove anos de idade, mudei-me para Durham, a fim de trabalhar em meu sítio, onde fiquei por cerca de um ano; frequentemente anelava por uma educação acadêmica. Quando estava com cerca de vinte anos, apliquei-me aos estudos; e, por esse tempo, estava mais do que nunca engajado em meus deveres religiosos. Tornei-me um homem muito rigoroso e vigilante com os meus pensamentos, palavras e ações; concluí que tinha de ser realmente sóbrio, porquanto tinha resolvido consagrar-me ao ministério; e *imaginei* que eu me havia *dedicado* ao Senhor.

Em abril de 1738, fui residir com o Pastor Fiske, de Haddam, com quem continuei morando enquanto viveu. Lembro-me de que ele aconselhou-me a abandonar de vez a companhia dos jovens e a associar-me a pessoas sérias, mais idosas, conselho esse que segui. Minha maneira de viver, então, foi inteiramente rotineira, cheia de religiosidade. Li a minha Bíblia por mais de duas vezes em menos de um ano, e passava muito tempo, cada dia, em oração e outros deveres secretos, dando grande atenção à palavra pregada, esforçando-me ao máximo por retê-la. Tão preocupado estava com os assuntos religiosos que concordei, com algumas pessoas jovens, em reunirmo-nos aos sábados, para exercícios religiosos, e julgava-me *sincero* nestes deveres. Terminadas as reuniões, eu costumava repetir para mim os discursos ouvidos naquele dia, relembrando-os o quanto me fosse possível, embora algumas vezes até tarde da noite. Ocasionalmente, nas segundas-feiras relembrei-me dos sermões de domingo; sentia prazer nos exercícios religiosos e pensava seriamente em tornar-me membro de alguma igreja. Em suma, eu tinha uma boa aparência *exterior* e descansava totalmente no cumprimento dos meus deveres, embora não tivesse consciência disso.

Depois do falecimento do Pastor Fiske, continuei os estudos com meu irmão. Continuava na prática constante dos deveres religiosos e admirava-me da leviandade dos que se professavam cristãos, lamentando o descuido deles nos assuntos religiosos. Assim prossegui muito tempo sobre essa base de *justiça própria*; e ter-me-ia perdido e condenado inteiramente, não fora a misericórdia de Deus que impediu isso.

Em algum tempo, no começo do inverno de 1738, agradou a Deus, em um sábado pela manhã, quando eu partia para cumprir meus deveres secretos, dar-me, de repente, um tal senso de meu perigo e da sua ira que fiquei admirado, e logo desapareceram minhas confortáveis disposições anteriores. Diante da visão que tive de meu pecado e vileza, fiquei muito aflito durante todo aquele dia, temendo que a vingança de Deus em breve me alcançaria. Senti-me muito abatido, mantendo-me solitário; cheguei a invejar a felicidade das aves e dos quadrúpedes, pois não estavam sujeitos àquela miséria eterna, como evidentemente eu via que estava sujeito. E assim ia vivendo dia a dia, frequentemente em grande aflição. Às vezes parecia que montanhas obstruíam minhas esperanças de misericórdia e a obra de conversão parecia tão grande que pensei que nunca seria o objeto dela. No entanto, costumava orar, clamar a Deus e realizar outros deveres com grande ardor; assim esperava, por alguns meios, melhorar a minha situação.

Por centenas de vezes renunciei a todas as pretensões de qualquer valor em meus deveres, ao mesmo tempo em que os realizava; e com frequência confessei a Deus que eu nada merecia pelos melhores deles, a não ser a condenação eterna; ainda assim tinha uma esperança secreta de *recomendar-me* a Deus mediante os meus deveres religiosos. Quando orava emotivamente e meu coração, em alguma medida, parecia enternecer-se, esperava que, por causa disso, Deus teria piedade de mim. Nessas ocasiões, havia alguma aparência de *bondade* em minhas orações, e eu parecia estar *lamentando* pelo pecado. Em alguma medida aventurava-me na misericórdia de Deus em Cristo, como eu pensava, ainda que o pensamento preponderante, o alicerce de minha esperança, era alguma imaginação de bondade em meu enternecimento de coração, no calor de meus afetos e na extraordinária dilatação de minhas orações.

Havia momentos em que a porta me parecia tão estreita que eu via como impossível entrar; mas noutras ocasiões lisonjeava-me, dizendo que não era assim tão difícil, e esperava que, por meio da diligência e da vigilância, acabaria conseguindo. Algumas vezes, depois de muito tempo em devoções e em forte emoção, achava que tinha dado um *bom passo* na direção do céu e imaginava que Deus fora afetado assim como eu, e ouviria tais *sinceros clamores*, como eu os chamava. E assim, por várias vezes, quando me retirava para oração secreta, em grande aflição, eu voltava confortado; e desta forma procurava curar a mim mesmo com meus deveres.

Certa ocasião, em fevereiro de 1739, separei um dia para jejum e oração secretos, e passei aquele dia em clamores quase incessantes a Deus, pedindo misericórdia, para que Ele me abrisse os olhos para a malignidade do pecado e para o caminho da vida, por meio de Jesus Cristo. Naquele dia, Deus agradou-se em fazer para mim notáveis descobertas em meu coração. No entanto, continuei *confiando* na prática dos meus deveres, embora não tivessem nenhuma virtude em si, não havendo neles qualquer relação com a glória de Deus, nem tal princípio em meu coração. Contudo, aprouve a Deus, naquele dia, fazer de meus esforços um meio para mostrar-me, em alguma medida, minha debilidade.

Algumas vezes eu era grandemente encorajado e imaginava que Deus me amava e se agradava de mim, e pensava que em breve estaria completamente reconciliado com Deus. Mas tudo isto estava fundamentado em mera presunção, surgindo da ampliação nos meus deveres, ou do calor das afeições, ou de alguma boa resolução, ou coisas similares. E quando, às vezes, grande aflição começava a surgir baseada na visão da minha vileza e incapacidade de livrar a mim mesmo de um Deus soberano, então costumava adiar a descoberta como algo que não podia suportar. Lembro-me que, certa vez, fui tomado por uma terrível dor de aflição de alma; a ideia de renunciar a mim mesmo, permanecendo nu diante de Deus, despido de toda bondade, foi tão temível para mim que estive pronto a dizer, como Félix disse a Paulo: "Por agora podes retirar-te" (Atos 24.25).

Assim, embora diariamente anelasse por uma maior convicção de pecado, supondo que tinha de perceber mais do meu temível estado para que pudesse remediá-lo, quando as descobertas do meu ímpio coração foram feitas, a visão era tão aterradora, e mostrava-me tão cristalinamente minha exposição à condenação, que não podia suportá-la. Eu constantemente esforçava-me por obter quaisquer *qualificações* que imaginava que outros obtiveram antes de receberem a Cristo, a fim de *recomendar-me* ao seu favor. De outras vezes, sentia o poder de um coração empedernido e supunha que o mesmo tinha de ser amolecido antes que Cristo me aceitasse; e quando sentia quaisquer enternecimentos de coração, então esperava que daquela vez a obra estivesse quase feita. E, portanto, quando a minha aflição permanecia, eu costumava murmurar contra a maneira como Deus lidava comigo, e pensava que quando outros sentiam seus corações favoravelmente amolecidos, Deus mostrava-lhes sua misericórdia para com eles; mas a minha aflição ainda permanecia.

Às vezes ficava desleixado e preguiçoso, sem quaisquer grandes convicções de pecado, e isso por considerável período de tempo; mas depois de tal período, algumas vezes as convicções me assediavam mais violentamente. Lembro-me de certa noite em particular, quando caminhava solitariamente, que se delineou diante de mim uma tal visão de meu pecado, que temi que o solo se abrisse debaixo de meus pés e se tornasse a minha sepultura, mandando minha alma rapidamente ao inferno, antes que eu pudesse chegar em casa. Forçado a recolher-me ao leito para que outras pessoas não viessem a descobrir minha aflição de alma, o que eu muito temia, não ousei dormir, pois pensava que seria uma grande maravilha se eu não amanhecesse no inferno. Embora minha aflição às vezes fosse tão grande, todavia eu temia muito a perda de *convicções*, e de retroceder a um estado de segurança carnal e à minha anterior insensibilidade da ira iminente. Isto fazia-me extremamente rigoroso em meu comportamento, temendo entravar a atuação do Santo Espírito de Deus.

Quando, a qualquer momento, eu examinava minhas próprias convicções, julgando-as consideravelmente fortes, acostumei-me a confiar nelas. Mas essa confiança, bem como a esperança de em breve fazer alguns avanços notáveis na direção do meu livramento, tranquilizava minha mente e logo tornava-me insensível e remisso. Mas de novo, quando notava que as minhas convicções estavam fenecendo, julgando que estavam prestes a abandonar-me, imediatamente me alarmava e afligia. Algumas vezes esperava dar uma larga passada, avançando muito na direção da conversão, por meio de alguma oportunidade ou meio particular que tinha em vista.

Os muitos desapontamentos, as grandes aflições e perplexidades que experimentei deixavam-me em uma horrenda disposição de conflito com o Todo-Poderoso; e com veemência e hostilidade interiores achava falhas em suas maneiras de tratar com a humanidade. Meu coração iníquo por muitas vezes desejava algum outro caminho de salvação que não fosse por Jesus Cristo. Tal como um mar tempestuoso, com meus pensamentos confusos, eu costumava planejar maneiras de escapar da ira de Deus por alguns outros meios. Eu traçava projetos estranhos, repletos de ateísmo, planejando desapontar os desígnios e decretos divinos a meu respeito ou de escapar de sua atenção e ocultar-me dEle.

Mas ao refletir vi que estes projetos eram vãos e não me serviriam, e que eu nada poderia criar para meu próprio alívio; isso jogava minha mente na mais horrenda atitude, desejando que Deus não existisse, ou desejando que houvesse algum *outro* deus que pudesse controlá-Lo. Tais pensamentos e desejos eram as inclinações secretas do meu coração, por muitas vezes atuando antes que pudesse dar-me conta delas. Infelizmente, porém, elas eram *minhas*, embora ficasse aterrorizado quando meditava a respeito delas. E quando refletia, afligia-me pensar que meu coração estivesse tão cheio de inimizade contra Deus; e estremecia, temendo que sua vingança subitamente caísse sobre mim.

Antes costumava imaginar que meu coração não era tão mau quanto as Escrituras e alguns outros livros o descreviam. Algumas vezes, esforçava-me dolorosamente para moldar uma boa disposição, uma disposição humilde e submissa; e esperava houvesse alguma bondade em mim. Mas, de súbito, a ideia da rigidez da lei ou da soberania de Deus irritava tanto a corrupção do meu coração, o qual eu tanto vigiara e esperava ter trazido à uma boa disposição, que tal corrupção rompia todas as algemas, e explodia por todos os lados, como dilúvios de águas quando desmoronam uma represa.

Sensível à necessidade de profunda humilhação a fim de ter uma aproximação salvadora, empenhava-me por produzir em meu próprio coração as *convicções* exigidas por tal humilhação, como, por exemplo, a convicção de que Deus seria justo se me rejeitasse para sempre, e que se Ele concedesse misericórdia a mim, seria pura graça, embora primeiro eu tivesse de estar aflito por muitos anos e muito atarefado em meu dever, e que Deus de modo algum estava obrigado a ter piedade de mim, por todas as minhas obras, clamores e lágrimas passadas.

Eu me esforçava ao máximo para trazer-me a uma firme crença nessas coisas e a um assentimento delas de todo o coração. E esperava que agora eu estaria livre de *mim mesmo*, verdadeiramente humilhado, e prostrado diante da soberania divina. Estava inclinado a dizer a Deus, em minhas orações, que agora tinha exatamente essas disposições de alma que Ele requeria, com base nas quais Ele mostrara misericórdia para com outros, e alicerçado nisto implorar e pleitear misericórdia para mim. Porém, quando não achava alívio e continuava oprimido pelo pecado e pelos temores da ira, minha alma entrava em tumulto, e meu coração rebelava-se contra Deus, como se Ele estivesse me tratando duramente.

Mas *então* minha consciência insurgia-se, fazendo-me lembrar de minha última confissão a Deus de que Ele era *justo* ao me condenar. E isso, dando-me uma boa visão da maldade de meu coração, jogava-me novamente em aflição; desejava ter vigiado mais de perto meu coração, impedindo-o de rebelar-se contra a maneira como Deus estava me tratando. E até mesmo chegava a desejar não ter pedido misericórdia com base em minha humilhação, porque, desse modo, perdera toda a minha aparente bondade. Assim, por muitas vezes inutilmente imaginava que estava humilhado e preparado para a misericórdia salvadora. E enquanto achava-me nesse estado mental aflito, confuso e em tumulto, a corrupção do meu coração mostrava-se especialmente *irritada* com as seguintes coisas.

1. *A rigidez da lei divina.* Descobri que me era impossível, apesar de meus extremos sofrimentos, atender às exigências dela. Com frequência tomava novas resoluções e, com a mesma frequência, as quebrava. Eu imputava tudo à falta de cuidado e à necessidade de ser mais vigilante; costumava chamar-me de tolo por minha negligência. Mas quando, com uma forte resolução e com maiores esforços, e com muita aplicação ao jejum e à oração, descobria que todas as minhas tentativas falhavam, ficava contendendo com a lei de Deus como se fosse estupidamente rígida. Pensava que se ela se estendes-

se somente aos meus atos e meu comportamento *externos,* então poderia aguentá-la; mas descobri que ela me condenava por meus maus pensamentos e pelos pecados do meu *coração,* os quais eu não podia impedir.

Sentia-me extremamente relutante em admitir a minha total impotência nesta questão. Após repetidos desapontamentos, pensava que antes de perecer eu poderia fazer um esforço ainda um pouco maior, sobretudo se estas ou aquelas circunstâncias acompanhassem meus esforços e tentativas. Eu esperava poder esforçar-me mais ardentemente do que nunca, se a questão chegasse a tornar-se extrema, embora nunca pudesse achar o tempo para fazer o meu máximo, da maneira como tencionava fazer. Essa esperança de circunstâncias futuras mais favoráveis, e de fazer algo grande dali por diante, guardava-me de um extremo desespero em ver-me caído nas mãos de um Deus soberano, dependendo exclusivamente de sua graça gratuita e ilimitada.

2. Um outro ponto que me irritava era *que somente a fé era a condição da salvação,* que Deus não baixaria jamais as suas condições, e que Ele não prometia vida e salvação baseado em minhas orações e esforços sinceros, feitos de todo o coração. Aquela declaração de Marcos 16.16: "Quem, porém, não crer será condenado", aniquilava todas as minhas esperanças ali mesmo. Descobri que a fé é um dom soberano de Deus, que eu não poderia obtê-la por mim mesmo, e que não poderia obrigar Deus a outorgá-la a mim, em troca de quaisquer das minhas realizações (Efésios 2.1-8). Eu estava pronto a dizer: "Duro é este discurso, quem o pode ouvir?" (João 6.60). Não podia suportar que tudo quanto eu tinha feito permanecia como nada, porquanto havia sido muito escrupuloso em meus deveres de forma bem consciente; tinha sido muito religioso durante tanto tempo, e, conforme eu pensava, feito muito mais do que muitos outros que já haviam obtido misericórdia.

Eu confessava, de fato, a vileza de meus deveres; mas então o que os fazia parecerem vis na ocasião era mais os meus pensamentos errantes do que o fato de estar eu todo contaminado como um demônio, sendo corrupta a fonte de onde eles fluíam, de tal maneira que me era impossível fazer qualquer coisa de bom. Por isso, eu denominava o que fazia de *honestos esforços fiéis* e não podia tolerar que Deus não tivesse feito qualquer promessa de salvação com base neles.

3. Uma outra coisa era que *eu não podia descobrir o que era fé,* ou o que era crer em Cristo e vir a Ele. Eu lia os convites de Cristo aos *cansados* e *sobrecarregados;* mas não conseguia descobrir nenhum caminho ao qual Ele os direcionava a vir. Pensava que viria alegremente a Cristo, se soubesse como, pois, pensava que a vereda do dever nunca fora tão difícil. Li o livro de Stoddard, "Guia a Cristo" (que, conforme penso, foi o feliz instrumento nas mãos de Deus para a minha conversão). Mas o meu coração levantou-se contra o autor; pois embora ele me falasse diretamente ao coração, o tempo todo sob convicção, parecendo ser muito benéfico em suas orientações, contudo, para mim ele falhava em uma particularidade: ele não me dizia qualquer coisa que eu pudesse fazer que me levaria a Cristo, mas deixava-me como se houvesse um imenso abismo entre Cristo e eu, sem qualquer orientação sobre como transpor esse abismo. Pois ainda eu não havia sido ensinado, eficaz e experimentalmente, que não pode haver nenhum caminho prescrito, a um homem natural, pelo qual ele possa, por suas próprias forças, obter aquilo que é sobrenatural, e que nem mesmo o mais elevado dos anjos pode dar.

4. Um outro ponto no qual encontrei grande oposição íntima era a *soberania de Deus.* Eu não podia tolerar que dependia inteiramente da vontade de Deus salvar-me ou condenar-me, conforme Ele quisesse. A passagem de Romanos 9.11-23 era uma constante importunação para mim, sobretudo o versículo 21. Ler ou meditar neste trecho destruía todas as minhas boas disposições; pois, quando pensava que estava quase humilhado, quase resignado, esta passagem resgatava minha inimizade contra Deus. E quando refletia sobre a minha inimizade e blasfêmia interiores, que afloravam nesta ocasião, ficava mais temeroso de Deus e distante de quaisquer esperanças de reconciliação com Ele. Isto dava-me uma terrível visão de mim mesmo, e eu temia, mais do que nunca, ver-me nas mãos de Deus, e cada vez mais

sentia-me oposto a submeter-me à sua soberania, porquanto pensava que Ele decretara a minha condenação.

Em todo este tempo, o Espírito de Deus operava poderosamente em mim; e eu estava interiormente pressionado a desistir de toda *autoconfiança*, de toda esperança de ajudar a mim mesmo por quaisquer meios ao meu alcance. A convicção sobre o meu estado de perdição era, algumas vezes, tão clara e manifesta diante de meus olhos, que era como se me tivesse sido dito com todas as letras: "Está feito, está feito, é para sempre impossível livrares a ti mesmo".

Por três ou quatro dias, minha alma esteve grandemente abatida. Ocasionalmente, por alguns momentos, parecia-me que estava perdido e condenado, mas então retrocedia imediatamente da ideia, porquanto não ousava aventurar-me nas mãos de Deus, como alguém totalmente incapaz, à disposição de sua soberana vontade. Eu não ousava enfrentar aquela importante verdade acerca de mim mesmo - que estava "morto em delitos e pecados". Mas quando tinha em alguma ocasião como que jogado fora estas visões de mim mesmo, sentia-me aflito para ter novamente as mesmas descobertas de mim mesmo; pois temia deveras ser entregue a Deus para a estupidez irreversível. Quando pensava em adiar a questão para um "tempo mais conveniente", a convicção era tão poderosa e íntima que o tempo *presente* me parecia ser o melhor, e, provavelmente o único no qual eu não ousava pôr de lado tal questão.

Foi da visão da verdade sobre mim mesmo, do meu estado como uma criatura caída e alienada de Deus, sem poder reivindicar a misericórdia divina, mas à sua absoluta disposição, que a minha alma fugia e estremecia ao pensar em contemplar tal situação. Assim, aquele que pratica o mal, como fazem continuamente todos os homens não regenerados, odeia a luz da verdade, não procura vir a ela, porquanto a luz reprova os seus atos, e revela-lhe os seus justos merecimentos (João 3.20).

Algum tempo antes, eu tivera muito empenho, conforme pensava, para submeter-me à soberania de Deus. No entanto, entendi mal e não imaginava que ver e ser experimentalmente sensível a esta verdade, a qual agora minha alma muito temia, e tremia, era exatamente a atitude de alma que eu tão ardentemente havia desejado. Sempre havia esperado que, quando eu atingisse aquela *humilhação* que supunha ser necessária para preceder a fé, não seria justo que Deus, então, me *rejeitasse*. Mas agora eu via que reconhecer-me espiritualmente morto e destituído de toda bondade, estava muito distante de qualquer bondade que houvesse em mim, e que, ao contrário, minha boca seria para sempre fechada pela minha verdadeira condição; pois parecia-me espantoso ver a mim mesmo e a meu relacionamento com Deus - eu como um pecador e criminoso, Ele como o grande Juiz e Soberano - como seria para uma pobre e trêmula criatura arriscar-se a descer por algum profundo precipício.

Assim sendo, adiava aventurar-me às mãos de Deus e buscava melhores circunstâncias para fazê-lo, tais como: se eu ler uma ou duas passagens bíblicas, ou orar primeiro, ou fizer algo dessa natureza; ou então adiar minha submissão a Deus com uma objeção, dizendo que não sabia como submeter-me a Ele. Mas a verdade era que não percebia qualquer segurança em atirar-me nas mãos de um Deus soberano, nem podia reivindicar qualquer coisa melhor do que a condenação.

Após um tempo considerável, passado em exercícios e aflições similares, certa manhã, enquanto caminhava num local solitário, de repente vi que todas as minhas artimanhas e projetos para efetuar ou procurar livramento e salvação por mim mesmo eram coisas inteiramente inúteis; e fui trazido a uma posição em que me achava totalmente perdido. Muitas vezes antes havia pensado que as dificuldades em meu caminho eram muito grandes; mas agora percebia, sob outra e mui diferente luz, que para sempre me seria impossível fazer qualquer coisa que me ajudasse ou libertasse. Então pensei em acusar a mim mesmo, no sentido que não fizera mais, não me engajara mais, enquanto tivera oportunidade - pois agora parecia-me como se a oportunidade de fazer algo tivesse 20 *A Vida de David Brainerd* terminado e ido para sempre - mas de pronto percebi que ter feito mais do que eu já fizera, em nada teria me ajudado; pois fizera todos os apelos possíveis que poderia ter feito por toda a eternidade, e todos foram vãos. O tumulto que antes tinha estado em minha mente, agora se aquietara; e senti-me um tanto aliviado daquela aflição que sentira quando lutava contra a visão de mim mesmo e da soberania divina. Eu tinha a maior certeza de que, por mais que eu fizesse, o meu estado de alma continuaria miserável para sempre, e admirei-me que nunca tivesse percebido isso antes.

Enquanto permaneci nesse estado, minhas noções sobre os meus deveres eram bem diferentes daquilo que nutrira em tempos passados. Antes, quanto mais cumpria meus deveres, mais difícil achava que seria para Deus rejeitar-me, ainda que, ao mesmo tempo, eu confessasse e pensasse que percebia não haver qualquer bondade ou mérito em meus deveres. Agora, porém, quanto mais orava ou fazia qualquer dever, mais via que estava endividado com Deus, por Ele permitir-me pedir por misericórdia; pois notava que o egocentrismo tinha me levado a orar, e que nunca tinha orado uma vez sequer, motivado por qualquer respeito para com a glória de Deus. Agora percebia que não havia qualquer conexão necessária entre as minhas orações e a concessão da misericórdia divina; que elas não colocavam sobre Deus a mínima obrigação de conferir-me a sua graça; e que não havia mais virtude ou bondade nelas do que *em tentar remar com as mãos* (a comparação que naquele momento tinha em mente); e isso porque não eram feitas motivadas *por* qualquer amor ou consideração para com Deus. Percebi que vinha acumulando as minhas devoções diante de Deus, jejuando, orando, etc., fingindo, ou algumas vezes realmente pensando, que visava a glória de Deus, quando de fato eu não a buscava, mas somente a minha própria felicidade.

Vi que, como nunca havia feito qualquer coisa por Deus, não tinha reivindicação alguma em qualquer coisa dEle, a não ser a perdição por conta da minha hipocrisia e escárnio. Oh, quão diferentes pareciam agora os meus deveres do que costumavam parecer! Costumava atribuir-lhes pecado e imperfeição; mas isto acontecia somente por causa dos pensamentos vagos e vãos que os acompanhavam, e não por causa da falta de consideração por Deus, pois isto eu achava que tinha. Mas quando vi claramente que nada considerava a não ser meus próprios interesses, então meus deveres pareceram-me um vil escárnio de Deus, uma auto-adoração, e um caminho recoberto de mentiras. Notei que algo pior do que meras distrações tinham acompanhado os meus deveres; pois tudo não passava de auto-adoração, e um horrendo abuso de Deus.

Prossegui nesse estado mental desde sexta-feira pela manhã até à noite do sábado (12 de julho de 1739), quando eu novamente caminhava naquele mesmo lugar solitário onde fui levado a ver-me como perdido e desamparado. Ali, num lamentoso estado melancólico, estava tentando orar, mas descobri que meu coração não queria envolver-se em oração ou cumprir qualquer outro dever. Agora havia sumido minha preocupação anterior, meus exercícios e afetos religiosos. Pensei que o Espírito de Deus havia me deixado totalmente. Porém, eu não me sentia angustiado; mas sentia-me desconsolado, como se nada, no céu e na terra, me pudesse fazer feliz.

Tendo assim estado me esforçando a orar por quase meia hora, embora, como pensei, isso fosse muito estúpido e insensato; então, quando caminhava num bosque espesso e escuro, uma glória indizível pareceu-me ter aberto os olhos e a compreensão de minha alma. Não estou falando de qualquer esplendor externo, porquanto não vi tal coisa; e nem quero referir-me a qualquer imaginário corpo de luz, em algum lugar no terceiro céu, ou a qualquer coisa desta natureza. Foi uma nova compreensão ou visão interior que tive de Deus, tal como nunca tivera antes, nem ainda qualquer coisa que tivesse a mínima aparência desta compreensão.

Permaneci quieto, admirado e maravilhado! Eu sabia que nunca antes percebera qualquer coisa comparável com aquilo, em excelência e beleza; foi algo totalmente diferente de todas as noções que tivera sobre Deus ou das coisas divinas. Não recebi compreensão particular de qualquer das pessoas da Trindade, quer o Pai, o Filho ou o Espírito Santo; mas parecia-me estar contemplando *a glória divina*. Minha alma rejubilou-se com uma alegria indizível, por contemplar tal Deus, um tal divino e glorioso Ser; e interiormente sentia-me deleitado e satisfeito, pelo fato de que Ele seria Deus sobre tudo e para todo sempre. Minha alma estava tão cativada e deleitada com a excelência, a amabilidade, a grandeza e outras perfeições de Deus, e estava tão absorvida nEle, que eu não pensava, conforme lembro, acerca de minha própria salvação, e mal refletia que existia tal criatura como eu.

Foi assim que Deus, eu creio, trouxe-me à uma disposição, de todo o coração, de *exaltá-Lo,* de entronizá-Lo e de, suprema e finalmente, visar sua honra e glória como Rei do universo. Continuei nesse estado de alegria, paz e admiração até quase escurecer, sem qualquer sensível abatimento. Então comecei a pensar e a examinar o que eu tinha percebido; senti-me docemente sereno por toda a noite que se seguiu. Sentia-me em um mundo novo e tudo ao meu redor aparecia com um aspecto diferente do que aparecera antes.

Foi nesse tempo que se abriu para mim o *caminho da salvação,* com tal sabedoria, conveniência e excelência infinitas, que cheguei a admirar-me de ter pensado de qualquer outra maneira a respeito da salvação; e admirei-me que não tivesse desistido mais cedo de minhas próprias astúcias e acedido a esse amorável, bendito e excelente caminho. Se eu tivesse sido salvo através de meus próprios deveres, ou por qualquer outro meio que tivesse inventado antes, agora toda a minha alma teria rejeitado tais meios. Admirei-me que o mundo inteiro não percebia e nem acedia ao verdadeiro caminho da salvação, totalmente baseado na *justiça de Cristo.*

A doce satisfação do que eu então senti, prosseguiu comigo por diversos dias, quase constantemente, em maior ou menor intensidade. Eu não podia senão regozijar-me docemente em Deus, quando me deitava ou me levantava. No domingo seguinte senti algo do mesmo tipo, embora não tão poderoso quanto antes. Mas não muito depois, fui novamente envolvido por trevas e grande agonia; contudo, não no mesmo desespero que sentia quando sob convicção. Eu era culpado, estava temeroso e envergonhado para vir a Deus, e muitíssimo pressionado por um forte senso de culpa; mas, não demorou muito para que sentisse verdadeiro arrependimento e gozo em Deus.

No início de setembro fui para a universidade [Yale College em New Haven, hoje Yale University] e me inscrevi ali; mas com algum grau de relutância, temendo que ali não seria capaz de levar uma vida estritamente piedosa, em meio a tantas tentações. Depois disto, antes que começasse as aulas, agradou a Deus visitar-me com mais claras manifestações de Si mesmo e de sua graça. Estava passando algum tempo em oração e auto-exame, quando o Senhor, por sua graça, resplandeceu de tal maneira em meu coração que desfrutei da plena certeza do seu favor. Minha alma foi indizivelmente refrigerada pelos divinos e celestiais prazeres. Foi especialmente nesta ocasião, assim como em algumas outras, que diversas passagens da Palavra de Deus abriram-se para minha alma com clareza, poder e doçura divinos, ao ponto de me parecerem notavelmente preciosas, com clara e certa evidência de serem elas *a palavra de Deus*. Desfrutei de considerável dulçor na religião, durante todo o inverno que se seguiu.

Em janeiro de 1740 houve um grande surto de sarampo na universidade; e eu, que apanhei a doença, voltei para casa, em Haddam. Mas alguns dias antes de ter ficado doente, sentia-me muito desamparado e minha alma lamentava deveras a ausência do Consolador. Parecia-me que todo consolo se fora para sempre. Orava e clamava a Deus, mas não achava consolo e alívio. Mas através da benignidade divina, uma noite ou duas antes de cair doente, enquanto caminhava sozinho por um lugar bem retirado, ocupado em meditação e oração, desfrutei de uma doce e refrescante visita, vinda do alto, de tal modo que minha alma foi soerguida bem acima dos temores da morte. De fato, eu mais desejei a morte do que a temi. Oh, quão refrescante foi aquele período, mais do que todos os prazeres e delícias que a terra pode oferecer.

Um ou dois dias depois de ter sido tomado pelo sarampo, estive mui doente, de tal modo que quase desesperei da vida, mas não tive temores angustiosos da morte. Mediante a bondade divina logo me recuperei; todavia, devido ao árduo estudo e a estar muito exposto a interrupções como aluno do *primeiro ano* do curso, tinha pouco tempo para os meus deveres espirituais, e minha alma com frequência chorava, por necessidade de mais tempo e oportunidade para estar a sós com Deus. Na primavera e no verão seguintes, tive melhores oportunidades de descanso e gozei mais consolo na religião, embora minha ambição em meus estudos prejudicasse bastante o vigor e as atividades de minha vida espiritual. Entretanto, usualmente ocorria comigo que "na multidão de meus pensamentos íntimos, o conforto de Deus deleitava *principalmente* a minha alma". Estas eram minhas maiores consolações dia a dia.

Certo dia, penso que foi em junho de 1740, caminhei até uma considerável distância da universidade, ficando sozinho nos campos e, em oração, encontrei tão indizível doçura e deleite em Deus que pensei que se tivesse de continuar neste mundo maligno, eu gostaria de estar sempre ali, para contemplar a glória de Deus. Minha alma amava ternamente a humanidade inteira, e anelava extraordinariamente que todos desfrutassem do que eu desfrutava. Parecia ser uma pequena semelhança do céu.

Em agosto fiquei com a saúde tão abalada, por muita aplicação aos estudos, que fui aconselhado por meu professor a voltar para casa, desprendendo a minha mente dos estudos tanto quanto pudesse, pois havia me tornado tão débil que comecei a cuspir sangue. Aceitei o conselho dele e esforcei-me para pôr de lado os meus estudos. Pelo fato de estar em um péssimo estado de saúde, contemplei a morte face a face. Ao Senhor agradou dar-me renovadamente um doce prazer e senso das coisas divinas. Particularmente a 13 de outubro, fui divinamente consolado e ajudado nos preciosos deveres da oração secreta e do auto-exame, e minha alma deleitou-se no Deus bendito - e da mesma forma a 17 de outubro.

18 de outubro. Durante minhas devoções matutinas, minha alma sentiu-se extremamente terna, e lamentei amargamente minha grande *pecaminosidade* e *vileza*. Nunca antes havia tido um senso tão pungente e profundo da natureza odiosa do pecado, como nesta ocasião. Minha alma foi notavelmente envolvida pelo amor a Deus, e tive um vívido senso do amor de Deus por mim. Este amor e esperança, nesta ocasião, lançaram fora o temor.

Dia do Senhor, 19 de outubro. Pela manhã, senti minha alma faminta e sedenta de justiça. Enquanto contemplava os elementos da Ceia do Senhor e meditava que Jesus Cristo agora era "revelado diante 24 *A Vida de David Brainerd* de mim como crucificado", minha alma encheu-se de luz e amor, de tal modo que quase estive num êxtase, enquanto meu corpo estava tão fraco que quase não podia ficar em pé. E, ao mesmo tempo, senti uma extrema ternura e o mais ardente amor para com toda a humanidade, de maneira tal que minha alma e todas as minhas energias, por assim dizer, pareciam derreter-se em ternura e doçura.

21 de outubro. Tive experiência da bondade de Deus, em "derramar de seu amor em meu coração", dando-me deleite e consolo em meus deveres religiosos; e durante todo o resto da semana minha alma parecia atarefada nas coisas divinas. Agora eu tanto ansiava por Deus e por ser liberto do pecado que, quando senti que estava me recuperando e pensei que deveria voltar à universidade, a qual tinha se mostrado tão prejudicial aos meus interesses espirituais no ano anterior, não pude senão ficar preocupado, e preferiria morrer, pois afligia-me pensar em afastar-me de Deus. Mas antes de voltar, desfrutei de várias outras ocasiões, doces e preciosas, de comunhão com Deus (particularmente a 30 de outubro e 4 de novembro), nas quais minha alma gozou de indizível consolo.

Voltei à universidade em cerca de 6 de novembro, e, pela bondade de Deus, senti o poder da religião quase diariamente, pelo espaço de seis semanas.

28 de novembro. Na minha devoção noturna, apreciei preciosas descobertas sobre Deus e fui indizivelmente confortado pela passagem de Hebreus 12.22-24. Minha alma desejava alçar voo até ao paraíso de Deus; anelei conformar-me com Deus em todas as coisas. Um dia ou dois depois, muito me alegrei com a luz da face de Deus, na maior parte daquele dia; e minha alma descansou em Deus.

9 de dezembro. Senti-me em um confortável estado de espírito a maior parte do dia, mas sobretudo durante minhas devoções vespertinas, quando a Deus agradou assistir-me e fortalecer-me maravilhosamente, de tal modo que pensei que coisa alguma jamais me afastaria do amor de Deus em Cristo Jesus, meu Senhor. Oh! *Uma hora com Deus* ultrapassa infinitamente todos os prazeres e deleites deste mundo terreno.

Aproximando-se a parte final de janeiro de 1741, fiquei mais frio e embotado na religião por causa de minha velha tentação, a ambição nos meus estudos. Mas, devido à vontade divina, um grande e generalizado *despertamento* propagou-se pela universidade, já nos fins de fevereiro, pelo qual fui muito estimulado, e engajei-me mais abundantemente na religião.

O MOTIVO PELO QUAL BRAINERD FOI EXPULSO DA UNIVERSIDADE
Explicação de Jonathan Edwards

Esse despertamento ocorreu no começo daquele notável movimento religioso que então prevaleceu pelo país inteiro, do qual o Yale College compartilhou largamente. Durante treze meses, a partir desse tempo, Brainerd manteve um diário constante, com um relato minucioso do que aconteceu, dia após dia, perfazendo dois volumes de manuscritos. Mas quando jazia em seu leito de morte, deu ordens (que eu desconhecia até depois de sua morte) para que esses dois volumes fossem destruídos, inserindo uma nota, no começo dos manuscritos seguintes, dizendo que um exemplar de sua maneira de viver durante todo aquele período se acharia nas primeiras trinta páginas seguintes (terminando a 15 de junho de 1742), exceto que agora ele seria mais "refinado de algumas imprudências e fervores intoleráveis" do que antes.

Uma circunstância na vida de Brainerd, que muito ofendeu aos diretores da universidade e ocasionou sua expulsão, é necessário que seja narrada aqui. Durante o despertamento na universidade houve vários estudantes religiosos que se associaram para diálogo e assistência mútua em questões espirituais. Os participantes costumavam abrir o coração livremente um para o outro, como amigos especiais e íntimos; e Brainerd fazia parte do grupo. Sucedeu certa vez que ele e mais dois ou três desses amigos íntimos estavam juntos no salão, depois que o Sr. Whittelsey, um dos professores, tinha orado na presença dos alunos e nenhuma outra pessoa permanecia agora no salão, exceto Brainerd e seus companheiros. Tendo o Sr. Whittelsey se mostrado incomumente patético em sua oração, um dos amigos de Brainerd, na ocasião, perguntou-lhe o que pensava do Sr. Whittelsey. E Brainerd respondeu: "Ele não tem mais graça do que esta cadeira". Um dos primeiranistas, que no momento estava perto do salão (embora não no interior do mesmo), ouviu por acaso estas palavras.

Ainda que esta pessoa não tivesse ouvido qualquer nome mencionado, e não soubesse quem fora assim censurado, informou a certa mulher na cidade, sem dizer-lhe ser sua própria suspeita, que Brainerd dissera aquilo acerca de um dos diretores da universidade. Ela então contou ao reitor, e este mandou chamar o primeiranista e fez-lhe indagações. O aluno disse ao reitor as palavras que ouvira Brainerd proferir e informou-o quem estivera no salão com Brainerd naquela ocasião. Com base nisto o reitor mandou chamá-los. Eles foram muito relutantes em prestar informações contra seu amigo acerca daquilo que consideravam como uma conversa particular, mormente porque ninguém, senão eles, tinha ouvido ou sabia acerca de quem Brainerd havia dito aquelas palavras. Contudo, o reitor compeliu-os a declarar o que ele dissera e acerca de quem falara.

Brainerd considerou-se muito maltratado na administração da questão; achou que ela fora injuriosamente extorquida dos seus amigos e, então, injustamente lhe foi requerido - como se fosse culpado de algum crime aberto e notório - fazer uma confissão *pública* e humilhar-se diante de toda a universidade, por aquilo que dissera apenas em conversa particular. Não concordando com esta exigência e tendo ido a uma reunião em New Haven, embora proibido disso pelo reitor, e também tendo sido acusado por uma pessoa de haver dito acerca do reitor que "admirava-se que o reitor não esperasse cair morto por haver multado os estudantes que seguiram o Sr. Tennent até Milford", embora não houvesse *qualquer prova* disso (e Brainerd sempre disse que não se lembrava de jamais ter falado qualquer coisa com aquele propósito), por causa dessas coisas, Brainerd foi *expulso* da universidade.

Até onde as circunstâncias e exigências daquele dia poderiam justificar tão grande severidade por parte dos diretores da universidade, não tentarei determinar; pois o meu alvo não é trazer opróbrio sobre as autoridades da universidade, mas apenas fazer justiça à memória de uma pessoa que foi, eu acho, eminentemente um daqueles cuja *memória* é abençoada. - O leitor perceberá, na sequência (particularmente sob as datas de 14 e 15 de setembro de 1743), quão cristã foi a maneira que Brainerd conduziu-se no tocante a essa questão. Ainda que ele sempre, enquanto viveu, julgou-se maltratado na administração desta questão, tendo sofrido por isso. Sua expulsão deu-se no inverno de 1742, estando ele no terceiro ano da universidade.

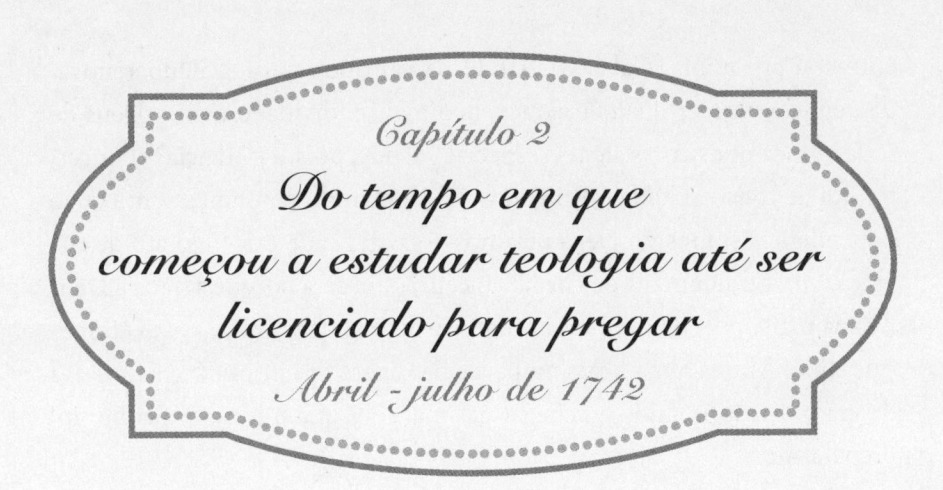

Capítulo 2
Do tempo em que começou a estudar teologia até ser licenciado para pregar
Abril - julho de 1742

Na primavera de 1742, Brainerd foi residir com o Pastor Mills, de Ripton, a fim de continuar seus estudos com ele, para a obra do ministério. Ali passou a maior parte do seu tempo, até que foi licenciado para pregar; com frequência ia a cavalo visitar os ministros da vizinhança, sobretudo o Pastor Cooke, de Stratford, o Pastor Graham, de Southbury, e o Pastor Bellamy, de Bethlehem. Enquanto estava com o Pastor Mills, começou a escrever o terceiro livro de seu diário, do qual apresentamos os seguintes textos.

– Jonathan Edwards

1º de abril de 1742. Parece que estou em declínio no tocante à minha vida e ao fervor quanto às coisas divinas. Não tenho tido muito livre acesso a Deus em oração como costumava. Oh! Que Deus me humilhasse profundamente ao pó, perante Ele! Mereço o inferno a cada dia, por não amar mais ao meu Senhor, o qual, como creio, "me amou e a si mesmo se entregou por mim" (Gálatas 2.20). Cada vez que sou capacitado, renovadamente, a exercer qualquer graça, fico mais endividado com o Deus de toda a graça por sua assistência especial. "Onde, pois, a jactância?" Por certo, "foi de todo excluída" (Romanos 3.27), quando pensamos sobre quão dependentes somos de Deus pela nossa existência e por todo ato de sua graça. Oh! Se algum dia eu chegar ao céu, assim será porque agrada a Deus e nada mais; pois de mim mesmo nunca fiz qualquer coisa, senão afastar-me dEle! Minha alma ficará embevecida diante das insondáveis riquezas da graça divina, quando eu chegar nas mansões que o bendito Senhor foi preparar-nos.

2 de abril. Em oração secreta, à tarde, senti-me muito resignado, calmo e sereno. Que são todas as tempestades deste mundo terreno se *Jesus*, por seu Espírito, vem *caminhando por sobre as águas?* -Algum tempo atrás tive muito prazer diante da perspectiva dos índios serem conduzidos a Cristo, e desejei que o Senhor *me usasse* nessa tarefa; mas agora, com maior frequência, minha alma deseja morrer para *estar com Cristo*. Oh, que minha alma fosse envolvida pelo amor divino, que meus anelantes desejos por Deus se intensificassem! À noitinha fui refrigerado pela oração, nas esperanças do avanço do reino de Cristo no mundo.

Dia do Senhor, 4 de abril. Meu coração estava vagueante e sem vida. À noite, Deus deu-me fé em oração, fazendo minha alma enternecer-se em parte, e deu-me a provar uma doçura divina. Oh, meu Deus bendito! Deixe-me subir para bem perto dEle, e amá-Lo, e anelar por Ele, pleitear, lutar, e expandir-me até Ele, para libertação do corpo do pecado e da morte. Ai de mim! Minha alma lamenta ao pensar que pode perder de vista novamente o seu Amado. "Amém. Vem, Senhor Jesus."

> À noitinha do dia seguinte, ele queixava-se que parecia estar vazio de todo o deleite das coisas divinas, sentia muito da prevalência da corrupção, e via em si mesmo uma disposição para todo o gênero de pecado. Isso trouxe uma mui grande tristeza à sua mente e lançou-o nas profun-

dezas da melancolia, ao ponto de falar de si mesmo como pasmado, não tendo conforto, mas cheio de horror, não vendo consolo algum na terra ou no céu. - J.E.

6 de abril. Fiz um passeio nesta manhã; tive um comovente senso de minha própria maldade; e clamei a Deus para limpar-me, para conceder-me arrependimento e perdão. Então comecei a achar doce o orar. Pude pensar sobre suportar, prazerosamente, os maiores sofrimentos na causa de Cristo; pude achar-me disposto, se Deus assim o ordenasse, a sofrer banimento de minha terra nativa e estar entre os pagãos, para que pudesse fazer algo pela salvação deles, em aflições e morte de qualquer tipo. Então Deus permitiu-me lutar com fervor por outras pessoas, pelo reino de Cristo no mundo, e por queridos amigos crentes.

8 de abril. Surgiram esperanças acerca dos pagãos. Oh, que Deus traga grandes números deles a Jesus Cristo! Não posso senão esperar que verei esse dia glorioso. Neste mundo, tudo me parece excessivamente vil e inferior; e assim pareço ser a mim mesmo. Hoje, tive uma pequena aurora de conforto em oração; e especialmente à noite, acho que tive alguma fé e *poder* de intercessão com Deus. Fui capacitado a pleitear pelo crescimento da graça em mim mesmo; e então muitos dos queridos filhos de Deus caíram com peso sobre meu coração? Bendito seja o Senhor! É bom lutar pelas bênçãos divinas.

9 de abril. A maior parte do meu tempo, em minhas devoções matinais, foi gasto sem sensível doçura; contudo, tive uma deleitosa esperança de chegar ao mundo celeste. Estou mais admirado do que antes diante de tais pensamentos; pois vejo a mim mesmo como infinitamente vil e indigno. Nenhuma criatura é tão carente da graça divina quanto eu, e ninguém tem abusado tanto dela quanto eu, e ainda assim o faço.

Dia do Senhor, 11 de abril. Pela manhã parecia-me que tinha pouca vida; mas, de algum modo, meu coração dilatou-se em agradecimento a Deus por sua admirável graça e condescendência para comigo, nas influências e assistências do seu Espírito. Mais tarde, senti alguma doçura nos pensamentos de chegar ao *mundo celeste*. Oh, quando chegará aquele dia feliz? Após o culto público, Deus deu-me uma ajuda especial em oração; lutei com meu querido Senhor, e a intercessão tornou-se-me uma atividade deleitosa. À noitinha, quando olhava a aurora boreal, deleitei-me na contemplação da gloriosa manhã da ressurreição.

12 de abril. Nesta manhã, o Senhor agradou-se em levantar a luz do seu rosto sobre mim, em oração secreta, e fez aquele momento muito precioso para a minha alma. Embora tenha me sentido tão deprimido antigamente, acerca de minhas esperanças de serviço futuro na causa de Deus, contudo, hoje fiquei muito encorajado. Fui especialmente ajudado a interceder e pleitear pelas pobres almas, e pela ampliação do reino de Cristo no mundo, e por uma *graça especial* para mim mesmo, a fim de preparar-me para *serviços especiais*. Minha fé elevou-me acima do mundo e removeu todas aquelas montanhas por cima das quais, no passado, eu não podia olhar. Não quis o favor dos homens para apoiar-me, pois sabia que o favor de Cristo é infinitamente melhor, e que a questão não é *quando*, nem para *onde*, e nem *como* Cristo me enviará, nem com quais provações Ele ainda me exercitará, se eu tiver de ser preparado para seu trabalho de acordo com a sua vontade.

14 de abril. Minha alma ansiava por comunhão com Cristo, bem como pela mortificação da corrupção interior, especialmente o orgulho espiritual. Oh, um doce dia se aproxima, no qual "repousam os cansados!" (Jó 3.17). Minha alma tem gozado de muita satisfação, hoje, na esperança da rápida chegada daquele dia.

15 de abril. Sentindo meus desejos centrados em Deus, tive grande atração de alma por Ele, em vários momentos do dia. Sei que *anelo por Deus* e pela conformidade com a sua vontade, pela pureza e santidade interiores, dez mil vezes mais do que por qualquer coisa terrena.

Dia do Senhor, 18 de abril. Cedo pela manhã, retirei-me ao bosque para oração; tive a assistência do Espírito de Deus, e minha fé foi exercitada; fui capacitado a pleitear fervorosamente pelo avanço do reino de Cristo no mundo, e a interceder em favor de queridos amigos ausentes. Ao meio-dia, Deus permitiu-me lutar com Ele e sentir, como creio, o poder do amor divino em oração. À noite, vi-me infinitamente devedor a Deus e tive percepção de minhas falhas em meus deveres. Pareceu-me como se eu nada tivesse feito por Deus, e que tinha *vivido para Ele* apenas algumas horas durante toda a minha vida.

19 de abril. Dediquei este dia ao jejum e à oração a Deus, pedindo a sua graça, especialmente para preparar-me para a obra do *ministério,* para dar-me ajuda e orientação divinas e, no tempo por Ele escolhido, *enviar-me à sua seara.* De acordo com isso, pela manhã esforcei-me por pleitear pela presença divina para o dia, e isso com certa manifestação de vida. Ainda pela manhã, senti o poder da intercessão pelas almas imortais e preciosas, pelo avanço do reino de meu querido Senhor e Salvador no mundo, e também senti a mais doce resignação, até mesmo consolo e alegria diante da ideia de sofrer dificuldades, aflições e a própria morte, na promoção do reino; senti minha alma expandir-se ao rogar pela iluminação e conversão dos pobres pagãos.

À tarde, Deus esteve comigo de verdade. Oh, realmente foi uma bendita companhia! Deus capacitou-me para agonizar em oração, ao ponto de eu ficar molhado de suor, embora estivesse na sombra e a brisa fosse fresca. Minha alma foi muito dilatada em favor do mundo; eu ansiava por *multidões* de almas. Penso que me preocupei mais pelos pecadores do que pelos filhos de Deus, embora sentisse que poderia passar a minha vida clamando por ambos. Tive grande gozo em comunhão com meu querido Salvador. Penso que nunca em minha vida senti tal desapego total deste mundo, e tão resignado a Deus em todas as coisas. Oh, que eu sempre viva para, e na dependência do meu Deus bendito! Amém, amém.

20 de abril. Estou completando hoje vinte e quatro anos de idade. Oh, quanta misericórdia recebi no ano passado! Com quanta frequência Deus tem "feito a sua bondade passar diante de mim". E quão pobremente tenho respondido aos votos feitos um ano atrás, para ser totalmente do

Senhor, para ser dedicado para sempre ao seu serviço! Que, no futuro, o Senhor me ajude a viver mais para a sua glória. Hoje tem sido um dia doce e feliz para mim; bendito seja Deus. Penso que minha alma nunca foi tão dilatada na intercessão por outros como sucedeu-me esta noite. Tive uma luta fervorosa com o Senhor em favor de meus inimigos; e dificilmente tanto desejei antes viver para Deus, dedicar-me totalmente a Ele; queria gastar minha vida em seu serviço e para a sua glória.

21 de abril. Senti muita calma e resignação; e Deus, uma vez mais, capacitou-me a lutar por muitas almas, e deu-me fervor no doce dever da intercessão. De algum tempo para cá tenho podido desfrutar mais da doçura da intercessão pelo próximo do que de qualquer outro aspecto da oração. Meu bendito Senhor, deveras tem-me permitido chegar mais perto dEle, a fim de fazer-Lhe minhas petições.

Dia do Senhor, 25 de abril. Hoje pela manhã passei cerca de duas horas em deveres secretos, e fui capacitado, mais do que nunca, a agonizar pelas almas imortais. À noite eu estava muito enternecido com o amor divino e pude sentir algo da bem-aventurança do mundo superior. As palavras do Salmo 84.7 arrebataram-me com muita doçura divina: "Vão indo de força em força; cada um deles aparece diante de Deus em Sião". Como Deus, vez por outra, nos concede um acesso até bem perto dEle, em nossos apelos a Ele! Isso bem pode ser designado de "aparecer diante de Deus". De fato, assim sucede, em um verdadeiro sentido espiritual e no mais aprazível sentido. Penso que nestes vários meses não tenho tido tal poder de intercessão, tanto pelos filhos de Deus quanto pelos pecadores mortos, como tive nesta noite. Desejei e ansiei pela vinda de meu querido Senhor; desejei juntar-me às hostes de anjos em louvores, totalmente livre da imperfeição. Oh, o bendito momento se aproxima! Tudo quanto quero é ser mais santo, mais parecido com meu querido Senhor. Oh, quero muito a santificação! Minha própria alma anela pela completa restauração da bendita imagem de meu Salvador, a fim de que eu esteja pronto para os benditos aprazimentos e atividades no mundo celeste.

"Adeus, mundo vão; minha alma pode dar-te adeus.
MEU SALVADOR ensinou-me a abandonar-te.
Teus encantos podem satisfazer a uma mente sensual;
Mas não podem alegrar uma alma destinada a DEUS.
Reprime tua atração; cessa de chamar a minha alma;
Está fixado pela graça: meu Deus será meu TUDO.
Enquanto Ele assim me permitir ver as glórias celestes,
Tuas belezas murcham, não há lugar para ti no meu coração."

O Senhor refrigerou-me a alma com muitos doces trechos de sua Palavra. Oh, a Nova Jerusalém! Minha alma deseja-a muito. Oh, o cântico de Moisés e do Cordeiro! E aquele cântico bendito que ninguém pode aprender, exceto os que foram "remidos da terra!"

"Senhor, sou aqui um estranho solitário;
A terra nenhum consolo verdadeiro pode oferecer;
Embora ausente de meu mais Querido,
Minha alma compraz-se em clamar: Meu Senhor!
Jesus, meu Senhor, meu único amor,
Possui minha alma e dali não te apartes,
Concede-me amáveis visitas, Pomba celestial:
Meu Deus terá então todo o meu coração."

27 de abril. Levantei-me e retirei-me cedo para minhas devoções secretas; e, em oração, Deus agradou-se em derramar tão inefáveis consolos em minha alma que, por algum tempo, eu nada pude fazer senão dizer, por repetidas vezes: Oh, meu doce Salvador! A "quem mais tenho eu no céu? Não há outro em quem eu me compraza na terra" (Salmo 73.25). Se tivesse mil vidas, minha alma jubilosamente as teria oferecido todas de uma vez, para estar com Cristo. Minha alma nunca antes gozou tanto do céu; foi o mais refinado e o mais espiritual período de comunhão com Deus que já experimentei.

28 de abril. Dirigi-me ao meu lugar usual de retiro, em grande paz e tranquilidade, gastei duas horas em deveres secretos, e experimentei tanto quanto ontem pela manhã, apenas mais fraco e mais submisso. Eu parecia depender totalmente de meu querido Senhor, desvinculado de todas as outras dependências. Não sabia o que dizer ao meu Deus, mas somente *reclinar em seu peito,* por assim dizer, e exprimir os meus desejos por uma perfeita conformidade com Ele, em todas as coisas. Minha alma foi possuída por desejos sedentos de uma *perfeita santidade* e por anelos insaciáveis. Deus tornou-se tão precioso para mim que o mundo, com todos os seus prazeres, tornou-se infinitamente vil. Não tive mais consideração pelo favor dos homens do que teria pelas pedrinhas. O Senhor era meu Tudo, e saber que Ele governa tudo muito me deleitou. Penso que minha fé e dependência dEle jamais se elevaram tanto. Eu O vi como uma tal fonte de bondade que me pareceu impossível que pudesse desconfiar dEle de novo, ou a estar de algum modo preocupado com qualquer coisa que pudesse me suceder.

Agora tenho grande satisfação ao orar por amigos ausentes e pela propagação do reino de Cristo no mundo. Muito do poder desses divinos aprazimentos permaneceu comigo durante o dia. À noitinha, meu coração parecia desfazer-se e creio que realmente fui humilhado por causa da corrupção interior, e "lamentei-me como uma pomba". Percebi que toda a minha infelicidade vem do fato que sou um *pecador.* Com resignação poderia dar boas-vindas a todas as *outras* provações; mas o pecado pende duramente sobre mim, pois Deus desvendou-me a corrupção de meu coração. Fui deitar-me com o coração pesado, *por ser eu um pecador,* posto que de modo algum tenha duvidado do amor de Deus. Oh, que Deus me "expurgasse de toda a minha escória e tirasse o meu metal impuro", fazendo-me dez vezes refinado!

1º de maio. Pude clamar a Deus com grande fervor, por qualificações ministeriais, rogando-Lhe que se manifeste para o avanço de seu reino e que Ele atraia os pagãos. Fui muito ajudado em meus estudos. Para mim, esta tem sido uma semana proveitosa; e tenho desfrutado de muitas comunicações do bendito Espírito em minha alma.

13 de maio (em Wethersfield). Percebi tanto da iniquidade do meu coração que desejei fugir de mim mesmo. Nunca antes pensei que houvesse tanto *orgulho* espiritual em minha alma. Senti-me quase pressionado a morrer com a minha própria maldade.

14 de junho. Senti algo da doçura da comunhão com Deus, bem como a força constrangedora de seu amor; quão notavelmente esse amor cativa a alma, e faz com que todos os desejos e afetos centralizem-se em Deus! Separei este dia para jejum e oração secretos, para rogar a Deus dirigir-me e abençoar-me no tocante à grande obra que tenho em vista, - *pregar o evangelho* - e para que o Senhor volte para mim e, individualmente, "mostre-me a luz de seu rosto".

Tive pouca vida e poder pela manhã; pela metade da tarde Deus capacitou-me a lutar ardorosamente em intercessão por amigos ausentes; mas foi somente à noite que o Senhor me visitou maravilhosamente em oração. Penso que minha alma nunca esteve antes em tal agonia. Não senti empecilhos, pois os tesouros da graça divina foram abertos para mim. Lutei em favor de amigos ausentes, pela colheita de almas, por *multidões* de pobres almas, e por muitos que julgo serem filhos de Deus, em muitos lugares distantes. Estive em tal agonia de alma, de meia hora antes do pôr-do-sol até quase chegarem as trevas da noite, que fiquei todo molhado de suor. No entanto, pareceu-me que tinha desperdiçado o dia e que nada fizera. Oh, o meu querido Salvador *suou sangue* pelas pobres almas! Muito desejei ter mais compaixão pelas almas. Senti-me ainda em uma atitude meiga, debaixo de um senso do amor e da graça divinos; e recolhi-me ao leito com essa atitude, com o coração posto em Deus.

15 de junho. Tive os mais ardentes anelos por Deus. Ao meio-dia, em meu retiro secreto, nada pude fazer senão dizer a meu querido Senhor, em doce calma, que Ele sabia que eu nada desejava a não ser *Ele mesmo*, nada senão *santidade*; que Ele mesmo me concedera esses desejos, e somente Ele poderia dar-me o que eu desejava. Eu nunca parecera estar tão desprendido de mim mesmo e estar tão completamente consagrado a Deus. Meu coração estava totalmente absorvido em Deus durante a maior parte do dia. À noitinha tive uma visão de minha alma, como que sendo expandida para conter mais santidade, de modo que parecia pronta a separar-se de meu corpo. Em seguida, lutei em agonia pelas bênçãos divinas; tive meu coração dilatado em oração por alguns amigos crentes, além do que já tivera antes. Sentia-me diferente do que quando sob quaisquer gozos anteriores; mais empenhado a *viver para Deus* para sempre, e menos contente com minhas próprias disposições. Não estou satisfeito com minhas disposições, nem me sinto de qualquer modo mais à vontade depois dessas lutas do que antes, pois parece-me que tudo quanto faço é pouco demais. Quem me dera que sempre fosse assim. Oh, quão aquém eu fico da minha obrigação em meus mais doces momentos!

18 de junho. Considerando minha grande inaptidão para a obra do *ministério,* minha presente falta de ação, e minha total inabilidade para fazer qualquer coisa para a glória de Deus naquela direção e sentindo-me muito desamparado, e muito incerto sobre o que o Senhor quer que eu faça, separei este dia para orar a Deus e passei a maior parte dele nesse dever; mas fiquei admiravelmente desamparado durante grande parte do tempo. Contudo, achei Deus graciosamente próximo, particularmente em certo momento. Enquanto rogava por mais compaixão pelas almas imortais, meu coração pareceu abrir-se imediatamente e fui capaz de clamar com grande veemência por alguns minutos. Oh, fiquei angustiado ao pensar que estava oferecendo um culto tão frio e morto ao Deus vivo! Minha alma parecia aspirar por santidade, uma vida de devoção permanente ao Senhor. Mas algumas vezes sinto-me quase perdido na busca dessa bênção, pronto a afundar-me, pois constantemente fico aquém, e perco de vista meu desejo. Oh, que o Senhor me ajude a aguentar, ao menos um pouco mais, até que chegue a hora feliz do livramento!

30 de junho. Passei o dia sozinho no bosque, em jejum e oração; experimentei os mais temíveis conflitos de alma. Percebi-me tão vil que estava pronto a dizer: "Venha eu a perecer nas mãos de Saul" (1 Samuel 27.1). Pensei que não tinha forças para defender a causa de Deus, e quase tinha medo do sacudir de uma folha. Passei quase todo o dia em oração. Não podia tolerar a ideia dos crentes mostrarem respeito para comigo. Quase desesperei de fazer qualquer serviço no mundo: não pude sentir qualquer esperança de consolo no tocante aos pagãos, o que costumava dar-me algum refrigério nestas horas mais negras. Passei o dia em amargor de alma. Perto da noite, senti-me um tanto melhor; e mais tarde desfrutei de alguma tranquilidade em oração secreta.

1° de julho. Nesta manhã tive algum prazer em minhas orações; e muito mais do que o usual, à noite, nada desejando tão ardentemente como o que *Deus fizesse comigo como melhor Lhe agradasse*.

2 de julho. Senti-me tranquilo em oração secreta, pela manhã. Meus desejos ascenderam a Deus neste dia, enquanto eu viajava; senti-me confortável à noitinha. Bendito seja o Deus de todas as minhas consolações.

3 de julho. Meu coração parecia ter afundado de novo. A vergonha à qual fui submetido na universidade pareceu amortecer-me o bom ânimo; pois ela abre as bocas dos opositores. Não encontrei refúgio senão em Deus. Bendito seja o seu nome, porquanto posso apelar a Ele e achar nEle um "socorro bem presente" (Salmo 46.1).

Dia do Senhor, 4 de julho. Tive considerável ajuda. Retirei-me à noitinha e desfrutei de um feliz momento em oração secreta. Deus agradou-se em conceder-me o exercício da fé, e através dela trouxe o mundo eterno e invisível até bem perto de minha alma, o que me pareceu dulcíssimo. Tive esperança que minha cansativa peregrinação no mundo seria *curta* e que não demoraria muito até que eu fosse conduzido à minha casa celeste e à casa do Pai. Resignei-me a aceitar a vontade de Deus, a esperar pelo tempo dEle, a fazer o seu trabalho e a sofrer segundo a sua vontade. Senti *gratidão* a Deus por todas as minhas *provações* opressivas de ultimamente; pois estou persuadido que elas têm sido um meio de fazer-me mais humilde e muito mais resignado. Senti-me satisfeito por ser pequeno, por ser nada, por jazer no pó. Desfrutei da vida e do consolo ao rogar pelos queridos filhos de Deus e pelo reino de Cristo no mundo. E minha alma anelou fortemente por santidade e por prazer em Deus. Oh, Senhor Jesus, volta em breve.

29 de julho. Prestei exames diante da Associação, reunida em Danbury, quanto aos meus *conhecimentos* e às minhas *experiências* no campo religioso, e recebi licença para pregar o evangelho de Cristo. Depois disso, senti-me muito consagrado a Deus; num local conveniente, uni-me em oração a um dos ministros, meu peculiar amigo, e acabei recolhendo-me ao leito resolvido a viver para Deus por todos os meus dias.

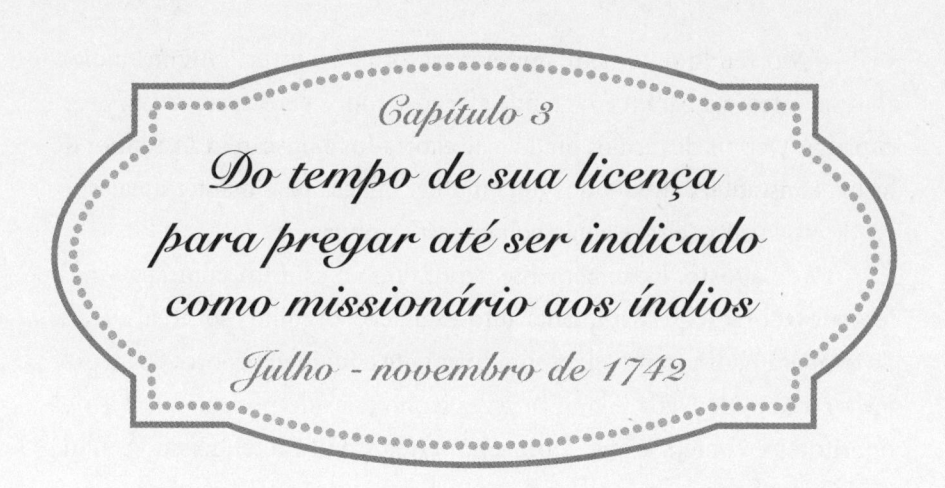

Capítulo 3
Do tempo de sua licença para pregar até ser indicado como missionário aos índios
Julho - novembro de 1742

30 de julho de 1742. Cavalguei de Danbury a Southbury, e preguei ali, com base em 1 Pedro 4.8, "Acima de tudo, porém, tende amor intenso". Senti muito a presença consoladora de Deus nessa prática. Parecia-me ter o poder de Deus na oração, bem como o poder de segurar a atenção dos ouvintes na pregação.

12 de agosto (perto de Kent). Nesta manhã e na noite passada, fui exercitado com amargas provações interiores: não tinha poder para orar e parecia estar excluído, longe de Deus. Tive perdidas, em grande medida, minhas esperanças de ser enviado por Ele aos distantes pagãos, e de vê--los achegando-se a Cristo. Percebi muito de minha maldade, chegando a admirar-me que Deus me permitisse continuar vivendo, ou que o povo não me apedrejasse, ou que chegassem ao ponto de ouvir minha pregação. Senti como se nunca mais pudesse pregar; mas cerca das nove ou dez horas, o povo começou a chegar e fui forçado a pregar; e, bendito seja Deus, Ele me concedeu sua presença e seu Espírito na oração e na pregação, de tal modo que me senti muito amparado, tendo falado com poder, com base em Jó

14.14. "Morrendo o homem, porventura tornará a viver?" Alguns índios, ali residentes, clamaram em grande aflição, e todos pareceram muito preocupados. Depois de termos orado e de exortá-los a buscarem ao Senhor de forma constante, contratamos uma mulher inglesa para manter uma espécie de *escola* entre eles, e então voltamos a Danbury.

17 de agosto. Extremamente deprimido no espírito, confrange-me e fere-me o coração pensar quanta auto-exaltação, orgulho espiritual e ardor de temperamento eu mesclara anteriormente com meus esforços para promover a obra de Deus. Algumas vezes tenho anelado por cair aos pés dos opositores e confessar que pobre e imperfeita criatura tenho sido e ainda sou. Que o Senhor me perdoe e, para o futuro, torne-me "prudente como as serpentes e símplice como as pombas" (Mateus 10.16). Depois, desfrutei de considerável consolo e deleite de alma.

19 de agosto. Hoje, quando estava prestes a sair da casa do Pastor Bellamy, em Bethlehem, onde havia residido com ele por algum tempo, orei com ele e dois ou três outros amigos crentes. Dedicamo-nos a Deus de todo o coração para sermos dEle para sempre; e, enquanto eu orava, pareceu-me que a eternidade estava bem próxima. Se nunca mais visse aqueles crentes neste mundo, pareceu-me por alguns momentos que logo eu haveria de encontrá-los no outro mundo.

23 de agosto. Tive um doce período de oração: o Senhor chegou bem perto de minha alma e encheu-me com paz e consolação divinas. Oh, minha alma saboreou da doçura celeste, e foi impelida a orar em favor do mundo para que ele viesse a Cristo! Muito fui consolado nos pensamentos e esperanças sobre a colheita dos pagãos, e muito fui ajudado em intercessão por amigos crentes.

1º de setembro. Fui a Judea para a ordenação do Pastor Judd. O Pastor Bellamy pregou baseado em Mateus 24.46: "Bem-aventurado aquele servo a quem seu senhor, quando vier, achar fazendo assim". Senti a solenidade do momento; meus pensamentos giraram sobre a ocasião do retorno de nosso Senhor, o que muito refrigerou a minha alma, embora eu tenha temido não ser achado fiel, em face da vileza de meu coração. Meus pensamentos demoraram-se na eternidade, onde anelo habitar. Bendito seja Deus por aquele solene momento. Cavalguei esta noite com o Pastor Bellamy, conversei com amigos até altas horas da noite, e então retirei-me para descansar com uma tranquila atitude mental.

4 de setembro. Tenho gozado de pouca saúde, sentindo-me extremamente deprimido em minha alma, a uma incrível distância de Deus. Já perto da noite, por algum tempo fiquei meditando de modo mui proveitoso sobre Romanos 8.2, "Porque a lei do Espírito da vida..." Em seguida, passei um período muito deleitoso em oração. Deus permitiu-me lutar ardentemente pelo avanço do reino do Redentor; e roguei intensamente por meu próprio irmão, John [o qual, afinal, tornou-se sucessor de Brainerd como missionário entre os índios], pedindo que Deus o tornasse mais um peregrino e estrangeiro na terra, preparando-o para um serviço cristão singular no mundo; e meu coração exultou docemente no Senhor, ao refletir sobre quaisquer aflições que sobreviessem a ele ou a mim, no progresso do reino de Cristo. Foi uma hora aprazível e consoladora para a minha alma, enquanto entregava-me livremente às petições, não só por mim mesmo, mas também por muitas outras almas.

16 de setembro. À noite, desfrutei da presença de Deus em oração secreta; senti resignação notável para ser e fazer o que melhor agradasse ao Senhor. Alguns dias atrás, fiquei muito abatido por causa de minha conduta passada. Minha amargura e minha falta de amor e gentileza cristãos têm sido muito angustiante à minha alma. Que o Senhor perdoe minha mornidão não-cristã e essa falta de espírito humilde!

22 de outubro. Senti-me estranhamente desligado do mundo neste dia; minha alma deleitou-se em ser um "peregrino e forasteiro na terra". Senti uma disposição em mim de nunca ter qualquer coisa a ver com este mundo. O caráter atribuído a alguns dos antigos filhos de Deus, em Hebreus 11.13, pareceu-me muito digno de apreciação: "...confessando que eram estrangeiros e peregrinos sobre a terra", e isso em sua prática diária.

Que assim eu sempre pudesse viver! Passei algum tempo em um bosque aprazível, em oração e meditação. Oh, quão bom é ser assim desligado de amigos e de mim mesmo, morto para o mundo presente, para que, assim, eu possa viver totalmente para, e dependendo do Deus bendito! Vi-me como alguém pequeno, baixo e vil, como sou em mim mesmo.

À tarde preguei em Bethlehem, baseado em Deuteronômio 8.2. "Recordar-te-ás de todo o caminho, pelo qual o Senhor teu Deus te guiou..." Deus ajudou-me a falar aos corações daqueles queridos crentes. Bendito seja o Senhor por esta oportunidade; confio que eles e eu nos regozijaremos, por causa disso, por toda a eternidade. O querido Pastor Bellamy chegou (de volta de uma viagem) enquanto eu fazia minha primeira oração, e, após nos encontrarmos, saímos juntos, passando o anoitecer em um gostoso diálogo sobre as coisas divinas, orando com terno amor cristão mútuo, e, então, retiramo-nos para dormir, com nossos corações em um solene estado de espírito.

26 de outubro (em West Suffield). Estive em grande agonia sob um senso de minha própria indignidade. Pareceu-me mais que merecia ser expulso do lugar, e não que alguém me tratasse com gentileza e viesse ouvir-me pregar. De fato, estava de ânimo tão deprimido, naquelas horas (e em várias outras ocasiões), que me parecia impossível que pudesse tratar almas imortais com fidelidade. Sentia-me tão infinitamente vil em mim mesmo que pensei que não poderia tratá-las com fidelidade e intimidade. Oh, não passo de *pó e cinzas,* para pensar em pregar o evangelho aos outros! De fato, nunca poderei ser fiel por um momento sequer, mas certamente ficarei apenas "caiando paredes", no dizer de Ezequiel 13.10, se Deus não me outorgar ajuda especial. À noite fui à casa de oração, e pareceu-me quase tão fácil para um morto levantar-se do sepulcro e pregar, como o foi para mim. Entretanto, Deus deu-me vida e poder, tanto na oração quanto no sermão. O Senhor agradou-se em enlevar-me, mostrando que podia capacitar-me a pregar. Oh, a maravilhosa bondade de Deus para com um pecador tão vil! Voltei aos meus aposentos e desfrutei do dulçor da oração a sós, e lamentei que não pudesse viver mais para Deus.

4 de novembro (em Lebanon). À tarde, recebi o senso da doçura de uma devoção estrita, íntima e constante a Deus, e minha alma foi confortada com as suas consolações. Minha alma sentiu uma preocupação agradável, mas dolorosa, temendo que passaria momentos *sem Deus*. Que eu possa sempre *viver para Deus!* À noite alguns amigos me visitaram, e passamos o tempo em oração e conversas que tendiam para a nossa edificação mútua. Foram momentos de consolo para minha alma; senti um intenso desejo de passar com Deus cada momento de minha vida. Deus é indescritivelmente gracioso para comigo, continuamente. No passado, Ele concedeu-me uma inexprimível doçura no cumprimento de meus deveres. Com frequência, minha alma tem desfrutado intensamente de Deus, sentindo-se pronta a dizer: "Senhor, é bom estar aqui", abandonando-se ao prazer, enquanto executo minhas tarefas. Ultimamente, porém, Deus tem-se agradado em manter minha alma *faminta;* e, por isso, tenho sido tomado por uma espécie de dor agradável. Quando, realmente, desfruto de Deus, sinto que meu anelo por Ele torna-se ainda mais insaciável e minha sede por santidade ainda mais inextinguível; e que o Senhor não me permite sentir como se estivesse plenamente suprido e satisfeito, mas mantém-me avançando. Sinto-me estéril e vazio, como se não pudesse viver sem mais de Deus, e sinto-me envergonhado e culpado *diante dEle.* Vejo que "a lei é espiritual, mas eu, todavia, sou carnal" (Romanos 7.14). Não vivo e nem posso viver para Deus. Oh, anelo por santidade! Oh, anelo por mais de Deus em minha alma! Oh, essa dor agradável! Ela faz minha alma seguir em busca de Deus. A linguagem dela é: "...quando acordar, eu me satisfarei com a tua semelhança" (Salmo 17.15), mas nunca, nunca antes disso. E, assim, "prossigo para o alvo" (Filipenses 3.14), dia a dia. Quem me dera poder sentir esta fome contínua, sem qualquer retardo, mas antes, sempre animado, por todo cacho colhido em Canaã, a avançar na vereda estreita, para o pleno aprazimento e possessão da herança celeste!

19 de novembro (em New Haven). Recebi uma carta do Pastor Pemberton, de Nova York, convidando-me a ir até lá o mais breve possível, para consultas acerca da evangelização dos índios naquela região do país, e entrar em contato com certos cavalheiros encarregados dessa atividade. Minha mente foi de imediato invadida por interesse pela questão; e retirei-me, com dois ou três amigos crentes, e pus-me a orar. Foram doces momentos para mim. Pude deixar com o Senhor tanto a mim mesmo como a todas as minhas preocupações; e, despedindo-me daqueles amigos, cavalguei até Ripton. Na oportunidade, fui consolado por ver e conversar com o querido Pastor Mills.

24 de novembro. Cheguei a Nova York; continuo me sentindo muito preocupado quanto à importância das negociações. Fiz muitas petições fervorosas a Deus, pedindo sua ajuda e orientação. Senti-me confuso diante do ruído e do tumulto da cidade, e pude gozar apenas de pouco tempo a sós com Deus, mas minha alma anelou muito por Ele.

25 de novembro. Passei muito tempo em oração e súplica. Fui submetido a exames acerca de minha experiência cristã, minha familiaridade com a teologia, e também acerca de outros estudos e minhas qualificações para a importante obra da evangelização dos pagãos,[1] sensibilizando-me em face de minha profunda ignorância e incapacidade para o ministério público. Fui assaltado pelos mais aviltantes pensamentos sobre mim mesmo, sentindo-me o pior miserável que já viveu na terra. Meu coração doía quando alguém demonstrava algum respeito por mim. Infelizmente, quão tristemente tais pessoas estavam enganadas acerca de mim! Quão desgraçadamente desapontadas ficariam se me conhecessem por dentro! Oh, meu coração! E assim, nessa condição deprimida, fui forçado a ir pregar a uma considerável assembleia, na presença de alguns importantes e eruditos ministros; e o fiz sentindo a forte pressão do senso de minha vileza e despreparo para aparecer em público, ao ponto de quase me deixar dominar por tal senso. Minha alma entristecia-se pela congregação, por estarem ali para ouvir pregar um *cão morto* como eu. Sentia-me infinitamente endividado para com o povo, e ansiei que Deus os recompensasse com as recompensas de sua graça. E passei sozinho grande parte da noitinha.

---

[1] Brainerd foi examinado pelos representantes em Nova York, Nova Jersey e Pensilvânia, enviados pela Sociedade Escocesa para Propagação do Conhecimento Cristão, a quem fora entregue o gerenciamento de suas atividades naquelas regiões do país, e que se reuniram então em Nova York.

Brainerd começou sua missão em Kaunaumeek,
hoje Brainerd, Nova Iorque

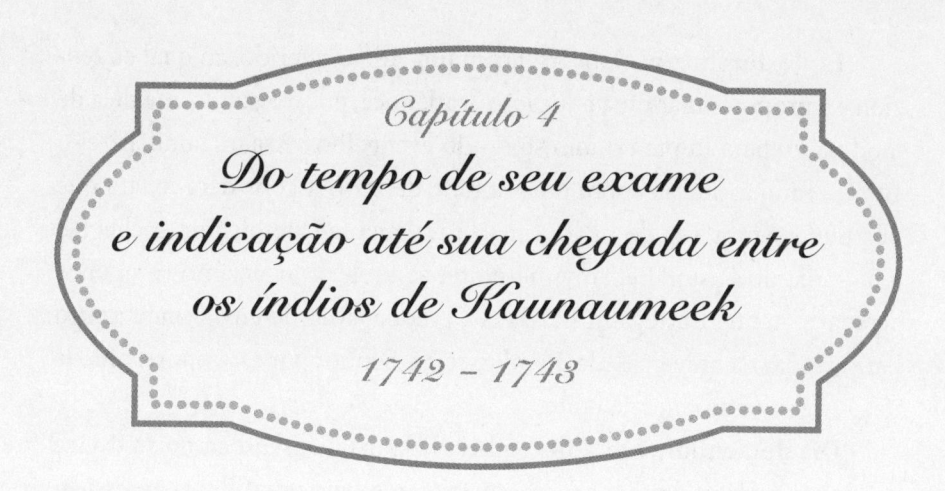

Capítulo 4
Do tempo de seu exame e indicação até sua chegada entre os índios de Kaunaumeek
1742 – 1743

27 de novembro. Entreguei minha alma aos cuidados de Deus, sentindo algum consolo nisso. Parti de Nova York cerca de nove horas da manhã, ainda perturbado com minha indizível falta de dignidade. Por certo posso amar a todos os meus irmãos, pois nenhum deles é tão vil quanto eu; sejam quais forem os seus atos, parece-me que ninguém experimenta tanto senso de culpa diante de Deus. Oh, minhas más tendências, minha esterilidade, minha carnalidade, meu antigo amargor de espírito, minha falta de virtudes próprias do evangelho! Essas coisas me oprimem a alma. Cavalguei de Nova York até White Plains, uma distância de quarenta e oito quilômetros; e por quase todo o percurso continuei elevando meu coração a Deus, rogando-Lhe misericórdia e graça purificadora. Passei a noite muito abatido de espírito.

1º de dezembro. Minha alma aspira por Deus, em doces desejos e anelos espirituais de conformação com Ele, sendo levada a descansar em sua rica graça. Assim fui fortalecido e encorajado para enfrentar ou sofrer qualquer coisa que a providência divina permita atingir-me. Cavalguei por cerca de trinta e dois quilômetros, de Stratfield até Newtown.

11 de dezembro. Conversei com um amigo querido, ao qual eu tencionava proporcionar uma educação acadêmica, encarregando-me dela de modo a prepará-lo para o ministério do evangelho.[2] Assim, familiarizei-o com as minhas ideias sobre o assunto, e deixei-o a considerá-lo, até que nós pudéssemos ver de novo. Então cavalguei até Bethlehem e cheguei à moradia do Pastor Bellamy; pernoitei com ele; conversamos e oramos agradavelmente. Entregamos a Deus a preocupação de enviar meu amigo para estudar na universidade. Bendito seja o Senhor por essa oportunidade de conversarmos naquela noite.

Dia do Senhor, 12 de dezembro. Pela manhã, senti como se tivesse pouco ou nenhum poder para orar ou pregar; e senti uma aflitiva necessidade da ajuda divina. Fui à reunião tremendo por dentro; mas agradou a Deus ajudar-me na oração e no sermão. Penso que raramente minha alma penetrara tanto no mundo imaterial, em qualquer oração que já tenha feito, e que nem minhas devoções jamais estiveram tão isentas de grosseiros conceitos e imaginações, com base na contemplação de objetos materiais. Preguei, com alguma satisfação, alicerçado sobre Mateus 6.33: "Buscai, pois, em primeiro lugar, o seu reino e a sua justiça, e todas estas cousas vos serão acrescentadas". À tarde preguei sobre Romanos 15.30: "Rogo-vos, pois, irmãos, por nosso Senhor Jesus Cristo e também pelo amor do Espírito, que luteis juntamente comigo nas orações a Deus a meu favor". Entre os 'ouvintes houve uma excelente reação. Foi um agradável domingo para mim; e, bendito seja Deus, tenho razão em pensar que minha religião tornou-se mais espiritual por causa de meus recentes conflitos espirituais. Amém. Que eu sempre me disponha a permitir que Deus use comigo os seus próprios métodos!

14 de dezembro. Minha mente ficou envolta por certa perplexidade; na noite anterior, e também hoje pela manhã, fiquei preocupado pelos

---

2 1 Tendo Brainerd passado a ocupar-se como missionário entre os índios, e visto que uma propriedade lhe fora deixada por seu pai, julgou que não havia como empregar com maior fidelidade a mesma, para a glória de Deus, senão custeando a educação de certos jovens talentosos e piedosos, preparando-os para o ministério. O jovem aqui aludido foi escolhido para esse propósito, e educado às custas de Brainerd, enquanto viveu o seu benfeitor, concluindo o seu terceiro ano na universidade.

interesses de Sião, especialmente por causa das *falsas aparências de religiosidade,* que mais servem para criar confusão, principalmente em alguns lugares. Clamei a Deus pedindo-Lhe ajuda e que me capacitasse a dar testemunho contra aquelas coisas que, ao invés de promoverem, impedem o progresso da piedade vital. À tarde, cavalguei até Southbury, conversando de novo com meu amigo sobre o importante assunto de seguir ele a obra ministerial; ele me pareceu favoravelmente inclinado a consagrar-se à obra, contanto que Deus o qualificasse para poder obter sucesso nesse grandioso mister. À noite, preguei com base em 1 Tessalonicenses 4.8, esforçando-me para solapar, embora com ternura, a falsa religiosidade. E o Senhor prestou-me alguma assistência nisso.

15 de dezembro. Pude manter algum diálogo confortante e refrescante para minha alma, com amigos queridos, quando nos despedíamos uns dos outros, e chegamos a pensar na possibilidade de nunca mais nos vermos, senão quando chegássemos ao mundo eterno.[3] Não duvido que, pela graça, alguns de nós em breve nos reuniremos lá. Bendito seja Deus por esse encontro, bem como por vários outros. Amém.

18 de dezembro. Passei muito tempo orando na floresta próxima, sentindo-me como se tivesse sido erguido acima do nível das coisas deste mundo. Minha alma fortaleceu-se no Senhor dos Exércitos, mas também tomei consciência de minha lamentável esterilidade.

27 de dezembro. Tive um período realmente precioso; meu coração muito se enterneceu diante das coisas divinas, diante da pura espiritualidade da religião de Cristo Jesus. À noite, preguei com base em Mateus 6.33, e senti muita liberdade, poder e vigor: a presença de Deus foi fortemente sentida em nossa reunião. Oh, que doçura e ternura senti em minha alma! Se nunca eu sentira a disposição mental de Cristo, penso que agora a experimentei. Bendito seja o meu Deus, raramente tenho desfrutado de um dia

---

3 Havia sido resolvido pelos representantes, que comissionaram Brainerd como missionário, que ele deveria ir, logo que lhe fosse conveniente, aos índios que viviam perto do Rio Forks of Delaware, e aos índios do Rio Susquehanna. A distância desses locais e a sua exposição a muitas durezas e perigos foram os motivos dele despedir-se dessa maneira.

de maior consolo e proveito do que hoje. Oh, se pudesse passar todo o meu tempo a serviço de Deus!

14 de janeiro de 1743. Meus conflitos espirituais, hoje, foram indizivelmente temíveis, mais pesados do que as montanhas e os dilúvios inundantes. Fui privado de todo senso da presença de Deus, e até do ser de Deus; e nisso consistiu a minha miséria. Os tormentos dos condenados, estou certo, consistirão em muito na *privação de Deus,* e, em consequência, na ausência de *todo bem.* Isso ensinou-me a absoluta dependência de toda criatura a Deus, o Criador, quanto a cada migalha de felicidade de que ela goza. Oh, sinto que, se Deus não existisse, eu teria de viver aqui para sempre, gozando não somente deste mundo, mas até de todos os outros, e seria dez mil vezes mais miserável do que um réptil.

Dia do Senhor, 23 de janeiro. Penso que dificilmente já me sentira antes tão indigno de existir como agora. Percebi não ser digno de ocupar lugar entre os índios, para o meio dos quais estou me dirigindo, se Deus permitir, pensando que ficaria envergonhado de olhá-los no rosto, e mais ainda de receber deles algum respeito. De fato, sinto-me como que banido da terra, como se todos os lugares fossem bons demais para um tão grande miserável como eu. Pensei que deveria ter vergonha de dirigir-me até mesmo aos selvagens da África, pois me considero uma criatura imprestável para qualquer coisa, quer no céu quer na terra.

Ninguém sabe, senão aqueles que o experimentam, aquilo que a alma suporta, quando é sensivelmente separada da presença de Deus. Desafortunadamente, isso é mais amargo do que a morte.

2 de fevereiro. Preguei na noite passada o meu sermão de despedida, na casa de um idoso homem, incapacitado de frequentar há algum tempo o culto público. Nesta manhã, passei parte do tempo em oração. Tendo-me despedido dos amigos, parti em minha jornada até ao território dos índios, embora tivesse de passar primeiro algumas semanas em East Hampton, em Long Island, para despedir-me dos representantes, pois o inverno é considerado desfavorável para o início da missão.

12 de fevereiro (em East Hampton). Obtive um pouco mais de consolo espiritual; pude meditar com grande equilíbrio mental; e, especialmente à noite, senti minha alma mais refrigerada em oração, como há algum tempo não acontecia. Minha alma parecia poder valer-se da "força de Deus", e foi consolada com as suas consolações. Oh, quão deleitosos são certos vislumbres da glória divina! Quão fortalecedor e vivificador!

15 de fevereiro. No começo do dia senti algum consolo; depois fui dar um passeio numa floresta das proximidades, e tive a forte impressão de ser um alienígena na terra, mais do que em qualquer outra oportunidade - morto para qualquer aprazimento do mundo. À noite passei pelo dulçor divino da oração secreta. Deus foi então a minha porção e a minha alma elevou-se acima daquelas águas profundas até onde havia me afundado ultimamente. Minha alma então clamou em favor de Sião, deleitando-me ao assim fazer.

17 de fevereiro. Preguei hoje numa pequena aldeia, em East Hampton. Deus agradou-se em dar-me muito de sua graciosa presença e ajuda, de tal modo que falei com liberdade, ousadia e algum poder. À noite passei algum tempo com um querido amigo crente, e senti-me sério, à beira da eternidade. Nossa entrevista foi, realmente, um pequeno emblema do próprio céu. Percebo que minha alma está mais refinada, mais desligada de minha anterior dependência às minhas atitudes e sentimentos espirituais.

18 de fevereiro. Tive algum gozo a maior parte do dia, achando acesso fácil ao trono da graça. Bendito seja o Senhor por quaisquer intervalos de deleite e serenidade celestiais, enquanto estou engajado no campo de batalha. Que pudesse eu ser sempre sério, solene e vigilante, enquanto continuo neste mundo! Tive alguma oportunidade de ficar a sós com Deus, e senti liberdade para estudar. Oh, anelo *viver para Deus!*

> Ao que parece, durante as duas semanas subsequentes, Brainerd gozou, a maior parte do tempo, de muito consolo e paz espirituais. Em seu diário, quanto a esse período de tempo, foram registradas coisas como as seguin-

tes: pesar diante do pecado habitando nele, desprendimento do mundo, anelo por Deus e de viver para sua glória, desejos que enterneciam o coração por seu lar eterno, dependência fixa de Deus como seu auxílio, experiência de muita ajuda divina no exercício privado e público de sua religião, força interior e coragem no serviço prestado a Deus, frequente refrigério de alma, o consolo e a doçura divina na meditação, na oração, na pregação e em simples conversas com outros crentes. E, com base em seu diário, parece que esse espaço de tempo foi cheio de grande diligência e ardente desejo de servir a Deus, no estudo, na oração, na meditação, na pregação, na instrução particular e no aconselhamento. – J.E.

7 de março. Nesta manhã, quando me levantei, notei que meu coração buscava a Deus, querendo ardentemente conformar-me com Ele. Em oração secreta, senti-me deliciosamente vivificado, inclinado a louvar a Deus por causa de tudo quanto Ele tem feito por mim, sem excetuar minhas provações internas e minhas dificuldades recentes. Meu coração atribuiu glória, glória, glória ao Deus bendito! e estava disposto a acolher, uma vez mais, toda aflição no íntimo, se a Deus parecesse bem exercitar-me por esse intermédio. O tempo parecia-me curto, e a eternidade bem próxima. Pensei que, com paciência e bom ânimo, poderia suportar qualquer coisa em favor da causa de Deus; pois percebi que bastaria um momento para levar-me a um mundo de paz e bem-aventurança. Minha alma, mediante a força do Senhor, elevou-se muito acima deste mundo inferior, com todos os seus vãos entretenimentos e com todos os seus temíveis desapontamentos.

Dia do Senhor, 13 de março. Ao meio-dia, pensei que me seria impossível pregar, em razão de minha debilidade física e de uma sensação de morte no íntimo. Na primeira oração, sentia-me tão fraco que quase não conseguia permanecer de pé; mas quando comecei a pregar, Deus veio fortalecer-me, pelo que fiquei pregando por quase hora e meia com notável liberdade, clareza e um suave poder, baseado no trecho de Gênesis 5.24: "Andou Enoque com Deus..." Fui docemente ajudado ao insistir que o crente precisa *andar bem próximo de Deus,* deixando esse pensamento como conselho final para o povo de Deus que me ouvia, insistindo que deveriam "andar com Deus". Que o Deus de toda a graça confira êxito a meus pobres labores neste lugar!

14 de março. Pela manhã estive muito ocupado em preparativos para a minha viagem, e estive quase continuamente ocupado em orações fervorosas. Cerca de dez horas, despedi-me do querido povo de East Hampton; meu coração lamentou-se e entristeceu-se, embora, ao mesmo tempo, tenha se regozijado. Cavalguei quase oitenta quilômetros até certo ponto de Brook Haven, onde me alojei, entrando em uma tonificante conversa com um amigo crente.

> Dois dias mais tarde, Brainerd chegou a Nova York; mas queixando-se de muita improdutividade e senso de apatia pelo caminho. Ficou um dia em Nova York, e então, na sexta-feira, partiu para a residência do Sr. Dickinson, em Elizabeth Town. – J.E.

Dia do Senhor, 20 de março. Preguei um pouco antes do meio-dia. Deus outorgou-me alguma ajuda, permitindo-me falar com real ternura, amor e imparcialidade. Preguei novamente à noitinha; e Deus teve por bem ajudar a um pobre verme. Bendito seja Deus, pois fui capacitado a falar com vida, poder e desejo que o povo de Deus fosse edificado, e também, com algum poder, dirigi-me aos perdidos. À noite mantive-me vigilante, a fim de que de modo algum meu coração se afastasse de Deus. Oh, quando chegarei àquele mundo bendito onde cada faculdade de minha alma estará incessante e eternamente empregada em atividades e aprazimentos celestes, no mais elevado grau!

> Na segunda-feira, Brainerd foi até Woodbridge, Nova Jersey, onde encontrou-se com os representantes, os quais, ao invés de enviá-lo aos índios de Forks of Delaware, como combinado, orientaram-no para que fosse

ao encontro de alguns índios, em Kaunaumeek, um lugar do Estado de Nova York, na floresta entre Stockbridge e Albany. Essa alteração nos planos foi motivada por duas coisas: (1) Os representantes tinham recebido informações sobre alguma contenção entre os civilizados e os índios do Delaware, acerca de seus territórios, que eles supunham poderia servir de obstáculo ao sucesso de uma missão entre os índios, naquela ocasião. (2) Havia algum rumor, recebido da parte do Pastor Sergeant, missionário entre os índios em Stockbridge, a respeito dos índios de Kaunaumeek, e uma esperançosa perspectiva de sucesso que um missionário evangélico poderia obter entre eles.

No dia seguinte, Brainerd partiu para Kaunaumeek, chegando na casa do Pastor Sergeant, em Stockbridge, a 31 de março. – J.E.

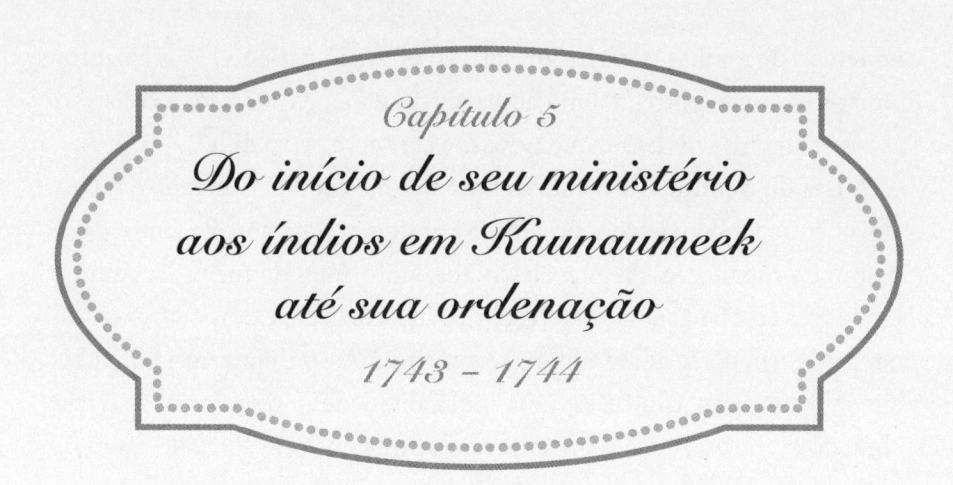

Capítulo 5
Do início de seu ministério aos índios em Kaunaumeek até sua ordenação
1743 – 1744

1° de abril de 1743. Cavalguei até Kaunaumeek, na floresta, cerca de trinta e dois quilômetros de Stockbridge, e acerca de igual distância de Albany, onde vivem os índios que me interessa evangelizar. Fiquei alojado com um escocês pobre, a pouco menos de dois quilômetros e meio distante deles. O quarto era de troncos de árvores, sem soalho. Coube-me descansar sobre um monte de palha. Assaltaram-me temores, como se não houvesse Deus para quem pudesse apelar. Oh, que Deus me ajude!

7 de abril. Minha impressão é que sou extremamente ignorante, fraco, impotente, indigno, incapaz de realizar a minha tarefa. Era como se jamais pudesse prestar qualquer serviço, como se nunca pudesse obter êxito entre os índios. Minha alma estava cansada de minha vida; anelava pela morte, quase sem poder conter-me. Quando pensava sobre alguma alma piedosa que havia partido, minha alma invejava tal privilégio, pensando: "Oh, quando chegará a minha vez? Mas antes terão de passar-se anos!" Porém, reconheço que esses ardentes desejos, naquela e em outras ocasiões, originavam-se, pelo menos em parte, de minha falta de resignação a Deus, no tempo de minhas misérias, ou seja, eu estava impaciente. Mas ao aproximar-se a noite, entreguei-me ao exercício da fé, em oração, e consegui escrever alguma coisa. Oh, que Deus me conserve perto dEle!

Dia do Senhor, 10 de abril. Levantei-me cedo pela manhã e saí do alojamento, tendo passado um tempo considerável na floresta, entregue à oração e à meditação. Preguei aos índios, tanto antes do meio-dia como à tarde. Eles comportaram-se com sobriedade, em geral, e dois ou três deles, em particular, pareciam ter interesse espiritual. Assim, conversei individualmente com eles. Um deles, uma índia, disse-me que seu coração havia chorado desde que me ouvira pregar pela primeira vez.

16 de abril. À tarde preguei à minha própria gente; mas sentia-me mais desencorajado com eles do que antes, temendo que jamais poderia fazer algo por eles com qualquer efeito feliz. Retirei-me e derramei minha alma diante de Deus, pedindo-Lhe misericórdia, mas não consegui nenhum alívio sensível. Pouco depois, chegaram dois homens ímpios, com o propósito, segundo disseram, de ouvir-me pregar no dia seguinte; mas ninguém pode expressar como me sentia com a conversa *profana* deles. Oh, como desejei que algum crente querido tomasse conhecimento de minhas dificuldades. Entrei numa espécie de choupana, e ali gemi diante de Deus, apresentando-Lhe minha queixa; senti gratidão a Deus, com ação de graças, porquanto Ele, como reconheci através de sua graça, me fizera diferir daqueles homens.

Dia do Senhor, 17 de abril. Pela manhã, assim que acordei, senti o coração agoniado, pois ouvia muita coisa acerca do mundo e das cousas dele. Percebi que os homens, de alguma maneira, estavam receosos de mim; falei sobre santificar o domingo, pois talvez aquilo devolvesse alguma sobriedade às suas mentes; mas quando estavam a pequena distância de mim, tornaram a conversar livremente sobre assuntos mundanos. Oh, pensei, que *inferno* seria conviver com tais homens por toda a eternidade! O Senhor concedeu-me alguma ajuda na pregação, durante o dia todo, e, alguma resignação e um pouco de consolo em oração, à noite.

19 de abril. Pela manhã tive o privilégio de um doce repouso e descanso em Deus, sentindo-me fortalecido na minha confiança nEle. Minha alma, até certo ponto, descansou no refrigério e consolo recebidos. Passei a maior parte do dia escrevendo, e tive algum exercício da graça, sensível e confortante. Minha alma parecia elevada acima das águas *profundas* onde, durante longo tempo, estava prestes a afundar. Fui tomado por anelos espirituais, suspirando por Deus; acabei engajado no avanço do reino de Cristo em minha própria alma.

20 de abril. Separei este dia para jejum e oração, inclinando minha alma diante de Deus com o fim de receber mais da sua graça, sobretudo para que toda a minha aflição espiritual e inquietude interior fossem santificadas para a minha alma. Também esforcei-me para relembrar a bondade que Deus demonstrara para comigo no ano passado, sendo este o dia de meu aniversário. Tendo obtido a ajuda divina, tenho vivido até este ponto, chegando à idade de vinte e cinco anos. Minha alma dói diante de minha esterilidade e inércia, diante do fato que tenho vivido tão pouco para a glória do Deus eterno. Passei o dia sozinho, na floresta, e ali derramei minha queixa diante de Deus. Oh, que para o futuro Deus me capacite a viver para a sua glória!

10 de maio. Encontro-me no mesmo estado mental em que tenho vivido por algum tempo: extremamente oprimido pelo senso de culpa, contaminação e cegueira. "Por que hei de eu temer nos dias da tribulação, quando me salteia a iniquidade dos que me perseguem?" (Salmo 49.5). Os pecados de minha mocidade pareciam postos em ordem diante de mim, como uma carga pesadíssima, pesada demais para suportá-la! Quase todos os atos de minha vida passada pareciam-me manchados pelo pecado e pelo senso de culpa; e aqueles que pratiquei com maior rebeldia, agora me enchem de vergonha e confusão, ao ponto de não poder levantar o meu rosto. Oh, orgulho, egoísmo, hipocrisia, ignorância, amargura, partidarismo, bem como a falta de amor, candura, mansidão e gentileza que têm acompanhado minhas tentativas de promover os interesses religiosos; e isso quando tenho razão de esperar que tenha recebido a ajuda do alto, algum doce relacionamento com o céu! Infelizmente, porém, quanta mistura de corrupção tem maculado os meus melhores deveres!

18 de maio. Minhas circunstâncias são tais que não disponho de qualquer tipo de conforto, senão o que tenho em Deus. Vivo na mais solitária floresta; e só há uma pessoa que pode falar inglês e conversar comigo.[4] Quase tudo quanto ouço falar é escocês ou indígena. Não conto com nenhum crente com quem possa desabafar, abrindo-me quanto à minha tristeza espiritual, com quem possa aconselhar-me acerca das realidades espirituais, ou com quem possa unir-me em oração. Minha vida carece de todos os confortos da vida; minha dieta consiste principalmente em milho cozido, pudim de farinha, etc. Durmo sobre um monte de palha, meu trabalho é duro e extremamente difícil, e não parece que esteja obtendo sucesso, o que poderia animar-me. Os índios não têm um território que possam ocupar, senão as terras que os holandeses reclamam, e estes ameaçam expulsá-los. Os holandeses não se importam com as *almas* dos pobres índios, e até onde me foi possível perceber, eles me odeiam porque vim pregar para os selvagens. Porém, o que mais me torna difícil a existência é que *Deus oculta seu rosto de mim*.

20 de maio. Fiquei muito abatido durante boa parte do dia; mas quando a noite já ia caindo, meditei sobre Isaías 40.1, e me consolei. "Consolai, consolai o meu povo, diz o vosso Deus." Pude adoçar meu espírito em oração. Depois disso, minha alma alçou voo até muito acima das águas profundas, de tal maneira que ousei regozijar-me em Deus. Percebi que tinha motivo suficiente de consolação no Deus bendito.

Na segunda-feira, 30 de maio, Brainerd viajou a Nova Jersey a fim de consultar os representantes, e obter autorização para fundar uma escola entre

---

[4] Essa pessoa era o intérprete de Brainerd, um jovem e habilidoso índio, residente em Stockbridge, cujo nome era *John Wauwaumpequunnaunt*. Ele fora instruído na religião cristã pelo Pastor Sergeant, havia morado com o pastor Williams, em Long Meadow. Depois, recebera maior instrução da parte dele, sob o encargo do Sr. Hollis, de Londres. Entendia muito bem tanto o inglês como a língua indígena, além de ter boa caligrafia.

os índios, em Kaunaumeek, e para que o seu intérprete fosse nomeado professor. E assim sucedeu. Então, partiu de Nova Jersey para New Haven, onde chegou a 6 de junho, uma segunda-feira. Tentou uma reconciliação com o corpo docente da universidade, e visitou seus amigos daquela região. Em sua viagem de volta para casa, manteve-se numa atitude de mente bastante confortável. No sábado, no caminho de Stockbridge para Kaunaumeek, perdeu-se no mato, e passou a noite inteira a céu aberto. Felizmente, encontrou de novo o caminho ao amanhecer, e chegou onde estavam seus índios no domingo, 12 de junho, tendo pregado entre eles com grande proveito como nunca fizera antes, desde que chegara ali.

Daquele tempo em diante, esteve sujeito a variadas atitudes e exercícios mentais, em geral mais ou menos como vinha lhe sucedendo, desde que pela primeira vez chegara a Kaunaumeek, até que ocupou sua própria casa (uma pequena cabana, que levantara com suas próprias mãos, com longo e árduo labor). Também descobriu que a distância da família com quem se hospedara a início, impedia-o de muitas oportunidades favoráveis de acesso aos índios, sobretudo de manhã e à noite. Após cerca de três meses, mudou-se dali e passou a viver em companhia dos índios, numa das tendas deles. Ali continuou residindo por cerca de um mês, quando então terminou a pequena casa sobre a qual ele aqui faz menção. Embora se sentisse muito desanimado durante a maior parte desse tempo, contudo houve muitas interrupções em seu estado de melancolia, com alguns breves períodos de consolo, doce tranquilidade e resignação mental, e gozou de frequente ajuda especial de Deus, a julgar pelo seu diário. A maneira como sua tristeza foi aliviada, certa ocasião, é digna de ser mencionada com as próprias palavras dele. – J.E.

25 de julho. Pouco ou nenhum resultado tenho obtido acerca de uma vida de santidade. Já estava prestes a renunciar à minha esperança de viver para Deus. Quão tenebroso pareceu-me pensar em existir sem santidade, eternamente! Era algo que não conseguia suportar. O clamor de minha alma era o mesmo do Salmo 65.3: "...prevalecem as nossas transgressões". Mas de alguma forma senti alívio, face à consoladora meditação sobre a eternidade de Deus, um Ser que nunca teve começo. Com base nisso, fui levado a admirar mais ainda sua grandeza e poder, de tal maneira que parei e louvei ao Senhor em razão de suas próprias glórias e perfeições. E ainda que eu continuasse a ser (e se continuasse sendo, para sempre) uma criatura profana, minha alma sentia-se consolada por apreender o Deus eterno, infinito, poderoso e santo.

30 de julho. No início da noite, mudei-me para *minha própria casa*, e alojei-me para passar a noite. Descobri que ali era muito melhor do que passar o tempo sozinho na tenda índia onde eu residira antes.

Dia do Senhor, 31 de julho. Senti-me mais confortável do que há alguns dias passados. Bendito seja o Senhor, que agora me deu um lugar para onde eu posso me retirar. Oh, que aqui eu possa *encontrar Deus*, e que Ele resida comigo para sempre!

1° de agosto. Continuo ocupado na arrumação e arranjo de minha pequena casa. Os exercícios religiosos têm-me deixado mais terno, e tenho pensado que vale a pena seguir a Deus mesmo através de mil armadilhas, abandonos e a própria morte. Oh, quem me dera poder *seguir sempre a santidade,* para que possa conformar-me totalmente a Deus! Pude experimentar algum enternecimento em oração secreta, embora muita tristeza também me assaltasse.

4 de agosto. Pude dedicar-me continuamente à oração, durante o dia; mediante a bondade divina, percebi intensidade de propósitos em meus deveres, como costumava fazer, e alguma capacidade de perseverar em minhas súplicas. Tenho recebido algum entendimento das coisas divinas, que me têm proporcionado coragem e resolução. Tenho visto que é bom *perseverar nas tentativas* de orar, mesmo que eu não possa *orar com perseverança*, isto é, continuar por muito tempo conversando com o Ser divino. Tenho descoberto, de modo geral, que *quanto mais me dedico* à oração secreta, mais *me deleito nela,* e mais tenho apreciado o espírito de oração. Frequentemente tenho descoberto o contrário, quando, ao viajar ou fazer alguma outra coisa, tenho sido privado de tempo para oração secreta. O cumprimento oportuno e constante de deveres secretos, nas horas apropriadas, e um aprimoramento cuidadoso de todo o tempo, que preencha cada hora com algum labor proveitoso, que ocupe o coração, a mente, ou as mãos, são meios excelentes para obtermos paz espiritual e ousadia diante de Deus. Ocupar o nosso tempo *com* Deus e *em favor* dEle é o caminho para quem quiser levantar-se e deitar-se em paz.

13 de agosto. Em oração secreta, pude elevar a minha alma a Deus, com ardor e deleite. Foram momentos deveras abençoados. Tenho descoberto quão consolador é ser crente; e tenho "por certo que os sofrimentos do tempo presente não são para comparar com a glória" (Romanos 8.18) dos aprazimentos divinos, mesmo neste mundo. Todas as minhas tristezas passadas pareceram sumir, e não mais "lembrei-me da tristeza, por causa da alegria". Oh, quão gentilmente, e com que ternura filial, nestes dias, a minha alma confia na "Rocha dos Séculos", e de que Ele "nunca a abandonará nem se esquecerá dela", fazendo todas as coisas "cooperarem juntamente para o seu bem!" Tenho anelado que outros possam conhecer quão bom Deus é o Senhor. Minha alma encheu-se de ternura e amor, mesmo pelo mais inveterado de meus inimigos. Como anelei que eles pudessem compartilhar da mesma misericórdia; e apreciei que Deus fizesse aquilo que Lhe agrada, quanto a mim e quanto a tudo mais. Senti-me peculiarmente sério, calmo e tranquilo, encorajado a prosseguir na busca pela santidade, enquanto viver, sem importar as dificuldades e provações que tenha de encontrar no percurso. Que o Senhor sempre me ajude a agir assim. Amém e amém.

15 de agosto. Passei a maior parte do dia trabalhando, procurando algo para alimentar meu cavalo durante o inverno. Pela manhã, não tive muita satisfação espiritual. Estive muito debilitado no corpo, durante o dia; pensei que este meu enfraquecido corpo logo haveria de cair morto no pó, e então percebi, com alguma apreensão, que em breve eu estaria entrando no outro mundo. Nessa minha debilidade física, fiquei não pouco preocupado por me faltarem alimentos apropriados. Eu não tinha pão e nem poderia comprar algum. Sou forçado a caminhar ou a mandar alguém, entre dezesseis e vinte e quatro quilômetros, para conseguir todo o pão que preciso. Às vezes o pão fica azedo ou bolorento, antes que eu possa consumi-lo, quando o compro em quantidade considerável.

Outras vezes, por dias seguidos, não disponho de pão algum, pois falta-me oportunidade de adquiri-lo ou mandar buscá-lo, ou não posso encontrar meu cavalo na floresta, para que possa buscar o pão pessoalmente. Assim está acontecendo no momento. Mas pela bondade divina, tenho alguma *farinha* indígena, com a qual faço bolos e os frito. Não obstante, sinto-me contente diante de minhas circunstâncias, mansamente resignado diante de Deus. Tenho desfrutado de grande liberdade em minhas orações. E, bendito seja Deus, até onde vão minhas presentes circunstâncias, agradeço ao Senhor como se eu fosse um monarca. Também tenho descoberto a disposição de viver contente sob *quaisquer* circunstâncias. Bendito seja Deus!

Dia do Senhor, 21 de agosto. Senti-me bastante limitado nas devoções matutinas; meus pensamentos pareciam espalhados até aos confins da terra. Ao meio-dia, prostrei-me diante do Senhor, gemendo sob o senso de minha vileza, esterilidade e espírito mortiço; senti-me como se fosse culpado de assassinar alguma alma, ao falar diante de almas imortais do modo como tenho feito. À tarde, Deus agradou-se em conferir-me algum apoio; fui capacitado a expor, aos meus ouvintes, a natureza e a necessidade do arrependimento autêntico. Depois disso, senti-me agradecido a Deus. À noite sentia-me muito enfermo e cheio de dores, e minha alma lamentava-se por ter passado tanto tempo com tão pouco proveito.

23 de agosto. Estudei antes do meio-dia, e desfrutei de certa liberdade. À tarde labutei ao ar livre; procurei orar, mas não achei muita alegria na prática, e nem grande intensidade mental. Ao aproximar-se a noite, estava exausto, cansado deste mundo de tristezas. Os pensamentos a respeito da morte e da imortalidade pareciam-me muito desejáveis, e chegaram a refrigerar-me a alma. As seguintes linhas poéticas me surgiram na mente, dando-me algum prazer:

> "Vem morte, dá-me a mão; beijo tua mortalha;
> Para mim é felicidade poder morrer.
> Quê? Pensas que haverei de retroceder?
> Antes, sigo para a imortalidade."

Em oração noturna, Deus agradou-se em aproximar-se de minha alma, embora seja ela muito pecadora e indigna; e assim pude lutar com Deus, perseverando em minha petição, rogando-Lhe a graça. Derramei minha alma em favor do mundo inteiro, amigos e inimigos. Minha alma estava preocupada não simplesmente pelas almas, mas antes, pelo reino de Cristo, para o mesmo concretizar-se no mundo, para que Deus venha a ser conhecido como Deus no mundo. E, oh! Minha alma abominou a própria ideia de um *partido* no terreno religioso! Que a graça divina manifeste-se, onde quer que ela esteja; e que Deus receba toda a glória para sempre. Amém. Foi, realmente, um período de grande consolo. Pensei estar recebendo alguma antecipação dos aprazimentos e atividades do mundo superior. Oh, que minha alma amolde-se ao outro mundo!

31 de agosto (em uma viagem a Nova York). Passei por uma doce, séria e, segundo espero, cristã atitude mental. As realidades eternas tomaram conta de meus pensamentos; e anelei por estar no mundo dos espíritos. Oh, quanta felicidade há quando todos os nossos pensamentos ocupam-se do mundo espiritual - sentindo-nos estranhos neste mundo, buscando com diligência um caminho que o atravesse, o caminho melhor e mais seguro para a Jerusalém celestial.

> Brainerd prosseguiu nessa viagem, e após demorar-se por dois ou três dias em Nova York, partiu para New Haven, tencionando chegar para a formatura. – J. E.

Dia do Senhor, 11 de setembro (em Horse Neck). Preguei à tarde sobre Tito 3.8. Penso que Deus nunca me ajudou tanto em descrever a verdadeira religiosidade, detectando com clareza e desmascarando, embora de modo cortês, as falsas aparências na religião, o zelo mal dirigido, os ciúmes partidários, o orgulho espiritual, etc., bem como um espírito dogmático e autoconfiante, juntamente com sua fonte originária, ou seja, *a ignorância de coração*. No começo da noite, dediquei-me a conversar com aquela gente a fim de tentar suprimir certas ideias confusas que havia percebido entre eles.

13 de setembro. Cavalguei até New Haven. Senti-me deprimido, pois, não estava em minha melhor atitude mental. À noite mantive proveitoso diálogo com alguns crentes. Embora minhas tribulações interiores sejam grandes, a vida de solidão oferece-me maior oportunidade para fixar e penetrar até aos mais profundos recessos da alma. Ainda assim é melhor viver sozinho do que viver sobrecarregado pela agitação e pelo tumulto. Sinto grande dificuldade em manter qualquer senso das realidades divinas, ao mesmo tempo em que vagueio de lugar para lugar, sempre cheio de cuidados e atividades variadas. Uma atividade estável e fixa em um lugar facilita uma vida dedicada à religião.

14 de setembro. Hoje deveria ter recebido o meu *diploma*. Mas Deus achou melhor negar-me esse privilégio. Pensei que me sentiria grandemente temeroso, sendo dominado pela perplexidade e confusão mental, ao ver meus *colegas de classe* receberem seu diploma. No entanto, naquele momento, Deus permitiu-me dizer, com calma e resignação: "Seja feita a vontade do Senhor". De fato, pela bondade divina, dificilmente tenho sentido minha mente tão calma, tão sedada, em tão grande consolo, faz muito tempo. Há muito venho temendo um período como este, esperando que a minha humildade, mansidão, paciência e resignação seriam muito testadas; mas achei muito maior prazer e consolo divino do que esperava. Espiritualmente, senti-me sério, terno e afetuoso na oração particular que fiz hoje com um querido amigo crente.

15 de setembro. Fiquei satisfeito ao ouvir os ministros exporem os seus sermões. Sempre é um consolo para mim ouvir e participar de diálogos religiosos e espirituais. Oh, quem dera que os ministros e os crentes em geral fossem mais espirituais e mais consagrados a Deus! Ao avizinhar-se a noite, a conselho de meus amigos crentes, ofereci as reflexões que constam abaixo, por escrito, ao reitor e diretores da universidade - reflexões essas que são essencialmente as mesmas que havia oferecido ao reitor tempos antes, rogando-lhe que as aceitasse - a fim de que, se possível, eu evitasse todo motivo de escândalo da parte daqueles que buscam tais motivos. As reflexões que ofereci foram as seguintes:

"Se eu disse, diante de várias pessoas, acerca do Sr. Whittelsey, um dos professores do Yale College, que não acreditava que ele tivesse mais graça do que a cadeira sobre a qual eu estava recostado, agora confesso humildemente que nisso pequei contra Deus, agindo de maneira contrária às normas de sua Palavra, e ofendi o Sr. Whittelsey. Eu não tinha o direito de brincar assim com o seu caráter e nem tinha justa razão para falar como o fiz. Minha falta foi ainda agravada por ter dito aquilo acerca de quem era meu superior em muito, a quem eu tinha a obrigação de tratar com respeito e honra especiais, em razão da relação entre eu e ele na universidade. Confesso também que esse tipo de conduta não cabe a um crente; exagerei e não demonstrei o humilde respeito que deveria ter expresso para com o Sr. Whittelsey. Há muito estou convicto da falsidade daquela apreciação por meio da qual então eu havia justificado a minha conduta. Com frequência tenho refletido, com tristeza, sobre essa minha conduta. Por ter sido um ato pecaminoso, espero e estou disposto a humilhar-me, rebaixando-me por tal motivo diante de Deus e dos homens. Humildemente peço perdão aos diretores da universidade e de toda a sociedade, e do Sr. Whittelsey em particular. Mas quanto à acusação, feita por uma pessoa, de haver dito acerca do reitor do Yale College, que me admirava que ele não tivesse caído morto por haver multado os eruditos que seguiram o Sr. Tennent a Milford, professor aqui, com toda a seriedade, que não me recordo de haver dito qualquer coisa nesse sentido; mas se o fiz, o que não tenho certeza que fiz, condeno rigorosamente essa atitude, detestando toda essa espécie de comportamento, mais ainda da parte de um aluno contra o reitor. E agora me apresento para julgar e condenar a mim mesmo por ter ido uma vez à reunião em New Haven, pouco antes de ter sido expulso, embora o reitor me tivesse recusado o visto de saída. Por causa disso, peço humildemente o perdão do reitor. E quer os diretores da universidade acharem por bem remover a censura acadêmica que pesa sobre mim, ou não, ou acharem por bem me conferir os privilégios que desejo, estou disposto a apresentar-me, se assim acharem correto, a fim de admitir isso, humilhando-me pelas coisas aqui confessadas."

Deus tornou-me disposto a fazer qualquer coisa que seja coerente com a verdade, por amor à concórdia, e a fim de que eu não sirva de pedra de tropeço a outras pessoas. Por esse motivo, posso esquecer e desistir daquilo em que realmente acredito ser meu direito, em algumas instâncias, após a busca mais madura e imparcial. Deus deu-me a boa disposição de que, se alguém me ofendeu por cem vezes, e eu tenha ofendido a esse alguém apenas uma vez (embora por tantas vezes provocado), sinta-me inclinado e deseje de todo o coração humildemente confessar a minha falta, pedindo-lhe perdão de joelhos; embora, ao mesmo tempo, ele sinta-se justificado em todas as ofensas feitas contra mim, fazendo uso de minha humilde confissão somente para denegrir o meu caráter ainda mais, apresentando-me como a única pessoa culpada; sim, ainda que essa pessoa me quisesse ofender e dissesse: "ele sabia de tudo antes, e eu o estava ajudando a arrepender-se". Embora o que eu disse sobre o Sr. Whittelsey tenha sido dito somente em conversa particular, a um amigo ou dois, e tenha sido ouvido por alguém que apenas passava, e tenha sido relatado ao reitor, e por ele extraído de meus amigos, e visto que a questão foi divulgada e tornou-se pública, dispus-me a confessar minha falta publicamente. Mas confio que Deus pleiteará a minha causa.

Fui testemunha do profundo espírito cristão que Brainerd demonstrou na ocasião. Eu estava então em New Haven, e ele achou conveniente consultar-me. Aquela foi a minha primeira oportunidade de vê-lo pessoalmente. Ele demonstrava uma grande calma e humildade, sem a mínima aparência de exaltação de espírito quanto a quaisquer maus tratos que pudesse supor que sofreria, ou quanto a qualquer hesitação para rebaixar-se diante daqueles que, segundo ele pensava, tinham-no prejudicado. A sua confissão foi feita sem qualquer reclamação ou aparência de relutância, até mesmo em particular, a seus amigos, diante dos quais se abriu francamente. Foram feitos vários apelos, em seu favor, às autoridades da universidade, a fim de que ele pudesse receber seu diploma de formatura; e, particularmente, pelo Pastor Burr, de Newark, um dos representantes da sociedade escocesa. Ele fora enviado de Nova Jersey a New Haven, pelos demais representantes, com essa finalidade. Foram usados muitos argumentos, mas sem qualquer sucesso. De fato, os diretores da universidade ficaram tão satisfeitos com as reflexões que Brainerd fez acerca de si mesmo, que se manifestaram dispostos a admiti-lo novamente na universidade. Mas não dariam seu diploma de formatura, enquanto não tivesse permanecido ali pelo menos por doze meses, o que não aceitou, visto ser contrário à opinião declarada dos representantes de sua missão. Ele desejava receber seu diploma, pois pensava que poderia contribuir para ampliar a sua utilidade. Não obstante, quando esse privilégio lhe foi negado, Brainerd não manifestou qualquer desapontamento ou ressentimento. – J. E.

20 de setembro (em Bethlehem). Tive a ideia de prosseguir em minha jornada até aos meus índios; mas quando aproximava-se a noite, fui acometido por uma terrível dor de dente, acompanhada por um frio que me fazia tremer todo. Por toda a noite não consegui recuperar-me a um grau confortável de calor. Fiquei padecendo com fortíssima dor e ao amanhecer, tinha febre alta com dores por quase todo o corpo. No entanto, tinha o senso da bondade divina, que determinara este lugar para a enfermidade, estando eu entre amigos que foram muito bondosos para comigo. Provavelmente teria perecido, se tivesse me dirigido para minha própria casa, na floresta, onde não tinha ninguém com quem conversar, senão os pobres, rudes e ignorantes índios. Vi, pois, que havia a manifestação da misericórdia divina, em meio à minha aflição.

Assim continuei, a maior parte do tempo, recolhido ao leito, até sexta-feira à noite, cheio de dores por quase todo o tempo; mas devido à bondade divina, não tinha medo da morte. Então pude compreender quão grande é a insensatez daqueles que só apelam para Deus quando já estão acamados. Certamente, este não é o tempo certo para preparar a alma para a eternidade. Na sexta-feira à noite, minhas dores desapareceram de maneira um tanto repentina. Sentia-me extremamente fraco, quase desmaiando; mas estava bem melhor na noite seguinte. Pensei que devemos dar valor à continuação da vida, por somente um motivo - "exibir a bondade de Deus e as operações da graça".

4 de outubro. Hoje cavalguei de volta à minha própria casa e ao meu povo. Os pobres índios pareceram alegrar-se muito com a minha volta. Encontrei minha casa e todas as coisas em plena segurança. Imediatamente caí de joelhos e agradeci a Deus pelo retorno em segurança. Tenho feito muitas viagens longas desde este tempo, no ano passado, e, no entanto, nunca qualquer de meus ossos foi quebrado, e nem qualquer calamidade penosa me sobreveio, excetuando que me senti muito mal, em minha última viagem. Por muitas vezes tenho ficado exposto ao frio e à fome, na floresta, sem os confortos normais da vida, e onde, por várias vezes, tenho me perdido. Algumas vezes tenho sido forçado a cavalgar uma boa parte da noite; de certa feita fiquei no mato a noite inteira, contudo, bendito seja Deus, Ele tem me preservado!

3 de novembro. Passei o dia em jejum e oração secretos, da manhã à noite. Cedo pela manhã, fui sensivelmente ajudado em oração. Depois, li o relato sobre o profeta Elias, em 1 Reis 17-19, e também 2 Reis 2 e 4. Minha alma ficou muito comovida, observando a fé, o zelo e o poder daquele santo homem; como ele lutava com Deus em oração, etc. Minha alma, então, clamou como fez Eliseu: "Onde está o Senhor, Deus de Elias?" Oh, como anelei por maior fé! Minha alma aspirou por Deus e pleiteou junto a Ele, a fim de que uma "dupla porção do Espírito" que foi dado a Elias viesse repousar "sobre mim".

O que foi divinamente refrescante e revigorante à minha alma, é que Deus é o *mesmo* Deus que atuou nos dias de Elias. Pude lutar com Deus em oração, de modo mais afetuoso, fervoroso, humilde, intenso e importunador do que pudera fazer durante muitos meses. Nada me parecia difícil demais para Deus realizar; e nada grande demais para eu esperar da parte dEle.

Por muitos meses havia perdido inteiramente a esperança de ser instrumento no cumprimento de qualquer serviço especial para Deus, no mundo; pois me parecia impossível que alguém tão vil como eu pudesse ser empregado por Deus. Agora Deus tem-se agradado em reavivar essa minha esperança.

Depois, li Êxodo, capítulos 3 a 20, e vi mais da *glória* e da *majestade de Deus,* naqueles capítulos, do que percebera antes. Por muitas vezes, entrementes, prostrando-me de joelhos e implorando por fé igual a de Moisés, roguei por uma manifestação da *glória divina*. Sobretudo os capítulos 3 e 4, e uma parte dos capítulos 14 e 15 mostraram-se indizivelmente doces para minha alma. Minha alma bendisse a Deus que se mostrara tão gracioso para seus servos da antiguidade. O capítulo 15 pareceu-me ser a mesma linguagem usada por minha alma diante de Deus no período de meu primeiro consolo espiritual, quando acabara de atravessar o meu *Mar Vermelho,* por um *caminho* inesperado.

Oh, como minha alma então *regozijou-se em Deus!* E agora, todas aquelas coisas subiram frescas e vivas, à minha mente; agora minha alma bendisse de novo a Deus, porquanto Ele abrira aquele caminho inesperado para livrar-me do temor dos egípcios, quando quase cheguei a desesperar de continuar vivo.

Em seguida, li a história das peregrinações de Abraão na terra de Canaã. Minha alma ficou enternecida ao observar a sua *fé*, como ele dependia do Senhor, como tinha *comunhão* com Deus, como foi *um forasteiro* neste mundo. Depois, li a história dos sofrimentos de José, e sobre como Deus foi bondoso com ele. Bendito seja Deus por esses exemplos de fé e paciência. Minha alma mostrou-se ardente em oração, e fui capacitado a lutar intensamente por mim mesmo, por amigos crentes e pela igreja de Deus; senti maior desejo por ver o poder de Deus na conversão de almas do que me acontecia já há muito tempo. Bendito seja Deus por esse período de jejum e oração! Que sua bondade permaneça para sempre comigo, atraindo a Ele a minha alma!

10 de novembro. Passei este dia sozinho, em jejum e oração. Pela manhã sentia-me muito embotado e sem vida, melancólico e desencorajado. Mas depois de algum tempo, enquanto lia 2 Reis 19, minha alma comoveu-se profundamente, sobretudo ao ler do versículo 14 em diante. Vi que não há outro caminho pelo qual um aflito filho de Deus possa enveredar senão ir a Deus, com todas as suas tristezas. Ezequias, diante de sua grande aflição, assim fez, expondo a sua queixa diante do Senhor. Fui então capaz de ver o imenso poder de Deus, bem como a minha extrema necessidade desse poder; e clamei a ele afetuosa e ardentemente, rogando-Lhe o seu poder e graça em meu favor.

Em seguida, li a narrativa das provações de Davi, observando o curso que ele tomou, e como o Senhor fortalecera suas mãos. Assim minha alma foi arrebatada na busca por Deus, podendo clamar a Ele, depender dEle e sentir-se fortalecida no Senhor. Depois senti-me refrigerado, observando a bendita atitude de espírito insuflada em Davi por suas provações: toda a amargura e desejo de vingança pareceram desaparecer totalmente, ao ponto dele chorar pela morte de seus inimigos (2 Samuel 1.17 e 4.9-12). Pude bendizer a Deus que me dera algo dessa atitude divina, permitindo que minha alma *perdoasse* livremente e *amasse meus inimigos* de todo o coração.

29 de novembro. Comecei a estudar a língua dos índios com o Pastor Sergeant, em Stockbridge.[5] Fiquei ansioso por viver com maior privacidade. Gosto de viver sozinho em minha própria pequena cabana, onde posso passar muito tempo em oração.

6 de dezembro. Fiquei perplexo ao ver a leviandade e a vaidade dos cristãos professos. Passei o anoitecer com um amigo cristão, que foi capaz de simpatizar comigo, em alguma medida, em meus conflitos espirituais. Fui um pouco animado por encontrar alguém com quem pude conversar sobre as provações íntimas.

8 de dezembro. Minha mente ficou muito distraída com diferentes sentimentos. Parecia estar numa surpreendente distância de Deus, a olhar ao redor para ver se não havia alguma felicidade a derivar-se do mundo. Deus e certos objetos no mundo pareciam, cada um, convidar meu coração e minhas afeições; minha alma parecia confundida entre eles. Há muito tempo eu não tenho sido tão cercado pelo mundo, isto em relação a alguns objetos em particular para os quais pensava estar morto. Mas, mesmo quando estava desejando agradar a mim mesmo com qualquer coisa sem valor, a culpa, a tristeza e a perplexidade assistiram aos primeiros impulsos do desejo. Certamente que não posso ver a aparência do prazer e da felicidade do mundo, como costumava ver, e bendito seja Deus por qualquer habitual insensibilidade para com o mundo. Eu não encontrei paz ou libertação dessa distração e perplexidade mental até que obtive acesso ao trono da graça. Logo que tive qualquer senso de Deus e das coisas divinas, os encantamentos do mundo sumiram e meu coração ficou decidido por Deus. Mas minha alma lamentava pela minha insensatez, que desejara algum prazer sem derivá-lo somente de Deus. Deus perdoe minha idolatria espiritual.

22 de dezembro. Passei este dia sozinho, em jejum e oração, acompanhando, na Palavra de Deus, os exercícios espirituais e os livramentos

---

5 Os representantes que o comissionaram tinham-no orientado a passar grande parte do inverno em companhia do Pastor Sergeant, a fim de aprender a língua dos índios. Isso requeria que ele cavalgasse com frequência para lá e para cá, por mais de trinta quilômetros através da floresta desabitada entre Stockbridge e Kaunaumeek. E isso, por muitas vezes, o expôs a grandes dificuldades na severa estação do inverno.

de seus filhos. Conforme creio, pude exercer mais fé e experimentar uma compreensão maior do poder, da graça e da santidade de Deus; também percebi a imutabilidade de Deus, por ser Ele agora o mesmo que no passado livrava de grandes tribulações os seus santos. Diversas vezes minha alma dilatou-se em oração pela igreja e o povo de Deus. Que Sião torne-se a "alegria de toda a terra"! É melhor o crente esperar em Deus com paciência do que depositar sua confiança em qualquer coisa deste mundo inferior. "Minha alma, espera tu no Senhor", porquanto dEle "vem a tua salvação".

Dia do Senhor, 1º de janeiro de 1744. Pela manhã recebi alguma ajuda em oração. Vi-me tão vil e indigno que não pude olhar a minha gente no rosto, quando fui pregar a eles. Oh, a minha maldade, insensatez, ignorância e poluição interior! À noitinha, novamente fui ajudado em oração, a tal ponto que esse dever espiritual me deleitou, ao invés de parecer uma carga. Refleti sobre a bondade de Deus para comigo, no ano anterior. Na verdade, Deus tem-se mostrado gentil e gracioso para comigo, embora me tenha feito passar por muitas provações. Ele tem provido para mim com abundância tudo o que preciso, de tal modo que, em quinze meses, tenho podido doar para fins caridosos cerca de cem libras em moedas da Nova Inglaterra, até onde posso agora lembrar. Bendito seja o Senhor que até aqui tem me usado como um *mordomo*, para distribuir *uma porção dos seus bens*. Que eu jamais esqueça que tudo me tem vindo da parte de Deus. Bendito seja o Senhor que me tem feito atravessar todas as labutas, fadigas e dificuldades por que passei no ano passado, sem falar nas tristezas e nos conflitos espirituais que me assediaram. Oh, que eu possa iniciar este ano *com Deus*, passando todo ele visando *sua glória*, quer na vida quer na morte!

3 de janeiro. Na maior parte do dia dediquei-me a escrever; e passei algum tempo em outras atividades necessárias. Mas o meu tempo escoa-se tão depressa que me espanto quando reflito a respeito e vejo quão pouca coisa faço. Minha vida solitária não faz as horas passarem vagarosamente. Quantos motivos de gratidão tenho por causa de minha vida isolada! Já percebi que não levo e nem posso levar, ao que parece, uma *vida cristã*, quando estou longe de casa, e também não posso passar algum tempo em práticas como devoção, conversação cristã e meditação séria, como deveria fazer. As semanas em que sou forçado a ficar fora de casa, a fim de aprender a língua dos índios, são para mim dias de ansiedade e esterilidade, sem poder apreciar direito as coisas divinas; sinto-me como um estrangeiro diante do trono da graça, pela falta de retiros espirituais mais frequentes e contínuos. Mas quando volto para casa e me dedico à meditação, à oração e ao jejum, uma cena nova descortina-se diante de minha mente e minha alma anela por mortificação, auto-negação, humildade e divórcio de todas as coisas deste mundo. Nesta noite, meu coração esteve um tanto cálido e fervoroso em oração e meditação, de tal modo que eu recusava entregar-me ao sono. Continuei nesses deveres até cerca de meia-noite.

6 de janeiro. Tomando consciência de minha extrema fraqueza e falta de graça, da poluição de minha alma e do perigo de tentação por todos os lados, separei este dia para jejum e oração, não comendo nem bebendo de uma tarde à outra, implorando a Deus que tenha misericórdia de mim. Minha alma desejou intensamente que fossem apagadas de si as horríveis manchas e máculas do pecado. Percebi algo do poder e de toda a suficiência de Deus. Minha alma parecia descansar em seu poder e graça; anelei por resignação à sua vontade, pela mortificação para com todas as coisas deste mundo.

7 de janeiro. Passei o dia com pensamentos sérios, tomando resoluções de perseverança diante de Deus e uma vida de mortificação. Estudei com grande concentração até sentir que as forças me falavam. Pude resignar-me sensivelmente, aquiescendo diante de sua vontade expressa. Entristeci-me por fazer tão pouco para Deus, antes de minhas forças se exaurirem. À noitinha, embora cansado, pude continuar em insistente oração por algum tempo. Passei o tempo a ler, a meditar e a orar, até que a noite já ia adiantada: e lamentei que não pudesse *vigiar em oração* a noite inteira. Bendito seja Deus, pois, embora a vida na terra seja insípida, o céu é um lugar de contínua devoção.

23 de janeiro. Acho que nunca me senti mais resignado a Deus, nem tão mais morto para o mundo, em cada aspecto, como agora; estive morto para todo o desejo de boa reputação e grandeza, quer em vida, quer após a morte. Tudo o que desejei foi ser santo, humilde e crucificado para o mundo.

3 de fevereiro. Tenho recebido mais liberdade e consolo do que ultimamente; estive ocupado em meditação sobre os diversos sussurros dos vários poderes e afetos de uma mente piedosa, que se ocupa em boa variedade de atividades; não pude deixar de escrever e de meditar sobre assunto tão interessante. Penso que o Senhor deu-me um senso verdadeiro sobre as coisas divinas; mas é lamentável quão grandes e pressionantes são os remanescentes da corrupção interior! Sou agora mais sensível do que nunca ao fato que somente Deus é "o Autor e Consumador" de nossa fé, isto é, que a totalidade e cada aspecto da santificação, bem como toda boa palavra, obra ou pensamento, achado em mim, é efeito de seu poder e graça, e que "sem Ele nada poderei fazer", no mais estrito sentido, e também que Ele "opera em nós tanto o querer como o realizar, segundo a sua boa vontade", e não por qualquer outro motivo. Quanto me surpreende que as pessoas possam falar tanto acerca da capacidade e da bondade dos homens, quando a verdade é que se Deus não nos refreasse a cada instante, seríamos como demônios encarnados! Essa foi a minha amarga experiência, pelo menos por diversos dias no passado recente, o que muito me ensinou a respeito de mim mesmo.

7 de fevereiro. Minha alma sentiu e provou que o Senhor é gracioso; que Ele é o supremo bem, a única felicidade que satisfaz uma alma; que Ele é a minha porção completa, suficiente e todo-poderosa. A linguagem do meu coração foi: "Quem mais tenho eu no céu? Não há outro em quem eu me compraza na terra". Oh, sinto que é céu agradar ao Senhor, ser exatamente aquilo que Ele quer que eu seja! Quem dera que minha alma fosse "santa, como Ele é santo"! Quem dera fosse ela "pura, como Cristo é puro", e "perfeita como é perfeito o meu Pai Celeste"! Penso que esses são os mais aprazíveis mandamentos do Livro de Deus, que abrangem todos os demais. Haveria eu de desobedecer-lhes? Deveria eu violá-los? Será que sou destinado a quebrá-los, enquanto viver na terra?

Ó, minha alma, ai de mim, pois sou apenas um pecador que continuamente entristece e ofende a esse Deus bendito, infinito em bondade e graça! Opino que se Ele punisse meus pecados, não feriria tanto o meu coração como quando O ofendo; mas, embora eu peque continuamente, Ele continua a ser gentil para comigo! Penso que poderia suportar quaisquer sofrimentos; mas como posso tolerar entristecer e desonrar a esse Deus bendito? Como poderei prestar-Lhe honra, mil vezes mais do que faço? Que poderei fazer para glorificar e adorar a esse melhor de todos os seres? Que eu possa consagrar-me eternamente, de corpo e alma, ao seu serviço! Como gostaria de poder dedicar-me a Ele de tal maneira que nunca mais tentasse nada por mim mesmo, que nunca mais qualquer volição ou afeto fugisse da mais perfeita conformidade com Ele! Infelizmente, porém, tenho descoberto que não consigo consagrar-me assim tão completamente a Deus. Não posso viver sem pecar.

Ó vós anjos, glorificai-O incessantemente; e, se possível, prostrai-vos diante do bendito Rei do céu! Anelo participar convosco; e, se possível, ajudar-vos. Oh, depois de termos feito tudo quanto pudermos, por toda a eternidade, não teremos sido capazes de prestar uma milésima parte da homenagem que merece o Deus da glória!

3 de março. Pela manhã, segundo acredito, passei uma hora em oração, com notável intensidade e liberdade, e com os mais suaves e ternos afetos para com toda a humanidade. Desejo que aqueles que, segundo tenho razão de pensar, querem-me mal, sejam eternamente felizes. Pareceu-me um tônico pensar em encontrar a esses no céu, sem importar o quanto me tenham injuriado na terra. Nem senti vontade de insistir em que deveriam confessar-me qualquer coisa, para sermos reconciliados, para eu exercer amor e bondade para com eles.

Isso é um emblema do próprio céu, amar o mundo inteiro com um amor gentil, perdoador, benévolo; sentir nossas almas sedadas, suavizadas, mansas; viver vazio de toda suspeita e cisma, e dificilmente pensar mal de qualquer pessoa, em qualquer ocasião; verificar que nosso coração é simples, franco e livre no tocante àqueles que nos olham com maus olhos! A oração pareceu-me um exercício tão doce, que não sabia como parar, receoso de perder o espírito de oração. Não senti o desejo de comer ou beber para satisfazer meu apetite, mas apenas para sustentar minha natureza, para ter energias para o serviço divino. Não pude contentar-me enquanto não mencionei especificamente grande número de amigos queridos diante do trono da graça, e também circunstâncias particulares de muitos, na medida dos meus conhecimentos.

10 de março. Pela manhã, notei que meu coração estava sensivelmente morto para o mundo e todas as suas satisfações. Pensei que estivesse pronto e disposto a desistir da vida e de todos os seus confortos, tão logo fosse necessário, no entanto, tinha tanto conforto da vida quanto quase sempre tivera. Anelei ficar perpétua e inteiramente *crucificado* para todas as coisas deste mundo, mediante *a cruz de Cristo*. Minha alma resignou-se com doçura à disposição de Deus, quanto a todas as questões; e então percebi que nada acontecia que não visasse meus melhores interesses. Confiei em Deus que Ele jamais me abandonará, mesmo que eu "ande pelo vale da sombra da morte". Era meu alimento e bebida ser santo, viver para o Senhor, morrer para o Senhor. Pensei que estava gozando de um céu que em muito excedia aos mais sublimes conceitos que uma alma não-regenerada pode ter; e até mesmo muitíssimo mais do que eu mesmo poderia ter concebido em outro tempo no passado. Não estranhei que Pedro tenha dito: "Senhor, bom é estarmos aqui", quando fui assim refrigerado pelas glórias divinas.

Minha alma encheu-se de amor e ternura no dever da intercessão; senti um afeto dulcíssimo e especial para com alguns preciosos e piedosos ministros, conhecidos meus. Assim, orei fervorosamente por alguns queridos crentes, e até por aqueles que tenho razão em pensar que são meus inimigos; e não pude proferir uma única palavra de amargura, nem pude entreter um único pensamento amargo, contra o mais vil dos homens. Antes, tive o senso de minha própria imensa indignidade. Minha alma parecia aspirar renovadamente pelo amor e pelo louvor a Deus, ao pensar que Ele permitiria que seus filhos me amassem e acolhessem como um de seus irmãos e concidadãos. Ao pensar que eles assim me tratariam, desejei prostrar-me a seus pés; e não pude imaginar maneira de exprimir a sinceridade e a singeleza de meu amor e estima para com eles, senão como serem muito melhores do que eu.

Dia do Senhor, 11 de março. Minha alma, em certa medida, foi *fortalecida em Deus* nas devoções matinais, de tal modo que fui liberto do receio trêmulo e da aflição. Preguei para minha gente com base na parábola do *semeador,* em Mateus 13, e desfrutei de alguma ajuda divina em todas as horas do dia. Pude dirigir-me à minha gente com alguma liberdade, afeto e fervor; anelei que Deus tomasse conta de seus corações, tornando-os espiritualmente vivos. De fato, eu tinha tanta coisa para dizer-lhes que não sabia como parar de falar.

> Isso sucedeu no último domingo em que Brainerd dirigiu um culto público em Kaunaumeek. Esses foram os últimos sermões que pregou aos índios dali. Os métodos que adotara, em busca da salvação deles, foram descritos em uma carta que escreveu ao Pastor Pemberton, de Nova York.
> – J.E.

"Em meus labores com eles, a fim de 'tirá-los das trevas para a luz', estudei o que era mais *claro* e *fácil,* e melhor adaptado às suas capacidades. Esforcei-me por expor-lhes, com certa frequência, na medida que eram capazes de absorver, as verdades mais *importantes* e *necessárias* do cristianismo, como aquelas que diziam respeito à uma imediata conversão a Deus; verdades que eu pensava tendiam ser meios para efetuar uma gloriosa transformação nas vidas deles. Mais especificamente, fiz de escopo e roteiro de todos os meus trabalhos, levá-los a uma total familiaridade com estas duas questões: (1) A *pecaminosidade* e a *miséria* do estado em que se achavam naturalmente; a maldade de seus corações, a corrupção de suas naturezas; a pesada culpa sob a qual estavam, e como estavam sujeitos à punição eterna. E também a total incapacidade deles salvarem-se a si mesmos, quer de seus pecados quer das suas misérias, as quais são a justa punição dos pecados; de seu não-merecimento de misericórdia da parte de Deus, diante de qualquer coisa que eles mesmos pudessem ter feito para obter o favor divino, e, em consequência, sua extrema necessidade de Cristo, a fim de serem salvos. (2) Ainda, por muitas vezes procurei mostrar-lhes a *plenitude,* a *toda-suficiência* e a *liberdade* da *redenção* operada pelo Filho de Deus, com base em sua obediência e sofrimentos, em favor de pecadores que estão perecendo, como essa sua provisão ajusta-se a todas as carências deles; e como Ele os chamava e convidava a aceitarem a vida eterna gratuitamente, não obstante toda a pecaminosidade deles.

Depois de estar vivendo entre os índios já por vários meses, compus diversas *formas de oração,* adaptadas às circunstâncias e capacidades deles. Com a ajuda de meu intérprete, eu as traduzi para o idioma deles; e logo aprendi a pronunciar as palavras, podendo orar com eles na sua própria língua. Também traduzi diversos *salmos,* e pouco depois éramos capazes de entoá-los, no culto a Deus.

Quando minha gente já se acostumara com muitas das verdades mais simples do cristianismo, de tal modo que agora eram capazes de receber e entender outras verdades, dei-lhes um relato *histórico* sobre o trato de Deus com seu antigo povo, os judeus, com alguns dos ritos e cerimônias que eles eram obrigados a observar, como seus sacrifícios, etc., e o que essas coisas simbolizavam; e também alguns dos surpreendentes *milagres* operados por Deus com vistas à salvação deles, enquanto nEle confiassem. Também mencionei os duros *castigos* que algumas vezes lhes sobrevieram, quando esqueciam-se de Deus e pecavam contra Ele. Posteriormente, passei a dar--lhes um relacionamento entre o nascimento, vida, milagres, sofrimentos, morte e ressurreição de Cristo, como também sua ascensão e a maravilhosa efusão do Espírito Santo que, em consequência, ocorreu mais tarde.

Tendo-me esforçado assim para abrir o caminho por meio de uma série de fatos, passei a ler e *expor* diante deles o evangelho de Mateus (pelo menos a sua substância), passo a passo. Por meio disso adquiriram uma visão melhor daquilo sobre o que antes tinham apenas uma noção generalizada. Eu me encarregava dessas exposições quase a cada *noite,* quando eles reuniam-se em um bom número, exceto quando eu mesmo tinha de ausentar-me, a fim de aprender mais da língua indígena com o Pastor Sergeant. Além desses meios de instrução, funcionava também uma *escola* de inglês, que o meu intérprete fazia funcionar constantemente entre os índios. Eu costumava frequentar essas aulas, para dar às crianças e aos jovens algumas instruções apropriadas, de acordo com suas idades.

O grau de conhecimento obtido por alguns deles era considerável. Muitas das verdades cristãs pareciam fixas em suas mentes, especialmente em alguns aspectos, pois falavam comigo e perguntavam sobre tais verdades, sendo necessário proporcionar a elas maior simplicidade e clareza para o seu entendimento. As crianças e os jovens que frequentavam a escola também tornaram-se bastante eficientes (pelo menos alguns deles) em seu aprendizado, de tal maneira que se entendessem bem a língua inglesa, teriam sido capazes de ler facilmente alguma coisa no saltério.

Mas o que era mais desejável, transmitindo-me grande encorajamento em meio às minhas muitas dificuldades e horas de desconsolo, era que as verdades da Palavra de Deus pareciam, às vezes, ser acompanhadas por algum *poder* espiritual nos corações e consciências dos índios. Isso parecia especialmente evidente em alguns poucos deles, os quais foram despertados para algum senso de seu estado miserável por natureza, parecendo solícitos em obter sua libertação. Vários deles vinham, voluntariamente, conversar comigo acerca dos interesses de suas almas; e alguns deles, entre lágrimas, indagavam o que deveriam fazer para serem salvos."

Visto que os índios de Kaunaumeek eram poucos, depois que Brainerd já havia labutado entre eles por cerca de um ano, e tendo-os persuadido a deixarem Kaunaumeek e mudarem-se para Stockbridge, para viverem constantemente sob o ministério do Pastor Sergeant, ele pensou que agora poderia prestar um maior serviço a Cristo, entre índios de outros lugares. Assim, Brainerd foi para Nova Jersey, para colocar a questão aos representantes da missão. Reunidos em Elizabeth Town, eles resolveram que Brainerd deveria partir de Kaunaumeek para trabalhar com os índios do Rio Delaware.

Pelo número de convites recebidos então por Brainerd, parece que não foi por necessidade, nem por falta de oportunidades para estabelecer-se como ministro, que ele resolveu abandonar todos os confortos externos que poderia ter gozado, a fim de passar a sua vida entre os *selvagens*, enfrentando as dificuldades e abnegações de uma *missão* entre os índios. Exatamente quando estava de partida de Kaunaumeek, Brainerd recebeu um urgente convite para estabelecer-se em East Hampton, uma das cidades mais agradáveis de Long Island. As pessoas dali mostraram-se unânimes em seu desejo de tê-lo como pastor, e durante bastante tempo continuaram a insistir com ele, quase sem quererem desistir de seus esforços e de sua esperança de tê-lo como pastor. Ainda, ele recebeu o convite de pregar em um povoado, em Millington, perto de sua cidade natal, em meio a amigos seus. Brainerd também não escolheu o trabalho de missionário entre os índios, em lugar dos convites mencionados, por não ter conhecimento das dificuldades e sofrimentos que faziam parte de tal serviço; porquanto ele já tivera experiência com essas dificuldades no verão e no inverno, tendo passado cerca de um ano, numa floresta isolada, entre aqueles selvagens, onde experimentou dificuldades extremas, sujeito a uma série de tristezas externas e internas, mas ainda bem frescas em sua memória.

Depois disso, ele continuou por dois ou três dias em Nova Jersey, sentindo-se muito doente, e então retornou a Nova York, e dali partiu para a Nova Inglaterra, dirigindo-se à sua cidade natal de Haddam, onde chegou no sábado, 14 de abril. Mas ali continuou queixando-se amargamente da falta de privacidade. Enquanto esteve em Nova York, expressou-se desta maneira: "Oh, não são os prazeres deste mundo que podem consolar-me! Se *Deus* negar-me sua presença, de que me adiantam os *prazeres da cidade*? Uma hora de doce *comunhão solitária com Deus* é melhor do que o mundo inteiro". – J. E.

17 de abril. À noite, na casa de meu irmão, entoando hinos com amigos, minha alma parecia enternecer-se muito; e depois, em oração, desfrutei do *exercício da fé*, tendo recebido grande fervor de espírito, tendo achado a presença de Deus mais do que em qualquer tempo de minha última e cansativa viagem. A eternidade me pareceu bem próxima; minha natureza estava debilitada, parecendo estar prestes a dissolver-se, como se o sol estivesse declinando e as sombras da noite já estivessem descendo. Oh, anelei poder preencher meus momentos finais todos para Deus! Embora meu corpo estivesse muito· débil, cansando ao pregar e até ao conversar muito, desejei ficar sentado a noite inteira para fazer alguma coisa para Deus. A Deus, doador desses refrigérios, seja a glória para todo o sempre. Amém.

18 de abril. Senti-me extremamente fraco e quase não recebi consolo espiritual. Entrei em debate com alguém que zombava do pecado original. Que o Senhor abra os olhos dele para que veja a fonte do pecado em si mesmo!

Depois disso, Brainerd visitou vários ministros do Estado de Connecticut. Então viajou para Kaunaumeek, tendo chegado à residência do Pastor Sergeant, em Stockbridge, numa quinta-feira, 26 de abril , tendo feito essa viagem com um estado físico muito debilitado. – J .E.

27 e 28 de abril. Passei algum tempo visitando amigos, conversando com minha gente (que agora tinham se mudado de seu próprio lugar para onde morava o Pastor Sergeant), tendo-os encontrado muito alegres por me verem retornar. Minha mente ficou impressionada com a minha própria indignidade.

Dia do Senhor, 29 de abril. Preguei em lugar do Pastor Sergeant de manhã e à tarde, com base em Apocalipse 14.4: "São estes os que não se macularam..." Desfrutei de boa desenvoltura na pregação, embora não de grande espiritualidade. À noite, meu coração até certo ponto elevou-se em agradecimento a Deus pela sua assistência.

30 de abril. Cavalguei até Kaunaumeek, embora me sentindo extremamente doente. Não senti o conforto que esperava ter em minha própria casa.

1° de maio. Tendo recebido nova autorização para encontrar-me com alguns índios à beira do Rio Delaware, na Pensilvânia, e visto que quase toda a minha gente tinha se mudado para perto da residência do Pastor Sergeant, tomei hoje todas as minhas roupas, os livros, etc., e arrumei-os para serem enviados para o Rio Delaware, mas só parti de volta à casa do Pastor Sergeant hoje, depois de ter anoitecido. Cavalguei durante várias horas na chuva, através da floresta, embora me sentisse tão mal, pois continuava cuspindo sangue.

8 de maio. Viajei por cerca de setenta e dois quilômetros até um local chamado *Fishkill*, e ali encontrei alojamento. Enquanto jornadeava, passei grande parte do tempo orando para que Deus fosse comigo até o Rio Delaware. Algumas vezes, meu coração parecia prestes a afundar diante das dificuldades de minha tarefa, visto que estava me embrenhando na floresta e não sabia direito para onde; contudo, senti-me consolado ao pensar que outros dos filhos de Deus tinham-se "ocultado em cavernas e antros da terra". E quando Abraão recebeu ordem de partir, "saiu sem saber para onde ia". Que eu possa seguir o Senhor!

> No dia seguinte, Brainerd prosseguiu em sua viagem. Passou o Rio Hudson e chegou a Goshen, nas Highlands; assim atravessou a floresta, entre o Hudson e o Delaware, uma distância de quase cento e sessenta quilômetros, por um território desolado e difícil, acima de Nova Jersey, onde

havia bem pouca ocupação humana. Nessa jornada fatigou-se muito e enfrentou incríveis obstáculos. No caminho, visitou alguns índios em um local chamado *Miunissinks,* conversando com eles a respeito do cristianismo. Sentiu-se muito abatido e desconsolado, sozinho em um lugar deserto e desconhecido. No sábado, 12 de maio, chegou a um povoado de irlandeses e holandeses, e, avançando cerca de vinte quilômetros, chegou em *Sukhauwotung,* uma aldeia indígena, já em Forks of Delaware. – J.E.

Dia do Senhor, 13 de maio. Levantei-me cedo. Após minha longa viagem, senti-me muito mal, molhado e fatigado da viagem. A melancolia tomara conta de mim; dificilmente eu vira uma manhã tão escura em minha vida. Nem parecia ser um *dia de descanso.* Todas as crianças estavam brincando; eu era apenas um estranho na floresta, e não sabia para onde dirigir-me; todas as circunstâncias pareciam conspirar para tornar meu ambiente negro e desencorajador. Fiquei desapontado quanto a certo intérprete, e ouvi que os índios viviam ali muito dispersos.

Oh, como eu chorava pela presença de Deus, parecendo uma criatura banida de sua vista! Contudo, o Senhor alegrou-se em apoiar minha alma que afundava-se em meio a todas as minhas tristezas, de tal modo que nunca entretive qualquer pensamento de desistir de meu trabalho entre os pobres índios. Antes, senti consolo ao pensar que a morte, em breve, haveria de libertar-me de todas essas aflições. Cavalguei cerca de cinco ou seis quilômetros até à colônia irlandesa, onde encontrei alguns que pareciam sóbrios e sérios acerca das questões religiosas. Diante disso, meu coração tomou um pouco de coragem. Fui e preguei primeiro aos irlandeses, e então aos índios. À noite senti-me mais confortado; minha alma pareceu descansar em Deus, encorajando-se.

Dia do Senhor, 20 de maio. Preguei por duas vezes aos pobres índios e desfrutei alguma liberdade ao falar, enquanto tentava remover seus preconceitos contra o cristianismo. Minha alma anelava continuamente pela ajuda do alto, pois vi que não dispunha de forças suficientes para essa obra.

Em seguida, fui pregar novamente aos irlandeses, sentindo grande ajuda na primeira oração, e, de certa forma, no sermão. Várias pessoas pareceram legitimamente preocupadas com o estado de suas almas. Mais tarde pude conversar com elas, com grande liberdade e algum poder. Bendito seja Deus por qualquer assistência conferida a um verme indigno como eu. Oh, que eu viva exclusivamente para Ele!

Dia do Senhor, 27 de maio. Visitei os meus índios pela manhã e fiz-me presente a um funeral que houve entre eles. Fiquei deveras impressionado ao ver suas práticas pagãs. Oh, que eles se convertessem "das trevas para a luz"! Em seguida, consegui reunir um considerável número deles e lhes anunciei a Palavra, tendo observado que mantiveram-se muito atentos. Depois disso, preguei aos civilizados com base em Hebreus 2.3: "Como escaparemos nós, se negligenciarmos tão grande salvação?" Pude falar com alguma liberdade e poder. Diversas pessoas pareceram muito preocupadas com suas almas, especialmente uma delas, criada como católica-romana. Bendito seja o Senhor pela ajuda que recebi da parte dEle.

28 de maio. Deixei os índios que vivem acima de Forks of Delaware e viajei para Newark, em Nova Jersey, de acordo com as ordens que recebi. Cavalguei atravessando a floresta e acabei muito fatigado por causa do grande calor. Alojei-me em um lugar chamado Black River, quando já estava excessivamente cansado e desgastado.

11 de junho. Hoje reuniu-se o presbitério em Newark, tendo em vista a minha *ordenação*. Meu corpo estava muito débil e em má saúde; no entanto, esforcei-me por depositar a minha confiança em Deus. Passei sozinho a maior parte do dia, especialmente antes do meio-dia. Às três da tarde preguei meu sermão de aprovação, um texto sugerido a mim com esse propósito, baseado em Atos 26.17,18: "livrando-te do povo e dos gentios, para os quais eu te envio, para lhes abrir os olhos e convertê-los..." Mas não me sentia bem, nem no corpo nem na mente. Entretanto, Deus conduziu-me confortavelmente até o fim. Estava muito cansado, e minha mente preocupava-se com as dimensões daquela incumbência que estava prestes a ser colocada sobre mim. Minha mente sentia-se tão pressionada pela responsabilidade da obra que estava sendo encarregado que nem pude dormir na noite passada, embora estivesse exausto e em grande necessidade de repouso.

12 de junho. Hoje pela manhã fui examinado em maior profundidade acerca de *minha familiaridade experimental com o cristianismo*. Às dez horas da manhã ocorreu a minha *ordenação pastoral*. O sermão foi pregado pelo Pastor Pemberton. Na oportunidade, fui invadido pelo senso da importante responsabilidade que me estava sendo entregue; mas mantive-me controlado e solene, sem distrações levianas. Espero que então, como em muitas outras ocasiões anteriores, tenha-me dedicado ao Senhor, para ser somente *dEle*, e de mais *ninguém*. Oh, que eu possa estar sempre atarefado no serviço a Deus, lembrando-me devidamente da solene incumbência que recebi na presença de Deus, dos anjos e dos homens. Amém.

Crossweek, hoje Crosswicks, Nova Jersei,
onde Brainerd experimentou seu primeiro grande sucesso.

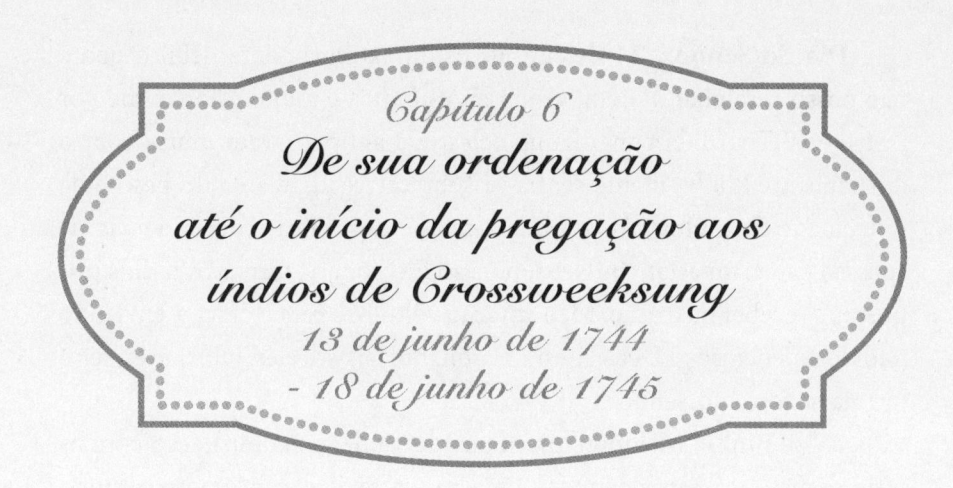

Capítulo 6
De sua ordenação até o início da pregação aos índios de Crossweeksung
13 de junho de 1744 - 18 de junho de 1745

13 de junho de 1744 (em Elizabeth Town). Passei um tempo considerável escrevendo um relato da maneira de viver dos índios, para ser enviado à Escócia. Também passei algum tempo conversando com amigos, mas não com grande prazer espiritual.

14 de junho. Recebi alguma atenção especial da parte de amigos e admirei-me que Deus abrisse os corações de alguns para tratar-me com bondade. Via a mim mesmo como sendo indigno de qualquer favor procedente de Deus ou de quaisquer dos meus companheiros. Sofri muito com dor na cabeça. Entretanto, estava determinado a empreender minha viagem para Delaware à tarde. Mas, quando a tarde chegou, minha dor aumentou excessivamente, de modo que fui obrigado a ir para a cama.

Na terça-feira, 19 de junho, Brainerd partiu de viagem e dentro de três dias chegou à sua casa, perto de Forks of Delaware. Esta viagem foi feita em meio a muita debilidade física, mas sua alma foi consolada. – J.E.

Dia do Senhor, 24 de junho. Estou extremamente débil e quase não posso caminhar. Porém, visitei meus índios e muito esforcei-me por instruí-los. Trabalhei com alguns deles que antipatizavam muito com o cristianismo. Minha mente sentia-se sobrecarregada diante do peso e da dificuldade de minha tarefa. Toda a minha esperança e dependência de sucesso pareciam estar em Deus, pois só Ele poderia tornar os índios dispostos a receber instrução. Meu coração voltou-se para a oração, enviando pedidos silenciosos a Deus, mesmo enquanto falava a eles. Oh, que eu sempre aja na força do Senhor!

25 de junho. Melhorei um pouco de saúde em comparação com os últimos dias, e fui capaz de passar uma boa parte do dia em oração e estudo intenso. Tive grande liberdade e fervor; anelei especialmente pela presença de Deus em meu trabalho, e que os pobres pagãos se convertessem. Na oração da noitinha, minha fé e esperança em Deus receberam uma nova vitalidade. *Para os olhos da razão, tudo quanto diz respeito à conversão dos pagãos é negro como a meia-noite;* mas só posso esperar em Deus quanto ao acontecimento de algo glorioso entre eles. Minha alma debateu-se pelo avanço do reino do Redentor na face da terra. Temi muito em admitir algum pensamento vão e então perder o senso das realidades divinas. Desejo muito manter uma atitude celestial permanente!

26 de junho. Pela manhã, meus desejos pareciam elevar-se livremente até Deus. Estive ocupado a maior parte do dia, *traduzindo orações* para a língua dos índios Delaware; tive grande dificuldade, pois meu intérprete não estava nada familiarizado com a tarefa. Embora me sentisse muito desencorajado diante da extrema dificuldade do trabalho, Deus me susteve, e, especialmente à noite, refrigerou-me docemente a alma.

Em oração, minha alma pôde expandir-se e minha fé atuou em um exercício sensível, e assim fui capacitado a clamar a Deus pelos pobres índios. Embora a conversão deles pareça *impossível para o homem, para Deus tudo é possível.* Minha fé foi muito fortalecida quando observei a admirável ajuda dada por Deus a seus servos Neemias e Esdras, na reforma do povo de Deus e no restabelecimento da antiga comunidade de Israel. Fui poderosamente ajudado em oração em favor de meus queridos amigos crentes, como também em favor de outros, segundo penso, sem Cristo. Mas minha preocupação maior foi acerca dos pobres pagãos, sobretudo aqueles que estão ao meu encargo; e pude orar fervorosamente por eles, esperando que Deus descesse dos céus para a salvação deles. Pareceu-me que não poderia mesmo haver empecilho suficiente para obstruir essa obra gloriosa, porquanto o Deus vivo, segundo minhas vivas esperanças, estava engajado nela.

Continuei assim em uma solene atitude mental, elevando meu coração a Deus com ajuda e graça divinas, rogando que eu pudesse me mortificar mais ainda para o mundo presente, a fim de que minha alma estivesse voltada continuamente para o avanço do reino de Cristo. Desejei ardorosamente que Deus me purificasse mais, para que eu fosse como um vaso escolhido para levar o seu nome entre os pagãos.

28 de junho. Passei a manhã lendo várias porções das Santas Escrituras e também em oração fervorosa pelos meus índios, a fim de que Deus estabelecesse o seu reino entre eles, colocando-os em sua igreja. Cerca das nove horas recolhi-me ao meu lugar usual de retiro, na floresta, e novamente recebi alguma ajuda em oração. Minha maior preocupação foi a conversão dos pagãos a Deus; e o Senhor ajudou-me a implorar-Lhe em favor deles. Aproximando-se o meio-dia, cavalguei até os índios para pregar, e, enquanto seguia, meu coração orava a Deus em favor deles. Pude dizer abertamente a Deus que Ele sabia que a causa na qual eu estava engajado não era minha, e, sim, a sua própria causa, e que a conversão dos pobres índios redundaria em sua própria glória. Louvei a Deus por não ter o desejo da conversão deles a fim de que eu fosse honrado pelo mundo como instrumento dessa conversão. Senti alguma desenvoltura ao falar aos índios.

30 de junho. Minha alma ficou muito solene diante da leitura da Palavra de Deus, em especial o capítulo 9 de Daniel. Vi como Deus chama os seus servos à oração, levando-os a lutarem com Ele, quando Ele decide derramar qualquer bênção misericordiosa sobre a sua igreja. Contudo, senti-me infeliz ao pensar em minha lentidão e inatividade, quando parecia haver tanta coisa para fazer na edificação de Sião. Oh, como Sião jaz desolada!

Dia do Senhor, 1º de julho. Depois que cheguei entre os índios, minha mente ficou confusa, e nada senti daquela doce dependência de Deus, com a qual minha alma fora consolada nos dias anteriores. Passei as horas antes do meio-dia nessa postura mental e preguei aos índios em nada encorajado.

À tarde continuava sentindo-me estéril quando comecei a pregar, isso pelo espaço de meia hora; parecia que eu nada sabia e que nada tinha para dizer aos índios. Mas pouco depois achei em mim mesmo um espírito de amor, calor e poder, e Deus me ajudou a pleitear com eles, para que se voltassem das vaidades do paganismo para o Deus vivo. Estou persuadido que o Senhor tocou em suas consciências, pois eu nunca notara tal atenção da parte deles. Quando os deixei, passei o tempo todo em que cavalgava de volta a meu alojamento, cinco quilômetros dali, em oração e louvores a Deus.

Depois de chegar quase à metade do percurso, ocorreu-me que deveria dedicar-me novamente a Deus, o que fiz com a maior solenidade e indizível satisfação. Dediquei-me renovadamente, tendo em vista a obra do ministério. Isso fiz pela graça divina, espero, sem qualquer omissão ou reserva, disposto a não evitar quaisquer dificuldades que pudessem acompanhar essa grande e bendita obra. Até parecia que eu estava mais livre, animado e sincero nessa minha dedicação a Deus. Minha alma toda clamava: "Senhor, dedico-me a Ti! Oh, aceita-me, e deixa-me ser teu para sempre. Senhor, nada mais desejo; não desejo outra coisa. Oh, vem, vem, Senhor, aceita um pobre verme".

Meu coração rejubilava-se em minha obra particular como *missionário;* regozijava-me em minha necessidade de abnegação em vários aspectos. Continuei a dedicar-me a Deus, implorando-Lhe a misericórdia, orando incessantemente, a cada momento, com um doce fervor. Visto que meu corpo nestes últimos dias está enfraquecendo visivelmente e que me sinto muito desgastado, agora parecia muito abatido; meus dedos ficaram fracos e um tanto entorpecidos, de tal maneira que quase não podia esticá-los direito, e quando eu desmontava de meu cavalo, quase não podia andar, pois minhas juntas pareciam soltas umas das outras. Mas senti *forças abundantes em meu homem interior*. Preguei aos civilizados; Deus muito me ajudou, especialmente em oração. Diversos de meus pobres índios sentiram-se tão impulsionados que vieram também à reunião, e um deles pareceu muito interessado.

3 de julho. Continuo muito fraco. Pela manhã pude orar sob o senso de minha necessidade da ajuda divina, e confio que exerci alguma fé nesse exercício; e bendito seja Deus, pude pleitear junto dEle por bastante tempo. Na verdade, Deus tem sido bondoso comigo. Todavia, minha alma lamenta, entristecendo-se diante de minha pecaminosidade e esterilidade, e anelei por atarefar-me mais no serviço do Senhor. Perto das nove, retirei-me novamente para orar, e, através da bondade divina, recebi o bendito espírito de oração. Minha alma amou a esse dever, anelando por Deus. Oh, quão bom é *pertencer ao Senhor*, quão bom é dedicar-se sensivelmente a Ele! Quão bendita porção é Deus! Quão glorioso e amorável é Ele em Si mesmo! Minha alma anelou por utilizar melhor meu tempo para Deus! Passei a maior parte do dia traduzindo orações para a língua dos índios. À noite, fui capacitado novamente a lutar com Deus em oração fervorosa. Pude manter uma atitude espiritual de autodesconfiança e de vigilância, sentindo-me preocupado e apreensivo, a fim de não permitir qualquer atitude de descuido e autoconfiança.

6 de julho. Hoje pela manhã despertei no temor de Deus e passei meus primeiros minutos acordado em oração pela minha santificação, a fim de que minha alma fosse lavada de sua excessiva poluição e contaminação. Quando me levantei, passei algum tempo lendo a Palavra de Deus e orando. Clamei a Deus, premido pelo senso de minha grande indigência. Ultimamente tenho-me preocupado muito com as qualificações ministeriais e com a conversão dos pagãos. No ano passado, eu desejava estar preparado para o mundo da glória, desejando partir prontamente deste mundo; mas de um tempo para cá só me interesso pela conversão dos pagãos, e assim, anelo continuar vivo.

Mas bendito seja Deus, tenho menos desejo de viver para os prazeres deste mundo do que jamais me acontecera antes. Gosto e amo viver como um peregrino e desejo a graça para poder imitar a vida, os labores e os sofrimentos de Paulo entre os pagãos. E quando agora desejo maior santidade, não é tanto por minha própria causa, como antes, e, sim, para que eu possa tornar-me um *capaz ministro do evangelho,* especialmente em favor dos pagãos.

7 de julho. Hoje pela manhã senti uma grande indisposição, com o vigor desgastado e exaurido. Mas ao ler a história do arrebatamento de Elias, senti-me refrigerado e tocado, podendo desfrutar de alguma disposição e fervor em oração. Muito ansiei por ter os dons e as graças ministeriais, a fim de poder fazer alguma coisa pela causa de Deus. Depois, fui refrigerado e revigorado, enquanto lia o primeiro *Caso de Consciência,* de Alleine. Em seguida pude orar com algum ardor de alma, temendo a negligência e a autoconfiança, mas desejando maior santificação.

Dia do Senhor, 8 de julho. Minha alma sentiu-se extremamente unida aos santos da antiguidade, mas também aos santos contemporâneos; ficou especialmente enternecida, sentindo-se ligada a Elias e Eliseu. Pude clamar a Deus com um espírito de confiança infantil, continuando em oração fervorosa por algum tempo. Dediquei-me ao doce dever da intercessão; pude relembrar um bom número de queridos amigos e de almas preciosas, sem esquecer-me dos ministros de Cristo. Prossegui nessa atitude mental, temendo qualquer pensamento vazio, até que adormeci.

21 de julho. Nesta manhã fiquei muito oprimido pelo senso de culpa e de vergonha, devido à minha vileza e poluição internas. Cerca das nove horas retirei-me para a mata a fim de orar, mas não recebi grande consolo, pois a mim mesmo eu parecia ser a mais vil e ruim das criaturas da terra, quase não conseguindo tolerar-me. Tão vil e ruim me sentia que pensei jamais poder erguer o rosto no céu, se Deus, em sua graça infinita, chegasse a levar-me até lá. Já perto da noite, começou a avultar-se diante de mim a responsabilidade de meu trabalho entre os índios. Isso foi agravado por diversas coisas que ouvi; em particular, que tencionavam reunir-se no dia seguinte para uma festa idólatra, com danças. Entrei em angústia. Pensei que, por motivo de consciência, eu deveria tentar interrompê-la, mas não sabia como conseguiria isto.

Porém, retirei-me para orar e pedir poder do alto. Meu coração expandiu-se muito em oração e minha alma debateu-se como nunca, até onde me recordo. Entrei em tal angústia e implorei com tanto fervor e importunação que, quando me ergui, estava extremamente fraco e abatido, e quase não podia manter-me ereto. Minhas juntas pareciam frouxas, o suor escorria pelo meu rosto e pelo meu corpo todo; minha constituição física parecia prestes a dissolver-se. Até onde eu podia julgar, tinha-me desvencilhado de toda finalidade egoísta, em minhas súplicas fervorosas pelos pobres índios. Eu sabia que eles estavam ali reunidos para adorar aos demônios, e não a Deus. Isso fazia-me clamar do fundo da alma, para que Deus me ajudasse prontamente, em minhas tentativas de interromper aquela reunião idólatra. Minha alma derramou-se por muito tempo e pensei que Deus me ouviria, indo comigo a fim de vindicar a sua própria causa. Parecia-me poder confiar em Deus quanto à sua presença e assistência. Assim passei o anoitecer orando incessantemente pela ajuda divina, a fim de que eu não mais dependesse tanto de mim mesmo, mas que dependesse o tempo todo de Deus. Aquilo pelo que passei foi notável, de fato, inexpressível. Tudo aqui desvaneceu-se e nada parecia importante para mim, exceto a santidade no coração e na vida, e a conversão dos pagãos a Deus. Todos os meus cuidados, temores e desejos que poderiam ser classificados como mundanos, desapareceram, e, em minha estima, pareciam menos importantes que um pequeno sopro. Ansiei muito que Deus fizesse um nome entre os pagãos, e apelei a Ele com a maior liberdade, dizendo-Lhe que Ele sabia que eu preferia a Ele do que à minha maior satisfação. Com efeito, não me restou noção de alegria deste mundo; não me importava onde ou como vivesse, e nem quais dificuldades eu tivesse de passar, contanto que pudesse ganhar almas para Cristo. Continuei nessa atitude mental noite a dentro. Quando dormia, sonhava sobre essas coisas, e quando acordava (o que sucedeu por diversas vezes), a primeira coisa que me ocorria era o grande trabalho de rogar a Deus proteção contra Satanás.

Dia do Senhor, 22 de julho. Ao despertar, minha alma concentrou-se no que parecia estar diante de mim. Clamei a Deus antes mesmo de sair do leito, e assim que me vesti, fui para a mata, a fim de derramar minha alma aflita diante de Deus, em especial pedindo-Lhe ajuda para meu grande trabalho, pois quase não podia pensar em outra coisa. Desfrutei do mesmo fervor, e com inigualável liberdade dediquei-me de novo a Deus, para a vida ou para a morte, para todas as durezas a que Ele me chamasse entre os pagãos; e senti como se nada pudesse desencorajar-me daquele bendito trabalho. Tive a forte esperança de que Deus "romperia os céus e desceria", fazendo alguma maravilha entre os pagãos. Enquanto cavalgava até onde estavam os índios, cerca de cinco quilômetros de distância, meu coração elevava-se continuamente a Deus, em busca de sua presença e ajuda, quase na expectativa que Deus faria deste o dia de seu poder e graça entre os pobres índios.

Quando cheguei onde eles estavam, encontrei-os ocupados em seus festejos; mas mediante a bondade divina consegui persuadi-los a desistir e a ouvir a minha pregação. No entanto, ainda assim pareceu-me que não manifestava-se coisa alguma do poder de Deus entre eles. Preguei-lhes novamente à tarde e pude notar que os índios estavam mais sérios do que antes, mas ainda assim nada observei de especial entre eles. Diante disso, Satanás tirou proveito da ocasião para tentar-me e esbofetear-me com malditas sugestões: "Deus não existe; ou mesmo que exista, Ele não é capaz de converter os índios, antes deles terem mais conhecimentos". Sentia-me cansado e debilitado, com a alma esmagada por perplexidades; porém, eu estava mortificado quanto a todos os encantos do mundo, resolvido a continuar esperando em Deus no tocante à conversão dos pagãos, embora o diabo me tentasse a pensar o contrário.

24 de julho. Cavalguei quase vinte e sete quilômetros na direção oeste, subindo por uma íngreme montanha, a fim de chegar a alguns índios. Consegui reunir cerca de trinta deles e preguei à noitinha. Fiquei alojado entre eles. Eu estava fraco e bastante desconsolado, mas não aceitava a ideia de quaisquer outras circunstâncias ou atividades na vida. Meu desejo todo era a conversão dos pagãos e toda a minha esperança estava fixa em Deus. Deus não me permitiu agradar ou consolar a mim mesmo com a esperança de ver amigos, ao retornar à companhia de meus conhecidos e então desfrutar de confortos materiais.

1° de setembro. Depois de um período de muita debilidade física, senti-me mais robustecido, ao ponto de ser capaz de passar duas ou três horas escrevendo sobre um assunto divino. Pude gozar de algum consolo e doçura de sentimentos sobre as coisas sagradas; e visto que minhas forças físicas me foram um tanto restauradas, minha alma também me pareceu revigorar-se um pouco, atarefando-se nas coisas de Deus.

Dia do Senhor, 2 de setembro. Fui capaz de falar a meus pobres índios com muito empenho e fervor. Estou persuadido que Deus me permitiu exercer fé nEle, enquanto pregava. Percebi que alguns deles temiam dar ouvidos e abraçar o *cristianismo,* para não serem enfeitiçados e envenenados por algum dos *powaws* ou feiticeiros. No entanto, pude exortá-los a não temerem tais coisas, mas antes a confiarem em Deus quanto ao livramento e à segurança. Lancei um desafio a todos esses *poderes das trevas,* para que primeiro desfechassem seu pior ataque *contra mim.* Expliquei àquela minha gente que eu era um crente, e perguntei deles por que os *powaws* não me enfeitiçavam e nem me envenenavam. Mas raramente me sentira tão inadequado e indigno do que nesse meu ato. Percebi que estava diretamente envolvida a honra de Deus; e desejei ser preservado - não por algum motivo egocêntrico, mas para que pudesse dar testemunho do poder e da bondade de Deus, bem como da veracidade do cristianismo, a fim de que

Deus fosse glorificado. Depois percebi que minha alma regozijava-se em Deus, devido à ajuda prestada por sua graça.

> Depois disso, Brainerd encetou uma viagem até a Nova Inglaterra, e esteve ausente de sua cabana, em Forks of Delaware, pelo espaço de três semanas. Durante esse tempo, esteve quase sempre em grande debilidade física. Todavia, na parte final da jornada era notório que ele conseguira bastante melhora em seu estado de saúde e em sua aparência geral. – J.E.

26 de setembro. Cavalguei de volta para casa, em Forks of Delaware. Quanto motivo tenho para bendizer a Deus, o qual me preservou em viagem a cavalo por mais de seiscentos e setenta quilômetros, sem que nenhum de meus ossos fosse quebrado! Também tenho recuperado muito de minha saúde. Oh, que eu possa dedicar todo o meu ser a Deus! Só assim posso dar-Lhe algum retorno.

> Quando Brainerd começou a pregar ali, não tinha mais do que vinte ou vinte e cinco ouvintes. Com o tempo, esse número aumentou para quarenta ou mais; e, com frequência, pessoas que residiam nas imediações vinham para ouvi-lo. Em carta ao Pastor Pemberton, ele afirmou o que segue. – J.E.

"Os *efeitos* que as verdades da Palavra de Deus têm tido sobre alguns dos índios deste lugar são um tanto encorajadores. Alguns deles têm sido levados a renunciar a *idolatria* e estão deixando de participar daquelas festas nas quais costumam oferecer sacrifícios a certos supostos poderes desconhecidos. Alguns poucos dentre eles, já faz agora algum tempo, têm manifestado uma séria preocupação pelo seu bem-estar eterno. Eles continuam a 'inquirir pelo caminho para Sião', com tal diligência, fervor e compatível solicitude que isso me tem dado razão para esperar que Deus, que tem iniciado essa obra neles, dará prosseguimento à mesma, até que

De sua ordenação até o início da pregação aos índios de Crossweeksung — 13 de junho de 1744 - 18 de junho de 1745

daí resulte a conversão salvadora deles ao Senhor. Esses não somente passaram a detestar suas antigas noções idólatras, mas também a esforçar-se para trazerem de longe os seus amigos. E visto que estão buscando a salvação para suas próprias almas, assim também parecem desejosos - e alguns deles mostram-se intensos nisso – que outros sejam estimulados a fazer a mesma coisa.

Também há muitas *dificuldades* que acompanham a cristianização desses pobres pagãos.

Em primeiro lugar, suas mentes vivem cheias de *preconceitos* contra o cristianismo, por causa de suas vidas caracterizadas pelos *vícios* e por causa da conduta *não-cristã* de certas pessoas que se dizem cristãs. Esses não somente lhes dão o pior exemplo possível, mas existem até alguns que usam de muitas palavras para dissuadir os índios de tornarem-se cristãos, prevendo que se estes converterem-se a Deus, perder-se-ia assim 'a sua esperança de lucro ilegítimo'.

Além disso, aqueles pobres pagãos são extremamente apegados a seus *costumes, tradições* e *lendas fantásticas de seus antepassados*. Parece que o alicerce de todas as suas outras noções tem por base a ideia que 'o Deus que os criou não foi o mesmo que fez os brancos'. Esse outro Deus ordenou que vivessem caçando, etc., jamais amoldando-se aos costumes das pessoas brancas. Assim, mesmo quando desejam tornar-se cristãos, com frequência respondem que 'viverão conforme seus pais sempre viveram, para irem para junto deles quando morrerem'. Quando os milagres de Cristo e de seus apóstolos são mencionados como prova da veracidade do cristianismo, eles também mencionam diversos milagres que seus pais lhes contaram que foram operados entre os índios; e Satanás leva-os a acreditar que assim sucedeu. Apegam-se muito à idolatria, realizando festas frequentes, quando comem em honra a algum dos seres *desconhecidos,* os quais, segundo supõem, lhes falam por meio de *sonhos,* prometendo-lhes sucesso na caça e em outros afazeres, quando oferecem-lhes sacrifícios. Também, por muitas vezes, oferecem seus sacrifícios aos espíritos dos mortos, os quais, segundo supõem, carecem de favores da parte dos vivos, mas que, no entanto, acham-se em uma condição tal que podem recompensar as demonstrações de bondade que os vivos mostram para com eles. E explicam todas as suas calamidades à negligência quanto a esses sacrifícios.

Ainda, admiram muitíssimo aqueles, dentre eles, que chamam de *powaws*, os quais, supostamente, possuem o poder de enfeitiçar, de envenenar alguém até à morte, ou, pelo menos, de uma maneira muito maléfica. E entendem que seria a triste sorte deles ficarem assim enfeitiçados no caso de se tornarem cristãos.

A *maneira deles viverem* também é uma grande desvantagem ao desígnio de sua cristianização. Vivem continuamente vagueando de lugar para lugar, sendo muito raro que surja alguma oportunidade para instruir mais detidamente qualquer deles."

1º de outubro. Estive ocupado em preparar-me para a minha tencionada viagem ao Rio Susquehanna. Por várias vezes retirei-me para a floresta, a fim de orar em secreto, e procurei pedir que a presença divina fosse comigo até aos pobres pagãos, a quem me competia pregar o evangelho. Pouco antes de anoitecer, cavalguei cerca de seis quilômetros e meio e tive um encontro com o irmão Byram, que a meu pedido viera ser meu companheiro de viagem até o território índio. Regozijei-me ao vê-lo e confio em Deus que o nosso diálogo me foi proveitoso. Conforme acho, percebi-o mais morto do que eu para o mundo, para os seus cuidados ansiosos e para as suas atrações. Isso levou-me a examinar a mim mesmo, conferindo-me um senso mais profundo de minha culpa, ingratidão e miséria.

2 de outubro. Parti de viagem em companhia do querido irmão Byram e de meu intérprete, além de dois chefes índios de Forks of Delaware. Viajamos por cerca de quarenta quilômetros e ficamos alojados numa das últimas cabanas existentes em nossa estrada, depois da qual nada mais havia senão a floresta horrenda e uivante.

3 de outubro. Em nossa jornada, continuamos na floresta e enfrentamos a mais difícil e perigosa viagem que já tínhamos feito até então. Quase

De sua ordenação até o início da pregação aos índios de Crossweeksung — 13 de junho de 1744 - 18 de junho de 1745

não havia mais nada à nossa frente senão elevadas montanhas, vales profundos e rochedos imensos, entre os quais tivemos de avançar. Entretanto, pude sentir certa alegria espiritual durante parte do dia e minha mente ocupou-se em intensa meditação sobre certo assunto espiritual. Quando já escurecia, minha égua prendeu uma perna entre umas rochas e caiu debaixo de mim, e, somente pela bondade divina, não fiquei machucado. Mas a égua quebrou a perna. Visto que o local era tão desolado, longe cerca de cinquenta quilômetros de qualquer casa, nada vi que pudesse preservar a vida do animal, e assim fui obrigado a matá-la, prosseguindo viagem a pé. Esse acidente uma vez mais me fez admirar a bondade divina, que sempre impediu que algum osso meu fosse quebrado, embora todos eles me doessem. Quando já estava escurecendo, acendemos uma fogueira, cortamos alguns arbustos e fizemos um abrigo sobre as nossas cabeças, para proteger-nos da geada que caía pesada naquela noite. Então, entregando-nos a Deus por meio de uma oração, deitamo-nos no chão e dormimos tranquilamente.

> No dia seguinte, os viajantes prosseguiram viagem, e quando anoiteceu, abrigaram-se na floresta da mesma maneira que tinham feito na noite anterior. – J.E.

5 de outubro. Chegamos à beira do Rio Susquehanna em um local chamado *Opeholhaupung*, e ali encontrei doze cabanas de índios. Depois de ter saudado o chefe de maneira amigável, disse-lhe o que viera fazer e que o meu desejo era ensinar-lhes o *cristianismo*. Após alguma consulta, os índios reuniram-se e pude pregar para eles. Depois que terminei, perguntei se gostariam de ouvir-me de novo. Eles responderam que iam resolver, e logo mandaram-me um recado de que estariam presentes imediatamente se eu quisesse pregar. Assim, por ambas as vezes, preguei com grande liberdade. Quando perguntei novamente se eles gostariam de continuar a ouvir-me, responderam que o fariam no dia seguinte. Percebi claramente a impossibilidade de fazer qualquer coisa por aqueles pobres pagãos, se não houvesse uma ajuda especial do alto; então minha alma pareceu descansar em Deus, deixando nas mãos dEle fazer conforme melhor Lhe agradasse, por ser aquela a sua própria causa. De fato, por meio da bondade divina, sentira algo dessa atitude mental por quase todo o tempo em que estive em jornada e, até certo ponto, antes de ter partido para lá.

6 de outubro. Levantei-me cedo e busquei o Senhor para que me ajudasse em minha importante obra. Perto do meio-dia, preguei novamente aos índios; à tarde visitei-os de casa em casa, convidando-os a virem ouvir-me novamente no dia seguinte, pedindo que desistissem de caçar até a segunda-feira, conforme tinham planejado. Confio que "nesta noite o Senhor se pôs ao meu lado", a fim de encorajar e fortalecer a minha alma. Passei mais de uma hora em retiro secreto, quando pude "derramar o meu coração diante de Deus", rogando-Lhe que aumentasse a ação de sua graça em minha alma, que me desse mais dons ministeriais e sucesso no meu trabalho entre os infelizes índios, além de fazer petições pelos ministros e pelo povo de Deus, por queridos amigos distantes. Bendito seja Deus!

8 de outubro. Visitei os índios com o propósito de despedir-me deles, supondo que iriam à caça esta manhã; mas como nem havia esperado, eles desejavam ouvir-me pregar novamente. Alegremente atendi o pedido deles, e depois esforcei-me por responder às suas *objeções* contra o cristianismo.

9 de outubro. Levantamo-nos cerca de quatro horas da madrugada, recomendando-nos a Deus em oração, pedimos a sua proteção e iniciamos nossa viagem de volta para casa. À tarde, ainda a caminho, tive pensamentos claros e consoladores sobre um assunto espiritual. Viajamos com passo apertado até depois das seis horas da tarde; então fizemos uma fogueira e um abrigo de casca de árvore e, assim, pudemos repousar. Durante a noite, os lobos uivavam ao nosso redor; mas Deus nos preservou.

12 de outubro. Cavalguei de volta à minha casinha, onde derramei minha alma diante de Deus em oração secreta, procurando exaltá-Lo devido à sua abundante graça para comigo em minha última jornada. Pelo menos nos últimos anos, nunca gozei de melhor saúde; e Deus, de forma maravilhosa, quase miraculosa, tem-me sustentado em meio às fadigas do caminho, em que cheguei até a viajar a pé. Bendito seja o Senhor, que continuamente me preserva.

Dia do Senhor, 14 de outubro. Fui até ao lugar de adoração pública, elevando meu coração a Deus pela sua ajuda e graça em meu grande trabalho. Deus tem sido gracioso para comigo, ajudando-me a solicitar-Lhe santidade e a usar diante dEle os meus melhores argumentos, extraídos da encarnação e dos sofrimentos de Cristo, que aconteceram para que os homens fossem santificados.

Logo depois, fui muito ajudado na pregação. Não sei se Deus já me havia ajudado tanto a pregar de modo mais exato e distinto acerca do estado pecaminoso do homem. Por meio da infinita bondade de Deus, eu sentia o que estava dizendo e Ele capacitou-me a tratar a verdade divina com uma clareza incomum.

24 de outubro. Já quase ao meio-dia, cavalguei até à minha gente. Passei com eles algum tempo, e orei com eles. Senti que estava na atitude mental de um *peregrino* na terra, e muito desejei deixar esta minha infeliz tenda corporal, apesar do que percebi em mim o exercício da paciência e da resignação. Ao voltar dos índios para casa, passei o tempo todo procurando elevar meu coração a Deus. À noitinha, desfrutei de um abençoado período solitário de oração. Pude clamar a Deus com um espírito de confiança infantil, pelo espaço de quase uma hora. Desfrutei de doce desenvoltura ao suplicar por mim mesmo, por amigos queridos, ministros e outros que estão se preparando para essa obra, e também pela igreja de Deus. Desejei mostrar-me tão vivo para o serviço de Deus quanto os anjos.

31 de outubro. Pude sentir bem minha aridez e minhas falhas quanto às realidades divinas - minha alma estremeceu quando lembrei do fervor que havia desfrutado diante do trono da graça. Oh, pensei, se ao menos eu pudesse manter uma mente espiritual, calorosa e celestial, aspirando afetuosamente por Deus. Para mim, isso seria melhor do que a própria vida! Minha alma desejou profundamente a morte, ser libertada deste meu embotamento e esterilidade, e tomar-me para sempre ativo no louvor ao Senhor. A mim parecia que eu estava vivendo para o nada, sem poder praticar qualquer bem: oh, quão amarga parece a minha vida! Oh, morte, morte, minha boa amiga, apressa-te em vir livrar-me de minha rude mortalidade, para que eu seja um ser espiritual e vigoroso na eternidade!

21 de novembro. Viajei a cavalo de Newark a Rockciticus, debaixo do frio, e quase fui vencido pelo mau tempo. Mas, durante o almoço, ao conversar com o querido Pastor Jones, obtive doçura de espírito. Minha alma ama o povo de Deus, em especial os ministros de Jesus Cristo que passam pelas mesmas dificuldades que eu.

22 de novembro. Segui viagem de Rockciticus para o Rio Delaware. Sentia-me fisicamente abatido, tendo apanhado um resfriado e muita dor de cabeça. Cerca das seis horas da tarde, perdi-me na floresta, e fiquei vagueando entre rochedos e montanhas, descendo por íngremes barrancos, cruzando pântanos e os mais temíveis e perigosos lugares. A noite escureceu de vez e poucas estrelas podiam ser vistas; assim fiquei exposto ao tempo. O frio me espicaçava e a dor fazia minha cabeça latejar, acompanhada por dor no estômago, de tal modo que cada passo me era muito doloroso. Pouca esperança restou-me, por várias horas, pensando que teria de conformar-me em passar a noite inteira na floresta, naquela aflitiva situação. Mas cerca das nove horas da noite encontrei uma casa, devido à graça abundante de Deus, e fui bondosamente acolhido. Assim, por muitas outras vezes tenho ficado sujeito ao mau tempo e fora de casa, algumas vezes a noite inteira. Até aqui, porém, o Senhor tem-me preservado; bendito seja o seu nome.

Essas fadigas e duras provas servem para desvincular-me da terra; e, segundo espero, farão o céu tornar-se mais doce para mim. Antes, quando ficava assim exposto ao frio, à chuva, etc., eu sempre agradava a mim mesmo com pensamentos de usufruir de uma casa confortável, de uma lareira quentinha, além de outros confortos materiais; mas agora essas coisas ocupam menos espaço em meu coração (pela graça divina), e meus olhos volvem-se mais para Deus em busca de consolo. Neste mundo só espero tribulações; antes isso me parecia estranho, mas não agora. Nesses períodos de dificuldade, não me lisonjeio diante da ideia que as coisas melhorarão mais tarde; pelo contrário, penso *quão pior poderia ter sido*, e como *outros* dos filhos de Deus passam por tribulações piores que as minhas. Talvez *me estejam reservadas* coisas piores. Bendito seja Deus, que tem feito com que meus pensamentos sobre o fim de minha jornada terrestre e da dissolução de meu corpo se tornem um grande consolo para mim, mesmo debaixo de minhas piores provações. Raramente Ele permite que estes pensamentos estejam acompanhados de terrores e de melancolia; antes, com frequência são acompanhados de grande alegria.

> Nos doze dias seguintes, Brainerd passou muito tempo em trabalho árduo, junto com outros, construindo para si mesmo uma cabana de toras, a fim de viver sozinho durante o inverno. Não obstante, ele pôde pregar com frequência a seus queridos índios, aludindo à ajuda divina especial que lhe fora dada em determinadas ocasiões, ao dirigir-lhes a palavra. A atenção que os índios lhe davam muito o encorajou. Porém, numa terça-feira, 4 de dezembro, ele afundou em grande desencorajamento, ao ver a maioria deles participar de uma *festa e danças* idólatras, mesmo depois de muito haver-se esforçado por dissuadi-los. – J. E.

6 de dezembro. Foi-me dada a feliz oportunidade de recolher-me numa casa de minha propriedade, para a qual me mudei. Considerando que faz agora muito tempo, ou por motivo de debilidade física ou por falta de um lugar para onde retirar-me, ou por causa de alguma outra dificuldade, que tenho passado algum tempo em jejum e oração secreta, e considerando também a enormidade de minha tarefa e as extremas dificuldades que a acompanham, além do fato que meus pobres índios estão agora *adorando* *a demônios,* apesar de todo o esforço que tenho envidado entre eles, o que quase avassala o meu espírito; e considerando, igualmente, minha grande esterilidade, amortecimento espiritual, nestes últimos dias, sem falar na força de certas corrupções particulares, separei este dia para oração secreta e jejum, a fim de implorar a bênção de Deus para mim mesmo, para minha pobre gente, para meus amigos e para a igreja de Deus em geral.

A princípio senti grande dificuldade em cumprir meus deveres do dia, por causa da aparente impossibilidade de realizá-los; mas o Senhor ajudou-me a vencer essa dificuldade. Deus agradou-se, através do uso de meios, em conferir-me uma clara convicção de minha pecaminosidade, podendo eu então perceber *a praga oculta em meu próprio coração,* mais agravadamente do que tudo 'que eu tinha notado até então'. Vi minha pecaminosidade especialmente nisto, que quando Deus retirou-se momentaneamente, então, ao invés de viver e morrer buscando-O, inclinei-me para uma destas duas coisas: ou render-me diante de desejos inconvenientes para cousas terrenas, como se a felicidade procedesse delas; ou mostrar-me secretamente impaciente e pertinaz, *desejando a morte* de qualquer maneira, de modo tal que algumas vezes cheguei a pensar que minha vida não poderia continuar a ser mais prolongada.

Aquilo que por muitas vezes deixou-me em um impaciente desejo de morrer foi o desespero de não poder fazer qualquer bem nesta vida, e então eu preferia mais a morte do que uma vida inútil. Agora, entretanto, Deus me despertou para o pecado envolvido nessas atitudes, capacitando-me a pedir-Lhe perdão. No entanto, não era isso tudo quanto eu queria, pois a minha alma parecia-me excessivamente poluída; meu coração, um ninho de víboras, ou uma gaiola de aves imundas e odiosas. Assim sendo, eu queria ser purificado "pelo sangue da aspersão, que purifica de todo o pecado". Por isso, como penso, foi concedida a oração. Comecei a gozar de um fervor e de uma espiritualidade bem mais intensos do que eu pensava me serem possíveis; Deus mostrou-se mais bondoso comigo do que eu havia pensado em meus temores. Aproximando-se a noite, senti minha alma regozijar-se, diante do fato que Deus é imutavelmente feliz e glorioso, e que Ele será glorificado, sem importar o que suceda às suas criaturas. Assim, pude perseverar em oração até certa hora do começo da noite, quando senti tão grande necessidade da assistência divina, em todos os aspectos, e pela qual me empenhara tanto, que me esquecera de interromper o meu exercício espiritual a fim de tomar algum alimento necessário. Bendito seja o Senhor, por qualquer ajuda que me tenha dado durante todo este dia.

7 de dezembro. Passei algum tempo dedicado à oração na parte da manhã. Desfrutei de alguma liberdade e prazer no cumprimento de meus deveres e aspirei muitíssimo ser "fiel até à morte". Passei algum tempo escrevendo a respeito de um assunto religioso. Então parti de visita aos índios, com a intenção de pregar-lhes a Palavra. Todavia, não consegui reunir coragem para falar com eles, não podendo fazê-lo sem um esforço especial. Pois reconhecia que eles não gostam de ouvir-me, especialmente agora que eles tinham acabado de voltar de sua festa idólatra e adoração aos demônios. No entanto, à noitinha, senti liberdade para orar e meditar.

12 de dezembro. Senti-me muito fraco; mas fui um tanto ajudado em oração secreta, e pude clamar, com prazer e doçura de alma: "Vem, Senhor Jesus! Vem, Senhor Jesus, vem imediatamente! Minha alma anela por Deus, pelo Deus vivo". Quão deleitoso é orar sob tão ternas influências! Isso é muito mais satisfatório do que o alimento! Embora a manhã já estivesse avançada, não tinha disposição para comer, pois todo alimento matinal pareceu-me sem o menor sabor. Oh, quão "melhor é o teu amor do que o vinho", do que o mais excelente vinho! Visitei os índios à tarde, para os quais preguei; mas sentindo-me muito solitário. Descobri que meu intérprete estava um tanto preocupado com a sua alma, o que me serviu de algum encorajamento, embora tenha-me infundido uma nova preocupação. Como anelei pela sua conversão; elevei meu coração a Deus, enquanto ele me falava a respeito. Voltei para minha casa e derramei minha alma diante de Deus em favor dele. Usufruí de alguma liberdade em oração e fui capacitado, eu penso, a deixar tudo aos cuidados de Deus.

18 de dezembro. Fui ter com os índios e preguei a eles por quase uma hora, embora sinta que faltava-me poder para chegar perto de seus corações. Finalmente, porém, senti algum fervor e Deus ajudou-me a falar--lhes calorosamente. Meu intérprete também foi muito ajudado pelo alto; e, finalmente, quase todas as pessoas adultas ficaram comovidas, e as lágrimas desciam-lhes pelas faces. Certo homem idoso, com cerca de cem anos de idade, como suponho, ficou tão comovido que chorou, parecendo convencido da importância do que estava lhes ensinando. Permaneci com os índios um tempo considerável, exortando-os e orientando-os; e saí dali com o coração elevado a Deus, em oração e louvores. Então encorajei e exortei o meu intérprete a "esforçar-se por entrar pela porta estreita". Ao chegar em casa, passei boa parte da tarde em oração e ação de graças. Notei que eu mesmo estava de coração alegre e vivificado. Grande era o meu interesse que a obra do Senhor, que agora parecia ter realmente começado, fosse efetuada com poder, com vistas à conversão daquelas pobres almas e para a glória da graça divina.

25 de dezembro. Na noite passada quase não consegui conciliar o sono, em razão de minha grande debilidade física; no entanto, meu coração nem por isso deixou de mostrar-se vivo em oração e louvor. Deleitei-me ante a glória e a felicidade divinas e regozijei-me no fato que Deus é Deus, imutavelmente dotado de glória e bênção. Penso que Deus *tenha mantido abertos os meus olhos,* ajudando-me a usar melhor o meu tempo, em meio à minha fraqueza física e às minhas dores, em meditação contínua sobre o trecho de Lucas 13.7: "Há três anos venho procurar fruto nesta figueira..." Minhas meditações foram amenas; e desejei expor diante dos pecadores o pecado deles e o perigo em que se acham.

> Brainerd por alguns dias continuou abatido no seu estado de saúde, o que parece ter servido de obstáculo em seus exercícios e buscas espirituais. Não obstante, pôde expressar que reconhecia ter sido um tanto ajudado por Deus, dia após dia, por todo o resto daquela semana. Nesse tempo,

pôde pregar diversas vezes aos seus índios; e estes continuaram mostrando algum 'interesse' por suas próprias almas. – J.E.

9 de janeiro de 1745. Pela manhã, Deus agradou-se em remover aquela tristeza que, de uns tempos para cá, vinha oprimindo minha mente e concedeu-me liberdade e doçura em minhas orações. Assim fui encorajado, fortalecido e capacitado a pleitear pela graça divina, para mim mesmo e para meus pobres índios. Fui suavemente assistido em minhas intercessões diante de Deus em favor de outras pessoas. Aquelas coisas que, ultimamente, me têm parecido mais difíceis, e quase impossíveis, agora não somente me parecem possíveis, mas até mesmo fáceis. Minha alma deleitou-se de tal modo em prosseguir em oração constante, durante esse bendito período, que nem tive desejo pelo alimento necessário. Antes, temi deixar de orar, para não perder os instantes de doce espiritualidade, bem como a bendita gratidão a Deus que tem tomado conta de mim. Agora estou plenamente disposto a continuar vivendo, enfrentando todas as tribulações que porventura ainda restem para mim neste mundo de tristezas; mas continuo anelando pelo céu, a fim de poder glorificar a Deus de maneira perfeita. "Oh, Senhor Jesus, volta rapidamente."

Dia do Senhor, 3 de fevereiro. Pela manhã, conseguira livrar-me daquela melancolia e confusão que tanto têm afetado minha mente nos últimos dias; pude orar com alguma compostura e consolo. No entanto, dirigi-me tremendo até os meus índios. Deus, porém, achou por bem ouvir minhas súplicas e ajudou-me muitíssimo, de tal maneira que a paz tomou conta de minha alma. Fiquei satisfeito diante do fato que se nenhum dos índios tirasse proveito espiritual de minha pregação, e todos fossem condenados, contudo, eu seria aceito pelo Senhor e seria galardoado como um crente fiel, pois estou persuadido que Deus tem me permitido essa fidelidade. Indo a um outro lugar, pude desfrutar de certo grau da ajuda divina e tive grande vontade de ver meus pobres índios converterem-se.

No sábado seguinte, Brainerd pregou em Greenwich, Nova Jersey. No crepúsculo, cavalgou treze quilômetros, a fim de visitar um homem tão doente que já estava moribundo, tendo-o encontrado incapaz de falar e desmaiado. – J.E.

11 de fevereiro. Mais ou menos ao romper do dia o homem doente faleceu. A cena muito me impressionou e passei a manhã com os que lamentavam a sua morte. Após orar e discursar com eles, retornei a Greenwich, onde novamente preguei, baseado no Salmo 89.15. "Bem-aventurado o povo que conhece os vivas de júbilo, que anda, ó Senhor, na luz da tua presença." O Senhor prestou-me alguma ajuda espiritual, e senti um terno amor pelas almas e pelo reino de Cristo. Anelei por ver os pobres pecadores ouvirem "os vivas de júbilo". Várias pessoas pareciam ter ficado muito tocadas pela Palavra. Após a reunião, pude conversar com liberdade e interesse com algumas pessoas que me consultaram por causa de perturbações espirituais. Então deixei o local com a mente em paz, e cavalguei de volta para casa. Chegando, pus-me a conversar com amigos, procurando inculcar-lhes certas verdades espirituais.

À noitinha fiquei numa atitude mental tão séria como quase não lembro ter ficado antes. Penso que nunca senti a morte tão próxima e tão real para mim, como se eu já fosse um cadáver, inerte sobre um leito, já preparado para ser posto num sepulcro escuro. Nunca isso se patenteara tão claramente para mim como naqueles instantes. No entanto, sentia-me perfeitamente tranquilo, a mente bem equilibrada e calma. A *morte,* ao que parecia, *tinha perdido o seu ferrão.* Penso que nunca antes me desligara tanto dos objetos materiais, como então. Oh, como a ideia da morte me pareceu algo grandioso e solene! Oh, como jaz no pó a maior de todas as honrarias! Oh, como me pareceram inúteis e insignificantes as riquezas, as honrarias e os prazeres deste mundo! Eu nem queria e nem ousava pensar em qualquer dessas coisas; pois *a morte, a própria morte,* parecia estar à espera, na soleira da porta. Oh, eu podia ver-me morto, jazendo em um leito, posto em um esquife, e em seguida depositado em uma fria sepultura, com a maior solenidade, mas sem o menor terror! Passei a maior parte da noitinha conversando com um querido amigo crente. Bendito seja Deus pelas consolações recebidas neste dia.

15 de fevereiro. Ocupei-me em escrever quase o dia inteiro. À noitinha recebi grande ajuda ao meditar sobre aquele texto precioso de João 7.37: "Levantou-se Jesus e exclamou: Se alguém tem sede, venha a mim e beba". Recebi então um notável senso da graça gratuita do evangelho. Minha alma foi encorajada, aquecida e reavivada. Muito desejei a presença de Deus, em oração; minha alma pôs-se em atitude de vigilância, temendo perder a presença daquele Hóspede tão importante que eu estava entretendo. Continuei por longo tempo ocupado em oração e meditação, mesclando intermitentemente um exercício com o outro e não me dispus a ter a atenção desviada para qualquer outra coisa. Anelei por proclamar a este mundo de pecadores a graça sobre a qual estava meditando. Oh, quão *viva* e *poderosa* é a *Palavra* do bendito Deus.

Dia do Senhor, 17 de fevereiro. Preguei às pessoas *brancas* (pois meu intérprete estava ausente), no campo, na falda ensolarada de uma colina. O número de pessoas presentes foi bastante razoável; muitas delas residiam a nada menos de cinquenta quilômetros de distância, mas outras vieram de mais perto, cerca de trinta quilômetros. Discursei para elas o dia inteiro, baseado em João 7.37. À tarde, o Senhor agradou-se em conferir-me grande liberdade e fervor em meu sermão; fui capaz de imitar o exemplo de Cristo no texto, quando Ele *levantou-se e exclamou...*

Penso que dificilmente fora capaz de expor, com maior liberdade e clareza, para pecadores que perecem, a gratuita graça divina, em toda a minha vida. Posteriormente, senti-me capaz de convidar sinceramente aos filhos de Deus, a fim de que viessem beber repetidamente dessa fonte de água viva, de onde antes derivaram uma indizível satisfação. Para mim, aquelas foram horas deveras revigorantes. Entre os presentes, muitos choravam; e não duvido que o Espírito de Deus estava presente, convencendo pobres pecadores de sua urgente necessidade de Cristo.

Dia do Senhor, 24 de fevereiro. Pela manhã estava muito hesitante. Estando ausente o intérprete, não sabia como fazer o trabalho entre os índios. Apesar disso, montei o cavalo e fui até eles, tendo conseguido um intérprete holandês, embora ele não estivesse bem treinado para a tarefa. Depois, voltei e preguei para algumas poucas pessoas civilizadas, tendo usado a passagem de João 6.67. "Porventura quereis também vós outros retirar-vos?" Então o Senhor pareceu tirar de mim um peso, especialmente perto do fim do meu sermão. Senti-me livre para expor *o amor de Cristo* a seus próprios queridos *discípulos*. Quando o resto da humanidade abandona a Cristo e nós parecemos esquecidos dEle, eis que Ele então volta-se para os que Lhe pertencem, e diz: *"Quereis também vós outros retirar-vos?"* Tive um senso da graça gratuita de Cristo para com seu próprio povo, nestes tempos de apostasia geral, quando os crentes mesmos desviam-se, em certa medida, preferindo o mundo. Oh, a graça gratuita de Cristo, que Ele nos relembre em ocasiões oportunas o perigo que há em nos *desviarmos,* e nos convide a perseverar em segui-Lo! Entendi que as almas desviadas, que parecem estar prestes a acompanhar o mundo, podem retomar, sendo acolhidas de volta, prontamente, pelo Senhor, mesmo que nada exista capaz de recomendá-las a Ele, a despeito de todos os seus desvios passados. Assim, meu sermão foi apropriado para o caso de minha própria alma; pois de algum tempo para cá tenho sentido grande falta desse senso e apreensão da graça divina, e por muitas vezes tenho sido afligido em minha própria alma, porquanto não me tenho conscientizado devidamente dessa fonte aberta e capaz de purificar-me de meus pecados, visto que muito tenho labutado, somente com minhas próprias forças, em busca de vida espiritual, paz de consciência e santidade crescente. Mas agora Deus mostrou-me, pelo menos até certo ponto, *o braço* de todo o poder e *a fonte* de onde emana toda a graça. À noite, minha atitude mental era séria, dependendo da graça divina gratuita, como meu auxílio, aceitação e paz de consciência.

6 de março. Passei a maior parte do dia preparando-me para uma viagem até Nova Inglaterra; dediquei algum tempo à oração, especialmente

De sua ordenação até o início da pregação aos índios de Crossweeksung — 13 de junho de 1744 - 18 de junho de 1745

quanto a esse projeto. Temi perder de vista a Fonte de água viva, tentando obter satisfação em meras *cisternas rotas* - amigos e conhecidos, que poderia encontrar pelo caminho. Roguei a Deus que não me deixasse apelar para essa *vaidade*, ou para outras coisas inúteis. Quase ao cair da noite, e mesmo depois, recebi a visita de alguns amigos, alguns dos quais considero cristãos autênticos. Esses revelaram preocupar-se sinceramente comigo, parecendo tristes que eu estivesse prestes a deixá-los, especialmente porque não esperava ficar por muito tempo entre eles, ou se viveria o bastante para retornar.[16] Oh, quão bondoso Deus tem sido comigo! Como Ele tem levantado amigos, por toda a parte onde a sua providência tem me chamado! Os amigos servem de grande consolação e Deus é quem os dá, e quem os toma amoráveis para comigo. "Bendize, ó minha alma, ao Senhor, e não te esqueças de nem um só de seus benefícios" (Salmo 103.2).

> No dia seguinte, Brainerd partiu em viagem. Passaram-se aproximadamente cinco semanas antes dele regressar. O motivo especial dessa jornada, conforme ele mesmo declarou em seu diário, a 21 de março, falando da conversa com certo ministro da Nova Inglaterra, foi: "Combinei com ele sobre como levantaria algum dinheiro, entre amigos crentes, a fim de sustentar comigo um colega, na floresta (pois eu já vivia em grande solidão pelo período de dois anos), para que trabalhássemos juntos. Cristo também enviou seus discípulos de dois em dois. Muito me esforcei nesse sentido, porquanto era o principal projeto que tinha em mira, na esperança que Deus me daria bom êxito, para sua glória".
> Primeiramente, Brainerd dirigiu-se a várias partes de Nova Jersey, onde visitou diversos ministros. Então foi a Nova York; dali subiu à Nova Inglaterra, tendo percorrido diversas regiões do Estado de Connecticut. Depois retornou a Nova Jersey e encontrou-se com diversos pastores, em Woodbridge, os quais, segundo ele, "tinham-se reunido ali a fim de

---

6 Pelo que se lê em seu diário, parece que Brainerd planejava mudar-se dali para viver entre os índios, no Rio Susquehanna.

consultarem sobre questões atinentes ao reino de Cristo". Ao que parece, durante a maior parte da jornada, não foi assediado por ataques de melancolia. Por mais de uma ocasião parece ter recebido notável ajuda espiritual em suas ministrações públicas do evangelho, pois sua prédica foi, no mais das vezes, acompanhada por provas mui esperançosas de bom efeito sobre os seus ouvintes. Também experimentou muitos períodos de consolo especial e de refrigério espiritual, em conversas com outros ministros e amigos crentes, ou quando se achava sozinho, em suas meditações e orações. – J.E.

13 de abril. Voltei a cavalo até minha casa, em Forks of Delaware. Então subiu-me à memória as bondades do Senhor, pois Ele tomara conta de mim durante toda essa grande viagem de quase mil quilômetros, de tal maneira que nenhum de meus ossos quebrou. Bendito seja o Senhor, que me preservou, nessa entediante jornada, fazendo-me regressar em segurança à minha própria casa. Verdadeiramente, Deus tem me sustentado e guardado em todas as minhas idas e vindas.

Dia do Senhor, 14 de abril. Meu corpo estava muito cansado devido à última viagem. Mesmo assim, pude pregar a uma considerável assembleia de pessoas civilizadas, provenientes de todos os lugares em redor, sentindo boa liberdade, alicerçado sobre Ezequiel 33.11: "Tão certo como eu vivo, diz o Senhor Deus..." Recebi muito maior ajuda espiritual do que esperava.

Naquela semana, Brainerd fez uma viagem até Filadélfia, a fim de conseguir o apoio do governador do Estado, para que este usasse de sua influência junto ao chefe das Seis Nações indígenas, de quem era amigo íntimo, para que Brainerd tivesse livre trânsito em Susquehanna para instruir aos índios que ocupavam aqueles territórios. – J.E.

26 de abril. Conversei com um amigo crente de forma bastante calorosa; senti nele forte espírito de mortificação quanto às coisas deste mundo.

Depois, fui capaz de orar com fervor, dependendo ternamente do Senhor Deus, acerca de tudo quanto "pertence à vida e à piedade". Assim que anoiteceu, recebi a visita de um querido amigo crente, com quem passei uma hora ou duas em diálogo proveitoso sobre a essência da religião. Existem muitas pessoas com quem sou capaz de falar *sobre assuntos religiosos*. Mui infelizmente, porém, encontro poucos com quem posso falar sobre *religião viva;* entretanto, bendito seja o Senhor, há alguns que apreciam alimentar-se da polpa e não somente da casca.

30 de abril. Quase não consegui andar hoje, sendo forçado a ficar na cama, onde passei o tempo em grande solidão, incapaz de ler, meditar e orar, privado de alguém com quem conversar neste mato. Oh, quão devagar passa o tempo quando nada posso fazer com algum bom propósito, e sou obrigado a ocupar-me em ninharias, desperdiçando tempo precioso! Ultimamente, porém, tenho notado ser meu dever *disciplinar-me* por todos os meios legítimos, para que possa, finalmente, em alguma pequena parcela de meu tempo, fazer algum trabalho para Deus. Aqui está a diferença entre as minhas atuais distrações e aquelas que segui no passado, em meu estado natural. Naquele tempo fiz um deus das minhas diversões, vindo delas a minha maior satisfação, ao mesmo tempo em que negligenciava as coisas de Deus. Agora, porém, só lanço mão delas para que me ajudem a viver para Deus. Deleito-me em *Deus* continuamente e não nas diversões, extraindo do *Senhor* a minha mais alta satisfação. No passado, aquelas coisas eram o meu *tudo;* mas agora são apenas meios para que eu chegue ao meu *tudo*. Aquelas coisas que tomam meu tempo, quando vistas por esse ângulo, não tendem a impedir minha espiritualidade, e, sim, a promovê-la. Agora percebo, mais do que nunca, que tais coisas são absolutamente necessárias.

2 de maio. À noitinha, sentindo que minha saúde tinha melhorado um pouco, fui passear pela floresta e gozei de um breve período de doce meditação e oração. Meus pensamentos giravam em torno do Salmo 17.15: "Quando acordar eu me satisfarei com a tua semelhança". Foi um texto precioso para mim. Desejei pregá-lo para o mundo inteiro. Pareceu-me que todos os homens deveriam emocionar-se profundamente como eu diante de tão preciosas verdades divinas. Meus pensamentos estavam cristalinamente claros, e minha alma refrigerada. Bendito seja o Senhor que minha mente não está carregada de tristeza, como chegou a acontecer algum tempo atrás, apesar de minha passada e presente debilidade, agora por muitos dias acumulada.

7 de maio. Passei o dia preparando-me para uma viagem ao interior da floresta. Continuei fraco e preocupei-me sobre como conseguiria fazer tão difícil viagem. Desejei ter mais energias físicas para poder passar o dia em jejum e oração.

> No dia seguinte, Brainerd partiu com seu intérprete para o Rio Susquehanna. Ele suportou grandes dificuldades e fadigas na travessia da floresta. Depois de ter passado uma noite em pleno mato, foi surpreendido por uma tempestade com ventos do Nordeste, e quase pereceu. Não tendo onde abrigar-se e não podendo fazer uma fogueira por causa da chuva torrencial, resolveu prosseguir, na esperança de encontrar qualquer abrigo, sem o que julgava ser impossível sobreviver à noite. Mas visto que os cavalos comeram algo venenoso, no lugar onde passaram a noite, ficaram tão doentes que Brainerd e seu intérprete tiveram de arrastá-los após si, seguindo a pé. Finalmente, pela misericórdia de Deus, ao anoitecer, chegaram a uma cabana de toras, onde se abrigaram para passar a noite.
>
> Depois de chegarem às margens do Rio Susquehanna, viajaram por cerca de cento e sessenta quilômetros rio abaixo, tendo visitado muitas aldeias e povoados indígenas. Estiveram com sete ou oito diferentes tribos, pregando com a ajuda de diversos intérpretes. Algumas vezes, Brainerd ficava extremamente desencorajado, de espírito abatido, por causa da oposição dos índios ao cristianismo. Mas noutras oportunidades ficava encorajado diante da disposição de alguns em ouvir a Palavra e receber instrução.

Ali encontrou alguns que já o tinham ouvido em Kaunaumeek. Esses ouviram-no novamente com grande satisfação.

Brainerd ficou uma quinzena entre os índios daquele rio, passando por muitas dificuldades, dormindo no chão e algumas vezes ao ar livre. Ao atravessar a floresta, contraiu malária e passou a sofrer de febre alta, com dores extremas na cabeça e no fígado, com abundante evacuação de sangue, de tal modo que pensou que pereceria.

Finalmente, porém, chegou à cabana de um negociante entre os índios e teve permissão de passar ali algum tempo. Embora sem medicamentos e nem alimentação apropriada, agradou a Deus, depois de cerca de uma semana de apertos, fazê-lo melhorar ao ponto de poder montar de novo. Voltou para casa, tendo partido de *Juncauta*, uma ilha no Rio Susquehanna, onde havia considerável número de índios, os quais pareciam mais isentos de preconceitos contra o cristianismo do que a maioria. Chegou em Forks of Delaware numa quinta-feira, 30 de maio, depois de ter percorrido, naquela jornada, cerca de quinhentos e setenta quilômetros. Chegou em casa muito doente e deprimido, o que foi um grande empecilho para os seus exercícios religiosos. Entretanto; no sábado, após ter pregado aos índios, pregou também aos civilizados com algum sucesso, sobre Isaías 53.10: "Todavia, ao Senhor agradou moê-lo, fazendo-o enfermar..." Alguns foram despertados pela pregação. No dia seguinte, porém, esteve muito preocupado, sentindo-se carente de maior vida espiritual e fervor. – J.E.

5 de junho. Senti um desejo ardente por Deus, pela manhã. À noite, gozei de um precioso período de retiro espiritual. Fui favorecido com uma clara e emocionante meditação sobre o Salmo 17.15. "Quando acordar eu ·me satisfarei com a tua semelhança." As realidades divinas abriram-se diante de mim com clareza e segurança, tendo o selo divino. Minha alma sentiu-se expandida e refrigerada em oração e deleitei-me em continuar nesse dever, tendo sido muito ajudado ao orar por meus irmãos na fé e por colegas ministros. Bendito seja o Senhor por esses aprazimentos da mais alta ordem. Oh, quão doce e precioso é receber uma clara apreensão da verdade e um terno senso do *mistério da piedade*, da verdadeira santidade, da semelhança com o melhor de todos os seres! Quão abençoado, para uma mera criatura, é ser o mais parecido possível com Deus! Senhor, dá-me mais de *tua semelhança*. Ao acordar, ficarei satisfeito se for possuidor dela.

> Em uma sexta-feira, dia 7 de junho, Brainerd partiu numa viagem de quase oitenta quilômetros, até Neshaminy, a fim de participar da Ceia do Senhor, na casa de oração do Pastor Beatty. Brainerd fora convidado por esse irmão e sua gente. - J.E.

8 de junho. Fiquei extremamente fraco e fatigado ao cavalgar no calor do dia, ontem. Mas, sentindo-me disposto, preguei à tarde para um auditório repleto. Usei o trecho de Isaías 40.1: "Consolai, consolai o meu povo, diz o vosso Deus". Deus resolveu proporcionar-me grande liberdade, expondo à sua gente as tristezas da vida, mas mostrando-lhes aspectos consoladores. Bendito seja o Senhor; a assembleia experimentou momentos comoventes.

Dia do Senhor, 9 de junho. Senti anelantes desejos da presença de Deus com o seu povo na solene ocasião deste dia. Antes do começo da tarde, pregou o Pastor Beatty, e os ouvintes pareceram reagir muito bem. Depois, ajudei a ministrar a Ceia do Senhor. Após, dirigi ao povo um sermão, com algumas referências à passagem de Isaías 53.10. Deus deu-me grande ajuda nesse sermão dirigido aos pecadores. A Palavra foi acompanhada por admirável poder. Dezenas de pessoas, se não centenas, naquela grande assembleia, que consistia em trezentas ou quatrocentas pessoas, foram tocadas de tal modo que houve grande lamentação, "como o pranto de Hadadrimom" (Zacarias 12.11).

10 de junho. Preguei com notável clareza e calor espiritual, tendo por texto o Salmo 17.15. Bendito seja Deus; houve grande solenidade e atenção durante toda a reunião e o povo de Deus foi muito fortalecido, o que foi evidente tanto na ocasião quanto posteriormente.

11 de junho. Passei o dia principalmente em conversa com queridos amigos crentes e usufrui de algum deleitoso senso de coisas divinas. Oh, quão desejável é estar com os queridos filhos de Deus! Esses são "os notáveis" da terra, "nos quais tenho todo o meu prazer" (Salmo 16.3). Oh, quão maravilhoso será quando encontrar a todos no estado de perfeição! Senhor, prepara-me para aquele estado eterno.

18 de junho. Parti de New Brunswick com o propósito de visitar alguns índios, em *Crossweeksung*, em Nova Jersey, já perto do mar. À tarde, cheguei num local chamado *Cranberry*; e, tendo-me encontrado com um ministro sério, o Pastor Macknight, alojei-me com ele. Em oração, junto com algumas pessoas, gozei de ampla liberdade de espírito.

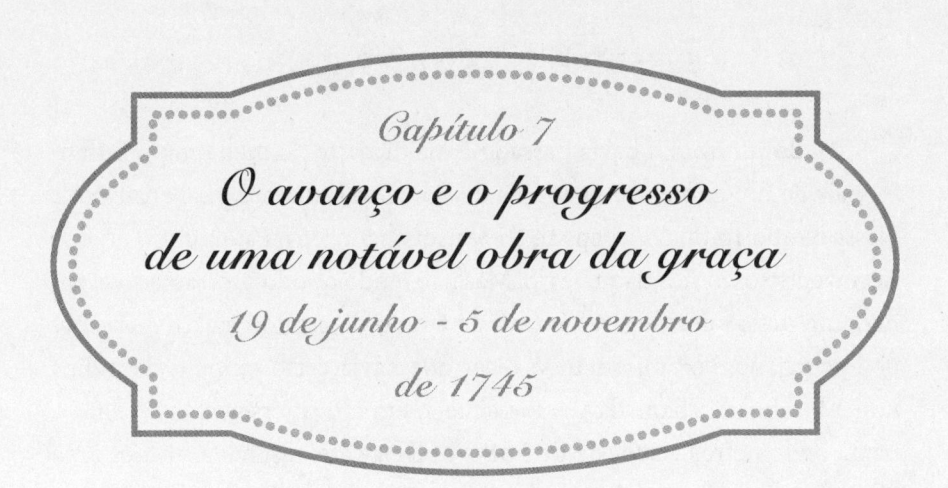

Capítulo 7
O avanço e o progresso de uma notável obra da graça
19 de junho - 5 de novembro de 1745

Chegamos agora àquela parte da vida de Brainerd quando ele obteve o maior sucesso em seus labores pelo bem das almas, e em sua atividade particular como missionário entre os índios. Depois de todas as suas agonizantes orações, quase em dores de parto em favor da conversão deles, foram confirmadas tanto suas esperanças e expectativas, quanto seus desapontamentos e encorajamentos. Após ter soluçado em oração perseverante, muito labor e sofrimentos, como se tivesse atravessado uma longa noite, finalmente raiou o dia: "Ao anoitecer pode vir o choro, mas a alegria vem pela manhã" (Salmo 30.5). Brainerd saiu chorando, "levando semente preciosa", mas agora voltava, "regozijando-se, trazendo os seus feixes" (Salmo 126.6). O evento tão cobiçado acaba acontecendo; mas em tempo, lugar e envolvendo pessoas que dificilmente chegara a prever. – J.E.

CROSSWEEKSUNG, NOVA JERSEY, JUNHO DE 1745

19 de junho. Eu havia passado a maior parte do meu tempo durante mais de um ano entre os índios de Forks of Delaware, na Pensilvânia. Nesse tempo, fiz duas viagens ao Rio Susquehanna, para anunciar o cristianismo entre os índios daquele rio. Mas não tendo obtido sucesso visível em nenhum desses dois lugares, estava de ânimo deprimido e extremamente desencorajado. Porém, ouvindo dizer que havia certo número de índios numa localidade chamada *Crossweeksung*, em Nova Jersey, quase cento e trinta quilômetros a sudeste de Forks of Delaware, resolvi fazer-lhes uma visita, para ver como poderia levar-lhes o cristianismo. De acordo com esse plano, cheguei entre eles hoje.

Encontrei bem poucas pessoas no lugar que visitei e tomei conhecimento que os índios desta região vivem muito dispersos. Não havia mais do que duas ou três famílias em cada lugar; e essas pequenas aldeias ficavam a dez, quinze, vinte e cinco, trinta, cinquenta quilômetros, ou até mais, distantes de onde eu estava. Entretanto, preguei aos poucos que encontrei. Esses pareceram-me bem-dispostos, sérios e atentos, não tendentes à contestação e objeções, conforme o fizeram em outros lugares. Depois que terminei meu sermão, informei-os (estavam ali apenas algumas poucas mulheres e crianças) que gostaria de visitá-los de novo no dia seguinte. Em face disso, elas prontamente viajaram quinze ou vinte quilômetros, a fim de darem notícias de minha chegada a alguns de seus amigos, que moravam àquela distância. Essas mulheres índias, como a mulher samaritana, pareciam querer que outros vissem o homem que lhes dissera o que tinham feito em anos passados de suas vidas, bem como a miséria que acompanhava seus caminhos idólatras.

21 de junho. Visitei novamente os índios e preguei, como tinha proposto. Um certo número deles reunira-se a convite de seus amigos que tinham me ouvido no dia anterior. Esses também pareceram atentos, ordeiros e bem-dispostos como os primeiros. Nenhum deles fez qualquer objeção, como muitos índios de outros lugares usualmente faziam.

22 de junho. Preguei novamente aos índios. O número deles, que no começo foi de sete ou oito, agora havia aumentado para quase trinta. Não somente manifestaram uma solene atenção, mas também, conforme foi patente, a verdade divina efetuou uma considerável impressão sobre suas mentes. Alguns começaram a sentir a sua própria miséria, parecendo interessados em ser libertos.

Dia do Senhor, 23 de junho. Anunciei o evangelho aos índios e passei o dia com eles. O número dos que se reuniam para ouvir continuava aumentando; todos pareciam regozijar-se pelo fato de eu ter vindo viver entre eles. Não ouvi de qualquer deles, em nenhuma ocasião, uma única palavra contrária ao cristianismo, embora em tempos passados eles tenham sido opostos ao cristianismo, como sucede a quaisquer outros índios. Alguns deles, não muitos meses antes, tinham-se irado contra o meu intérprete, porque ele tentara ensinar-lhes algo sobre o cristianismo.

24 de junho. Preguei aos índios a pedido deles. Ver como aqueles pobres pagãos desejavam ouvir o evangelho de Cristo, animou-me a pregar para eles, embora eu estivesse muito fraco e meu espírito exaurido. Eles fizeram-se presentes com a maior seriedade e diligência; e era evidente entre eles uma certa preocupação pela salvação de suas almas.

27 de junho. Visitei novamente os índios e preguei a eles. Agora já totalizavam quase quarenta pessoas. Continuavam solenes e atentos e uma considerável preocupação por suas almas tornava-se cada vez mais clara em um número cada vez maior deles.

28 de junho. Os índios, tendo-se reunido em número considerável, vindos de várias e distantes localidades, pediram-me que pregasse para eles duas vezes por dia, pois desejavam ouvir-me o mais possível enquanto eu estivesse entre eles. Atendi animadamente ao seu pedido, não podendo deixar de admirar a bondade do Senhor, o qual, conforme estou persuadido, fora Quem os inclinara a inquirir assim pelo caminho da salvação.

29 de junho. Preguei por duas vezes. Percebi a mão de Deus operando de forma clara e notável ao prover para a subsistência de toda aquela gente, a fim de que pudessem estar juntos para receber instrução das verdades divinas. Pois hoje, tal como ontem, tendo-se afastado apenas um pouco do local onde diariamente nos reuníamos, conseguiram caçar três veados, que forneceram carne bastante para suas necessidades, sem o que eles não poderiam ter subsistido juntos, enquanto ouviam a pregação do evangelho.

Dia do Senhor, 30 de junho. Hoje também preguei aos índios por duas vezes. Pude notar ainda maior interesse e disposição entre os pobres pagãos. Chegaram mesmo a constranger-me a ficar mais tempo entre eles, embora estivesse extremamente exausto e meu estado de saúde muito debilitado, por causa de minhas fadigas e labores destes últimos dias, e, em especial, por causa de minha última viagem ao Rio Susquehanna, no mês passado, quando tive de dormir no chão por várias semanas.

1° de julho. Novamente preguei por duas vezes a uma assembleia muito séria e atenta, pois agora já haviam aprendido a frequentar reuniões de culto a Deus com decência cristã em todos os sentidos. Eram agora cerca de quarenta a cinquenta índios presentes, idosos e jovens. Passei considerável tempo explicando-lhes o cristianismo de maneira mais individual. Indaguei o que podiam lembrar das grandes verdades que vinha lhes ensinando dia após dia; posso testificar quão admirável foi a maneira como assimilaram e retiveram as instruções que eu lhes dera, e quanto conhecimento adquiriram em tão poucos dias.

2 de julho. Fui forçado a deixar os índios de Crossweeksung, pensando que era meu dever, assim que a saúde permitisse, visitar novamente os de Forks of Delaware. Quando despedi-me de cada um em particular, todos indagaram ansiosamente quando eu voltaria, expressando o grande desejo de continuarem a receber instrução. Concordaram voluntariamente que, quando eu voltasse, todos se reuniriam e viveriam juntos, enquanto estivesse entre eles, e que usariam todos os esforços para reunir ainda outros índios daquelas regiões, mesmo as mais remotas. Quando despedia-me deles, uma índia disse, entre lágrimas: "Quero que Deus mude o meu coração". Uma outra declarou: "Quero encontrar-me com Cristo". Um ido-

O avanço e o progresso de uma notável obra da graça
19 de junho - 5 de novembro de 1745

so chefe índio chorou amargamente, preocupado com sua alma. Prometi a todos que voltaria assim que minha saúde e meus negócios permitissem. Fiquei preocupado durante a despedida, desejando que não se apagassem, depois da minha saída, as boas impressões visíveis entre muitos deles. Contudo, não pude deixar de esperar que Aquele, que, segundo creio, iniciara a boa obra entre eles, e que, conforme eu sabia, não precisava de meios para levar a obra avante, também a manteria e promoveria. Ao mesmo tempo, preciso confessar, eu vira sinais encorajadores entre índios de outros lugares, mas acabara descobrindo que tudo era passageiro. Parecia-me que o favor divino seria grande demais, se, depois de ter passado por uma série tão grande de labores e fadigas quase infrutíferos, e depois de minha esperança ter sido frustrada por tantas vezes entre os pobres pagãos, agora Deus me desse qualquer sucesso especial em meus labores entre eles. Isso era algo que quase não podia acreditar e nem ousava esperar que as coisas tomassem um rumo tão feliz. Penso que nunca estivera mais suspenso entre a esperança e o temor do que agora.

Essa disposição encorajadora e essa prontidão para receber instrução, agora tão claras entre os índios, parece ter sido o feliz efeito da convicção que houve primeiro entre um ou dois deles, que tinham estado em Forks of Delaware. Esses, desde então, tinham se esforçado para mostrar a seus amigos o mal da idolatria. Penso que alguns pareciam dar pouca atenção e até zombavam deles, mas isso talvez tenha lhes dado uma postura de mente disposta a raciocinar, ou, pelo menos, tenha-lhes feito pensar melhor sobre o cristianismo, despertando em outros a curiosidade de ouvir. Assim, despertou-se entre eles a atual atenção encorajadora. A ideia que esse tenha sido o caso ali, encorajou-me a pensar que Deus, dessa forma, tenha abençoado os meios que usei entre os índios em outros lugares, mesmo que ainda não tenha recebido provas disso. Nesse caso, que o seu nome receba toda a glória; pois tenho aprendido, por meio da minha experiência, que somente Ele pode abrir os ouvidos, captar a atenção e inclinar os corações de pobres incivilizados e preconceituosos pagãos, para receberem instrução bíblica.

FORKS OF DELAWARE, PENSILVÂNIA, JULHO DE 1745

Dia do Senhor, 14 de julho. Preguei duas vezes aos índios. Vários deles pareceram interessados, e, como tenho razão de pensar, ficaram convictos, por obra do Espírito de Deus, acerca de seu pecado e condenação, pois choraram durante todo o culto. Depois disso, preguei a certo número de pessoas civilizadas que estavam presentes.

18 de Julho. Preguei a minha gente, que ficou atenta acima do que era comum entre eles; e alguns pareciam preocupados acerca de suas almas eternas.

Dia do Senhor, 21 de julho. Preguei primeiro aos índios e depois a alguns civilizados que estavam presentes; e, à tarde, tomei a pregar aos índios. A verdade divina pareceu deixar uma considerável e profunda impressão sobre diversos deles, visto que choraram livremente.

Neste dia, *meu intérprete e sua esposa* professaram publicamente, através do batismo, a sua fé em Cristo, sendo os primeiros a serem declaradamente convertidos entre os índios. Ambos foram despertados para um interesse solene por suas almas e, até onde é possível detectar, receberam o senso de sua própria miséria e *condenação*. Ambos aparentemente foram consolados com as consolações divinas; e é evidente que ambos, como espero firmemente, experimentaram uma *grande* transformação salvadora.

Talvez seja apropriado que eu apresente um breve relato sobre os processos e experiências pelas quais passou esse homem, desde que veio estar comigo, sobretudo por haver sido empregado como meu intérprete. Quando o empreguei, no começo do verão de 1744, ele já estava bem preparado para a sua tarefa, devido à sua familiaridade com a língua indígena e com o inglês, e também porque era conhecedor dos costumes de sua nação. Além disso, ele tinha o desejo que os índios assumissem as maneiras e os costumes dos ingleses, especialmente o seu modo de vida. Mas ele não parecia nada interessado em questões religiosas. Portanto, era totalmente *incapaz* para o seu trabalho e não podia entender e transmitir a outros índios muitas coisas importantes. Assim, eu estivera trabalhando com uma grande desvantagem, sendo que ele não tinha conhecimento experimental e doutrinário das verdades divinas. Por isso, havia ocasiões em que meu espírito afundava-se no desânimo diante de tão grande obstáculo; tanto mais quando notei que a verdade divina fazia pouca ou nenhuma impressão sobre a sua mente por muitas semanas seguidas.

Ele, no entanto, comportou-se sobriamente depois que o empreguei, mesmo que antes tenha sido um homem que bebia muito. Assim, ele parecia honestamente envolvido em sua tarefa, na medida de sua capacidade. Ele parecia especialmente desejoso que sua gente renunciasse às suas noções e práticas pagãs, ajustando-se aos costumes do mundo cristão. Todavia, não parecia ter preocupação com a sua própria alma, senão depois de estar comigo por um tempo considerável.

No fim de julho de 1744, preguei a um grupo de pessoas civilizadas, com maior desembaraço e fervor do que poderia fazê-lo ao dirigir-me aos índios, sem que primeiro estes adquirissem uma medida maior de conhecimentos doutrinários. Na ocasião, meu intérprete estava presente e foi bastante despertado quanto à situação de sua alma, pois no dia seguinte conversou abertamente comigo acerca de suas preocupações espirituais, dando-me oportunidade de procurar fixar em sua mente algo sobre o seu estado de perdido. Algum tempo depois, pude perceber claramente que ele traduzia para a língua dos índios o que eu dizia, com mais empenho e fervor do que fizera antes.

Tais impressões, todavia, pareciam declinar rapidamente e ele continuava geralmente descuidado e seguro de si, até o fim do outono do ano seguinte, quando caiu em uma condição física fraca e debilitada, permanecendo nesse estado abatido por várias semanas. Foi nesse tempo que as verdades divinas tomaram conta dele, deixando uma profunda impressão sobre a sua mente. Ele era levado a preocupar-se com sua própria alma. Passou a não agir de modo inconstante e transitório, mas de maneira constante e permanente, de tal modo que sua mente afligia-se com a questão dia após dia. Nesta altura, sua grande pergunta era: "Que farei para ser salvo?" Essa perturbação espiritual prevaleceu ao ponto de roubar-lhe o sono, e tinha pouco descanso de dia ou de noite; antes andava para lá e para cá sob grande pressão na mente, parecendo como um outro homem para seus semelhantes, os quais não podiam deixar de estranhar o seu comportamento.

Quando essa condição mental já se prolongava por algum tempo, enquanto esforçava-se por obter misericórdia, disse que parecia haver uma *montanha intransponível* diante dele. Conforme ele pensava, queria avançar em direção ao céu; mas seu "caminho parecia ladeado de espinhos, de tal modo que não conseguia avançar um centímetro sequer". Ele olhava numa direção e em outra, mas não podia achar o caminho certo. Pensava que se ao menos pudesse achar a vereda certa, em meio àqueles espinhos e abrolhos, subindo montanha acima, então haveria esperança para seu caso; mas ele mesmo não podia achar meios para conseguir isso.

Por algum tempo continuou labutando em vão. Declarou ele que era impossível ajudar a si mesmo a transpor essa dificuldade insuperável: "De nada adiantava continuar lutando e esforçando-se". Assim, parou de esforçar-se e sentiu que era um caso perdido, enquanto não lhe chegasse ajuda vinda de fora, pois todas as suas tentativas eram e continuariam sendo vãs e infrutíferas. E assim, sob essa nova visão da situação, parecia mais calmo e equilibrado do que tinha sido enquanto procurara ajudar a si mesmo.

Enquanto me relatava essas suas lutas interiores, eu não deixava de temer que aquilo que ele contava fosse apenas fruto de sua *imaginação* e não efeito da *iluminação* divina sobre a sua mente. Antes, porém, que eu tivesse tempo de averiguar se os meus temores tinham fundamento, ele disse que se sentia numa condição miserável de perdição, que só havia feito o mal todos os seus dias e que nunca "fizera nada de bom". Ele sabia que não era culpado de certas iniquidades praticadas por outros. Assim, ele não costumava furtar, brigar e assassinar, sendo que o homicídio é usual entre os índios. Ao mesmo tempo, ele sabia que tinha feito muitas coisas certas, como ser gentil para com seus vizinhos, etc.

Contudo, seu clamor era que *ele nunca fizera uma coisa boa*. Com isso queria dizer que jamais fizera algo com base em um princípio correto, com uma *perspectiva* certa. Ele testemunhou: "Agora só me resta afundar no inferno. Não há esperança para mim, porque nunca poderei fazer alguma coisa que seja boa. E se Deus me deixar assim por tempo bastante, mesmo que eu tente, só poderei fazer o mal".

Essa sua última explicação deixou-me satisfeito e entendi que ele não falava com base em sua imaginação, pois parecia ter morrido para si mesmo, estando divorciado de qualquer dependência à sua própria retidão e boas obras, às quais a humanidade perdida vive tão ligada, sempre pronta a tê-las como sua esperança de salvação.

Havia mais uma coisa notável em sua visão da vida, por esse tempo. Não somente ele via em que estado de miséria *ele mesmo* estava; mas também percebia que *o mundo ao seu redor,* em geral, estava na mesma condição perdida, apesar de tanta gente professar-se cristã e de estar esperando obter a felicidade eterna. Isso ele podia ver com clareza, "como se tivesse acordado do sono ou uma nuvem tivesse sido tirada dos seus olhos". Ele percebia que a vida que estava vivendo era o caminho certo para a morte eterna, que estava à beira do abismo da eterna miséria. Ele via multidões de outras pessoas, que viviam como ele mesmo, pessoas que não eram melhores do que ele, mas que sonhavam estar seguras, como ele também havia sonhado antes. Estava plenamente persuadido, por meio de sua maneira de falar e de sua conduta, que nunca tinham sentido seu pecado e miséria, conforme agora ele sentia.

Após ter estado nessa condição por algum tempo, sensível à impossibilidade de ajudar a si mesmo por qualquer coisa que pudesse fazer, ou por qualquer força humana, ao ponto de considerar "tudo perdido mediante suas próprias tentativas", sentiu-se mais calmo; e, como ele mesmo disse, surgiu em sua mente como se tivesse sido dito audivelmente: "Há esperança, há esperança!" Diante disso, sua alma pareceu descansar, satisfazendo-se até certo ponto, embora não desfrutasse ainda de alegria para exteriorizar.

Ele não é capaz de lembrar distintamente quaisquer ideias que tivesse tido sobre Cristo, e nem pode relatar como sua alma foi aceita por Ele. Isso faz sua experiência parecer duvidosa, tornando-a, para si mesmo e para outros, menos satisfatória do que poderia ser, se ele pudesse lembrar claramente as atitudes de sua alma nesse tempo.

No entanto, essas atitudes de alma foram seguidas por grande transformação no próprio homem, de tal modo que pode ser dito com justiça que ele se tornara *outro homem*, se não mesmo um *novo homem*. Sua conversa e seu comportamento alteraram-se muito. Mesmo o mundo indiferente, não podia deixar de perguntar o que tinha acontecido, para que houvesse uma tão grande mudança em seu temperamento, em sua maneira de falar e em seu comportamento. Acima de tudo, houve uma surpreendente alteração em sua conduta em público. Agora dirigia-se aos índios com admirável fervor, quase não sabendo como parar sua interpretação. Algumas vezes, quando eu já havia concluído minha pregação e estava voltando para casa, ele demorava-se para trás, a fim de repetir e inculcar o que tinha sido dito.

Sua mudança de vida *permanece* até hoje, tanto quanto eu posso acompanhar, e ele tem uma conduta irrepreensível, embora faça agora mais de seis meses que essa mudança ocorreu. Nesse tempo, ele esteve tão exposto a *bebidas alcoólicas* como sempre, em diversos lugares onde ela é tão livre como a água corrente. Contudo, até onde me foi possível observar, ele nunca demonstrou qualquer inclinação para o álcool. Além disso, parece que tem tido boa experiência de *exercícios espirituais,* exprimindo sentimentos próprios dos conflitos e consolações de um crente autêntico. Seu coração reflete as doutrinas humilhantes de alma da graça, e nunca parece mais satisfeito do que quando ouve sobre a absoluta soberania de Deus e sobre a salvação dos pecadores através da pura graça gratuita. Ultimamente, ele tem expressado mais satisfação acerca de seu próprio estado, além de ter sido muito iluminado e ajudado em seu trabalho, de tal maneira que tem servido de grande consolo espiritual para mim.

Depois de uma cuidadosa observação de sua conversa séria e temperada, de seu temperamento cristão e de seu comportamento irrepreensível por meio ano, sem falar em sua experiência, que relatei, penso que tenho razão em pensar que ele "foi criado em Cristo Jesus para as boas obras". Seu nome é Moses Finda Fautaury. Ele tem cerca de cinquenta anos de idade, e está bem afeito com as noções e os costumes pagãos de sua gente; porém, agora é mais capaz de desmascarar tais costumes. Conforme estou persuadido, ele tem sido e continuará sendo uma bênção para os outros índios.

23 de julho. Preguei aos índios, mas com poucos ouvintes. Aqueles que ficam constantemente em suas casas, ao que parece, ultimamente estão sob alguma impressão mental de natureza religiosa.

30 de julho. Preguei a um certo número de índios, oferecendo-lhes alguns conselhos e orientações particulares. Agora estou prestes a deixá-los por algum tempo, pois quero visitar os índios de Nova Jersey. Meus ouvintes mostraram-se muito atentos ao meu sermão, desejando muito saber quando eu planejava retornar.

CROSSWEEKSUNG, NOVA JERSEY, AGOSTO DE 1745

3 de agosto. Visitei os índios dessa região no último mês de junho, tendo passado com eles bastante tempo, dirigindo-lhes a palavra quase diariamente. Em tal ocasião, Deus achou por bem derramar sobre eles o espírito de despertamento e preocupação com suas almas, e, para minha surpresa, fixaram a sua atenção sobre as verdades divinas. Agora encontrei-os em uma atitude séria e alguns deles sob profunda preocupação e interesse por Cristo. Durante a minha ausência, as convicções deles sobre sua condição pecaminosa e condenada foram muito reforçadas pelos labores do Pastor William Tennent. Eu havia recomendado aos índios que buscassem as orientações dele e frequentaram muito a sua residência enquanto estive afastado. Hoje preguei alicerçado sobre Apocalipse 22.17: "Aquele que tem sede, venha, e quem quiser receba de graça a água da vida". Contudo, não pude apresentar de modo metódico, entre eles, as verdades ali contidas.

Mas estou persuadido que o Senhor capacitou-me, de maneira um tanto incomum, a apresentar diante deles o Senhor Jesus Cristo como um Salvador bondoso e compassivo, o qual convida aos pecadores aflitos e que perecem em seus pecados, a aceitarem a sua misericórdia eterna. Logo evidenciou-se entre eles uma preocupação surpreendente por suas almas. Eram cerca de vinte adultos ao todo, e não consegui ver dois deles ao mesmo tempo que não estivessem chorando. Muitos dos índios de lugares remotos ainda não tinham tido tempo de vir, desde que retornei para cá.

Alguns deles estavam extremamente interessados, sentindo em suas almas um veemente anelo por Cristo, pois desejavam ser salvos da miséria que percebiam e temiam.

Dia do Senhor, 4 de agosto. Um ministro que mora próximo convidou-me a ajudar na administração da Ceia do Senhor. Atendi ao convite, levando comigo não somente os índios que se reuniram no dia anterior, mas muitos outros que haviam chegado desde então, a fim de ouvir-me, de tal modo que havia um total de quase cinquenta deles, idosos e jovens. Eles ouviram todas as mensagens pregadas ao longo do dia, e alguns deles, que podiam entender inglês, ficaram muito comovidos; e, ao que parece, o interesse de todos aumentou ainda mais.

Agora ia-se tornando cada vez mais visível uma mudança nas maneiras deles. À noitinha, quando vieram jantar juntos, não provaram nenhum bocado enquanto não me mandaram chamar para que eu abençoasse, com uma oração, os alimentos; então vários deles choraram, em especial quando lhes relembrei como, no passado, haviam tido suas festas em honra aos *demônios*, deixando de agradecer a Deus.

5 de agosto. Após um sermão pregado por um outro pastor, também preguei e concluí o culto público solene com algumas considerações sobre João 7.37: "Se alguém tem sede, venha a mim e beba.", dirigindo-me, no sermão, particularmente aos índios, os quais estavam sentados juntos, num

O avanço e o progresso de uma notável obra da graça
19 de junho - 5 de novembro de 1745

lado da sala. Foi quando alguns, pela primeira vez, foram profundamente tocados pela Palavra, conforme disseram-me mais tarde; e ainda outros tiveram um considerável aumento em seu interesse pelas coisas espirituais. À noite, quando quase todos tinham-se concentrado na casa onde eu estava hospedado, discursei a eles e descobri que todos estavam profundamente interessados pela condição de suas almas, indagando-me "o que deveriam fazer para serem salvos". Tudo quanto conversavam entre si girava em torno de questões religiosas, sobre as quais eram ajudados pelo meu intérprete, que não os deixava dia e noite.

Hoje, certa mulher que estava interessada por sua alma desde que me ouvira pregar, em junho passado, parece ter alcançado conforto de forma sólida e bem fundamentada. Ela parecia estar repleta de amor a Cristo; ao mesmo tempo, comportava-se de maneira humilde e terna, aparentando não temer tanto outra coisa quanto ofender e entristecer Àquele a quem a sua alma agora ama.

6 de agosto. Pela manhã dirigi a palavra aos índios. Vários deles pareceram muito tocados, mostrando-se notavelmente ternos. Bastavam algumas palavras sobre os interesses de suas almas para que chorassem livremente, com muitos soluços e gemidos.

À tarde, tendo eles voltado ao lugar onde eu usualmente pregava, dirigi-lhes outro sermão. Eram cerca de *cinquenta e cinco* pessoas, e cerca de *quarenta* deles eram capazes de assistir ao culto com entendimento. Insisti sobre o trecho de 1 João 4.10: "Nisto consiste o amor..." Eles aparentavam intenso desejo de ouvir; mas nada parecia haver de marcante, exceto a atenção que davam, até perto do final de meu sermão. Então, a verdade divina foi acompanhada por uma surpreendente influência, produzindo um notável efeito entre os índios. Não mais que *três* dentre aqueles quarenta conseguiram refrear-se de derramar lágrimas e de expressar amargos clamores.

Todos pareciam ter entrado em agonia de alma, na sua sede por Cristo. Quanto mais eu falava sobre a compaixão e o amor de Deus, o qual enviou o seu Filho para sofrer pelos pecados dos homens, e quanto mais os convidava a vir e participar de seu amor, tanto mais aumentava a agonia deles, por sentirem-se incapazes de vir. Eu me surpreendia ao perceber como seus corações pareciam traspassados pelos ternos e comoventes convites do evangelho, mesmo que nenhuma palavra aterrorizante lhes fora dita.

Hoje, duas pessoas obtiveram alívio e consolo espiritual. Quando fui conversar com elas em particular, pareceram-me sólidas, racionais e bíblicas no que diziam. Depois que investiguei qual a razão do alívio recebido, tendo dito coisas que pensei serem apropriadas para elas, perguntei-lhes o que ainda gostariam que Deus fizesse por elas. Responderam que queriam que Cristo limpasse totalmente os seus corações. Tão surpreendentes estavam sendo os feitos do Senhor, que não sou capaz de dizer sobre este dia nem mais e nem menos, senão que o *braço do Senhor* estava se *manifestando* poderosa e maravilhosamente entre os índios.

7 de agosto. Preguei aos índios, usando o texto de Isaías 53.3-10. A Palavra exerceu um tremendo efeito entre eles, mas nada comparável ao que sucedera no dia anterior, quando todos os presentes tinham sido afetados. Todavia, muitos ficaram comovidos, e outros sentiram grande aflição por causa de suas almas. Alguns não podiam ao menos ficar de pé, mas prostraram-se de bruços sobre o solo, como se os seus corações tivessem sido traspassados, rogando incessantemente por misericórdia. Diversos deles foram despertados e era notável que assim que chegavam de algum lugar remoto, o Espírito de Deus parecia injetar neles a preocupação com suas almas.

Terminado o culto, encontrei outras duas pessoas que tinham recebido certeza de salvação, sobre as quais me senti muito esperançoso. Havia uma terceira pessoa acerca da qual me era impossível não nutrir alguma esperança, embora seu caso não me parecesse tão peculiar como o caso daquelas duas. Assim, agora havia seis pessoas, ao todo, que tinham recebido alívio diante de sua agonia espiritual; dentre essas havia cinco, cuja experiência parecia bem clara e satisfatória. É digno de nota que aqueles que agora tinham recebido consolação espiritual, de modo geral tinham ficado profundamente abalados no tocante às suas almas, quando eu lhes pregara em junho passado.

8 de agosto. Preguei à tarde para os índios, cujo número agora era de cerca de *sessenta e cinco* pessoas, entre homens, mulheres e crianças. Meu sermão esteve alicerçado sobre Lucas 14.16-23, para o qual fui favorecido por uma incomum liberdade espiritual. Entre os índios houve muito interesse visível, enquanto eu discursava publicamente; mas em seguida, quando falava particularmente com um ou outro que demonstrava estar sob mais forte impressão, foi que o poder de Deus pareceu descer sobre a assembleia *"como um vento impetuoso"*, o qual, com espantosa energia, derrubava a todos à sua frente.

Fiquei admirado diante da influência espiritual que tomara conta quase que totalmente da audiência, não podendo compará-la com outra coisa senão com a força irresistível de uma poderosa torrente de uma inundação crescente, que, com seu insuportável peso e pressão, leva de roldão a tudo e a qualquer coisa em seu caminho. Quase todas as pessoas, sem importar a idade, foram envolvidas, inclinando-se sob a força da convicção, e quase ninguém foi capaz de resistir ao choque daquela surpreendente operação divina. Homens e mulheres idosos, que tinham sido viciados em álcool por muitos anos, e até algumas crianças pequenas, de não mais de seis ou sete anos, pareciam estar aflitas devido ao estado de suas almas; sem falar em pessoas de meia idade. Era evidente que aquelas crianças, pelo menos no caso de algumas delas, não estavam apenas assustadas diante do ambiente geral de apreensão, mas estavam genuinamente sensibilizadas para com o perigo que corriam, com a maldade de seus corações, com sua miséria por estarem privados de Cristo, conforme alguns deles chegaram a dizer.

Os corações mais empedernidos agora eram forçados a submeter-se. Um dos chefes entre os índios, que até então sentia-se perfeitamente seguro e justo aos seus próprios olhos, pensando que o estado de sua alma era bom, visto que sabia mais do que os outros índios sabiam, e que com grande grau de confiança dissera, no dia anterior, que "tinha sido um cristão há mais de dez anos", agora estava tomado por profunda comoção acerca de sua alma, e chorava convulsivamente. Um outro homem, de idade avançada, assassino, um *powaw* ou feiticeiro, alcoólatra muito conhecido, agora também fora levado a clamar com muitas lágrimas por misericórdia, queixando-se por não se sentir ainda mais preocupado, quando via que o seu perigo era tão grave.

Estavam quase todos orando e clamando por misericórdia por toda parte da casa, e até do lado de fora da casa, e alguns deles não podiam ao menos permanecer de pé. Estavam de tal modo preocupados consigo mesmos, que nenhum parecia prestar atenção no que ocorria ao redor, mas antes, cada qual orava espontaneamente a seu próprio favor. Parece-me que sentiam-se tão sozinhos como se cada qual estivesse no meio de um deserto. Ou, melhor ainda, acredito que sobre nada mais pensavam senão sobre si mesmos e sobre a condição de suas almas. Assim, cada qual orava à parte, embora todos estivessem fazendo isso ao mesmo tempo.

Parecia-me estar tendo cumprimento exato, diante de todos, o trecho de Zacarias 12.10-12, pois agora havia um grande clamor, "como o pranto de Hadadrimom", e que cada qual lamentava-se "à parte". Pensei que a cena muito se assemelhava ao dia do poder de Deus, mencionado em Josué 10.14; porquanto cumpre-me dizer que nunca antes vira *um dia como aquele*, sob todos os sentidos. Hoje foi um dia, estou persuadido, em que o Senhor muito fez para destruir o reino das trevas entre esse povo.

A preocupação deles, de modo geral, era extremamente racional e justa. Aqueles que estavam despertos há algum tempo, queixavam-se especialmente diante da maldade de seus *corações*; e aqueles cujo despertamento era recente, falavam da maldade de suas *vidas* e *ações*. Mas todos temiam muitíssimo a ira de Deus e que a condenação eterna fosse a parte que caberia às suas almas, por causa de seus graves pecados. E alguns dos civilizados que por curiosidade vieram ouvir o que "dizia esse tagarela" aos pobres e ignorantes índios, foram tremendamente despertados; alguns aparentemente ficaram chocados pela visão de seu estado de perdição.

O avanço e o progresso de uma notável obra da graça
19 de junho - 5 de novembro de 1745

Aqueles que ultimamente tinham recebido a certeza da salvação, eram tomados por um profundo senso de consolo. Pareciam calmos e bem equilibrados, regozijando-se somente em Jesus Cristo. Outros conduziam seus amigos aflitos pela mão, falando-lhes da bondade de Cristo, bem como do consolo que os penitentes podem receber da parte dEle; então convidavam-nos a entregar seus corações a Jesus. Pude observar alguns deles, que de maneira sincera e humilde, sem qualquer intuito de serem notados, elevavam os olhos para o alto, como que clamando por misericórdia, ao ver a agonia das pobres almas à sua volta.

Houve também hoje um notável caso de despertamento que não posso deixar de mencionar. Uma jovem índia que antes, creio eu, não sabia que tinha alma, e jamais pensara em tal coisa, ouvindo dizer que estava sucedendo algo estranho entre os índios, veio, ao que parece, somente para ver qual era a questão. A caminho, ela visitou-me brevemente em meu alojamento; e quando lhe disse que pregaria aos índios dentro de alguns instantes, ela gargalhou, parecendo querer zombar. No entanto, foi até os índios.

Eu ainda não havia avançado muito em meu sermão quando ela realmente sentiu que tinha uma alma; antes que eu terminasse, ela estava tão convencida de seu pecado e miséria, e tão aflita e preocupada com a salvação de sua alma, que pareceu ter sido atravessada por um dardo, pois clamava sem parar. Não podia andar nem ficar de pé, e nem sentada em seu lugar sem ser amparada. Terminado o culto público, ela continuou caída de bruços no solo, orando fervorosamente, não dando atenção nem resposta a qualquer pessoa que falasse com ela. Atentei ao que ela dizia, e percebi que o âmago de sua oração era, na língua indígena: *"Guttummaukalummeh wechaumeh kmeleh Nolah"*, ou seja: *"Tem misericórdia de mim, e ajuda-me a entregar-Te o meu coração"*. Ela continuou a orar assim por horas, sem interrupção. Hoje foi, deveras, um dia de surpreendente manifestação do poder de Deus, parecendo ser suficiente para convencer um ateu sobre a verdade, a importância e o poder da Palavra de Deus.

9 de agosto. Passei quase o dia inteiro com os índios. No começo, conversei particularmente com muitos deles, sobretudo com aqueles que recentemente haviam recebido a certeza da salvação, esforçando-me por averiguar com que base a tinham recebido, além de dar-lhes alguma instrução, exortação e orientação apropriados.

À tarde, discursei em público aos mesmos índios. Agora estavam presentes cerca de *setenta* pessoas, idosas e jovens. Abri a Bíblia e falei sobre a parábola do semeador, em Mateus 13. Pude pregar com grande clareza e mais tarde descobri que esse sermão foi muito instrutivo para eles. Enquanto eu pregava, houve muitas lágrimas entre eles, embora ninguém tivesse chorado em voz alta. Mas alguns mostraram-se muito comovidos diante de algumas palavras ditas com base em Mateus 11.28: "Vinde a mim todos os que estais cansados e sobrecarregados, e eu vos aliviarei", com as quais concluí meu discurso. Enquanto eu conversava, já perto da noite, com duas ou três das pessoas despertadas, uma influência divina pareceu ter assistido, de maneira poderosa, o que lhes estava sendo dito, levando-as a chorarem de angústia, embora eu não houvesse dito qualquer palavra ameaçadora, pelo contrário, apresentei-lhes a plenitude e autossuficiência dos méritos de Cristo, bem como sua disposição em salvar todos quantos viessem a Ele, compelindo-os assim a tomarem uma decisão imediata.

O clamor desses não demorou a ser ouvido por outros que estavam espalhados e logo se aproximaram. Então continuei a ressaltar o convite do evangelho, até que todos, com poucas exceções, desfizeram-se em lágrimas, demonstrando grande ansiedade por obter segurança e apego ao grande Redentor. Alguns, cujos sentimentos começaram a ser despertados no dia anterior, agora apresentavam corações profundamente tocados e quebrantados; e então pareceu que todos comoveram-se como no dia anterior. De fato, houve grande lamento entre eles, embora cada qual se lamentasse "à parte". Tão grande foi a apreensão deles que quase todos choravam e clamavam por si mesmos, como se ninguém estivesse por perto:

"Guttummauhalummeh; guttummauhalummeh", ou seja, "tem misericórdia de mim; tem misericórdia de mim". Esse era o clamor geral.

Era muito comovente ver os pobres índios, os quais, ainda outro dia, uivavam e gritavam em suas festas *idólatras* e em suas diversões de *bebedeira,* agora clamando a Deus com tanta importunação, pedindo participação com seu Filho amado! Encontrei alguns deles que, segundo esperava, tinham-se firmado nas consolações do Senhor desde a noite anterior. Esses, juntamente com outros que já haviam se decidido a seguir a Cristo, regozijavam-se pelo fato de Deus estar atuando entre outras pessoas com tão grande poder.

10 de agosto. Cavalguei até onde estavam os índios e comecei a falar mais particularmente àqueles que já haviam recebido consolo e contentamento, procurando instruí-los, orientá-los, acautelá-los e confortá-los. Mas outros, anelantes por ouvir cada palavra relacionada aos interesses espirituais, logo foram chegando, um após outro; então, quando já havia discursado aos novos convertidos por mais de meia hora, eles todos pareciam muito comovidos diante das realidades espirituais, desejando ardentemente estar com Cristo. Falei-lhes como a alma regenerada recebe perfeita pureza e pleno gozo de Cristo, imediatamente após sua separação do corpo físico, e também que *eles* serão incalculavelmente mais felizes do que durante qualquer breve período de tempo, no qual sentiram a presença de Cristo por meio da oração ou outros deveres espirituais.

Ao abrir caminho para falar-lhes sobre a ressurreição do corpo e sobre a perfeita bem-aventurança dos salvos, eu disse: "Mas talvez algum de vocês diga: Amo meu corpo tanto quanto à minha alma, e não posso tolerar a ideia que meu corpo jazerá morto, embora minha alma esteja feliz". Mas a isso prontamente responderam: *"Muttoh, muttoh"*, ou seja, "não, não", antes mesmo que eu tivesse oportunidade de prosseguir para o que pretendia dizer acerca da ressureição. Eles não davam valor a seus *corpos,* contanto que suas *almas* estivessem com Cristo. Logo, pareciam dispostos a estar ausentes do corpo para estar na presença do Senhor.

Depois de gastar algum tempo com eles, voltei-me para outros índios e falei-lhes com base em Lucas 19.10: "Porque o Filho do homem veio buscar e salvar o perdido". Tão logo comecei a falar, a ansiedade deles cresceu a tal ponto que a casa ficou cheia de pranto e gemidos. Quando insisti sobre a compaixão e os cuidados do Senhor Jesus Cristo pelos perdidos, por aqueles que estão condenados e não podem encontrar meio de escape, isso os comoveu ainda mais, aumentando sua angústia, pelo fato de não poderem achar e nem se achegarem a um Salvador tão bondoso.

Vários dos que antes começaram a ser despertados, agora sentiam-se muito aflitos diante do senso de seu pecado e desgraça. Certo homem, em particular, que nunca fora tocado, agora foi levado a sentir que "a Palavra de Deus é viva e eficaz, e mais cortante do que qualquer espada de dois gumes" (Hebreus 4.12). Seu coração parecia compungido diante da angústia, e sua preocupação era racional e bíblica, porquanto disse, a respeito de si mesmo, que "toda a maldade de minha vida passada está fresca diante de minha memória, e vejo todas as más ações que cometi anteriormente, como se tudo tivesse sido praticado ontem".

Encontrei um outro homem que recentemente encontrara alívio, depois de passar por uma premente aflição. Não pude deixar de regozijar-me e de admirar a bondade divina, naquilo que testemunhei hoje. Parece que cada sermão pregado redunda em algum bem, conduzindo alguns ao despertamento e outros à salvação. Era edificante observar a conduta dos que tinham sido salvos recentemente; enquanto alguns estavam aflitos com temor e preocupação, os recém-convertidos elevavam seus corações a Deus, intercedendo por eles.

Dia do Senhor, 11 de agosto. Preguei antes do meio-dia, usando a parábola do *Filho Pródigo*, de Lucas 15. Não notei um efeito tão extraordinário da Palavra, sobre os ouvintes, como nos dias anteriores. Um bom número de espectadores desatentos, de várias classes dentre o povo branco, estava presente. À tarde, discursei sobre uma parte do sermão de Pedro, registrado em Atos 2. No fim de meu sermão para os índios, dirigi-me aos civilizados e a verdade divina pareceu ser entregue com poder. Diversos pagãos brancos foram espiritualmente despertados e não podiam portar-se como espectadores indiferentes, mas descobriram que tinham almas assim como os índios, para serem salvas ou perderem-se. Grande interesse caiu sobre a assembleia inteira, de tal modo que este também pareceu ser um dia do poder de Deus, especialmente no fim da mensagem, mesmo que a influência exercida pela Palavra aparentemente não fosse tão poderosa como alguns dias antes.

O número de índios, velhos e jovens, agora subira para mais de *setenta*; um ou dois deles, despertaram espiritualmente hoje, embora nunca se tivessem preocupado com suas almas. Aqueles que já tinham obtido alívio e consolo e estavam dando evidências de terem experimentado uma transformação salvadora, pareciam comportar-se de maneira humilde e devota, de forma conveniente e cristã. Senti-me reanimado ao ver a sensibilidade de consciência que alguns deles manifestavam. Há um caso que não posso deixar de destacar. Percebendo uma índia muito triste pela manhã, perguntei-lhe o que a estava entristecendo; descobri que a dificuldade era que ela tinha se irado com sua criança na noite anterior, e agora estava tomada pelo temor que sua ira tivesse sido desordenada e pecaminosa. Isso a deixava de tal modo triste que antes do amanhecer ela acordara e ficara soluçando, continuando a chorar por várias horas.

14 de agosto. Passei o dia em companhia dos índios. Havia um deles que há algum tempo expulsara sua mulher, como é comum entre eles, e tinha arranjado outra companheira. Mas agora, impressionado seriamente pela Palavra, preocupava-se muito sobre essa questão em particular, parecendo plenamente convencido da maldade da prática, e estando sinceramente desejoso de saber o que Deus queria que fizesse em sua atual circunstância. Quando a lei de Deus sobre o *casamento* foi explicada e examinada a causa de tê-la mandado embora, ainda que não tenha havido motivo justo para isso, pois nunca lhe fora infiel, sendo que ela estava disposta a perdoá-lo e a viver pacificamente com ele no futuro, e que ainda insistia em ter direito de viver com ele, então afirmamos que era seu dever renunciar a mulher que tomara e receber de volta a primeira, que era a sua legítima esposa e conviver pacificamente com ela pelo resto da vida. Ele concordou pronta e alegremente. Renunciou *publicamente* à mulher que havia arranjado, prometendo viver com sua esposa e ser bondoso com ela, pelo resto de sua vida; ela também prometeu-lhe a mesma coisa. Nisso todos viram uma demonstração clara do poder da Palavra de Deus sobre os corações dos índios. Suponho que poucas semanas antes, nem o mundo inteiro poderia ter persuadido aquele homem a admitir a regra cristã neste caso.

Eu temia que esse modo de proceder fosse como pôr "vinho novo em odres velhos", e que alguns índios passariam a demonstrar preconceito contra o cristianismo, ao perceberem as demandas dele sobre suas vidas. Mas visto que o homem estava muito ansioso em resolver a questão, não foi possível adiar a solução do caso. Isso pareceu exercer um bom e não um mau efeito sobre os índios, os quais de modo geral reconheceram que as leis de Cristo a respeito do casamento são boas e justas. À tarde, preguei sobre o discurso de Pedro na casa de Cornélio, em Atos 10.34. Parece que o coração deles voltou-se afetuosamente para essa questão, embora não com a mesma intensidade vista nos dias anteriores. Eles continuaram assistindo e ouvindo a pregação, como se disso dependessem as suas vidas, e a obra do Senhor parece ainda ser promovida e propagada entre eles.

16 de agosto. Passei bastante tempo em diálogo com os índios. Uma das índias recebera a certeza da salvação após ter sofrido grande preocupação; e quando conversei com ela em particular, não pude deixar de acreditar que ela realmente fora convertida. À tarde preguei a eles em João 6.26-34. Já no fim do sermão, a Palavra fez-se sentir com considerável poder sobre a audiência, e, mais especialmente, após o culto, quando me dirigi a diversas pessoas aflitas.

Havia uma grande preocupação com as suas almas entre os índios, em especial com duas pessoas recém-despertas para seu pecado e miséria.

O avanço e o progresso de uma notável obra da graça
19 de junho - 5 de novembro de 1745

Uma delas chegou entre nós faz pouco tempo e a outra por algum tempo tem-se mostrado muito atenta e desejosa de despertamento, embora nunca tivesse percebido vividamente o seu estado de perdição. Mas agora sua preocupação e aflição espirituais eram tais que pensei que nunca vira um caso de maior premência.

Alguns homens *idosos* também afligiam-se por suas almas, a tal ponto que não conseguiam reter o choro em voz alta e seus gemidos pungentes serviam de prova convincente da realidade e profundeza de sua angústia interior. Deus está operando poderosamente entre os índios. Convicções verdadeiras e genuínas de pecado vêm à tona diariamente; e vez por outra há novos casos de despertamento; mas alguns poucos, que sentiram algum distúrbio em suas emoções, em dias passados, parecem estar agora descobrindo que seus corações jamais foram devidamente tocados.

Nunca antes eu vira a atuação divina manifestar-se de forma tão independente de "meios" como nessa oportunidade. Dirigi a palavra ao povo, falando o que supunha ser apropriado para promover a convicção de pecado; mas a maneira de Deus atuar sobre eles pareceu-me algo tão sobrenatural e desligado de instrumentos humanos, que quase não podia acreditar que Ele estivesse me usando como instrumento, ou que aquilo que estava dizendo servisse de meio para a realização da obra divina. Pois, segundo pensei, parecia não haver qualquer conexão ou dependência de meios, em nenhum sentido. Embora eu não pudesse evitar o uso de meios que achava serem apropriados para a promoção da obra, contudo, segundo percebi, Deus parecia atuar inteiramente à parte de quaisquer meios. Parecia que eu não precisava fazer coisa alguma, senão "aquietar-me e ver a salvação de Deus". Assim vi-me forçado e deleitado em dizer: "Não a nós", como instrumentos e meios, "mas ao teu nome dá glória" (Salmo 115.1). Deus parecia operar inteiramente sozinho, e eu não podia encontrar espaço para atribuir qualquer aspecto da obra a atuação de meras criaturas.

17 de agosto. Passei bastante tempo conversando com os índios. Descobri um deles que há pouco recebera a certeza da salvação, após um longo período de tribulação e aflição espiritual. Ele tinha sido meu ouvinte por mais de um ano em Forks of Delaware, mas agora seguira-me até aqui, por achar-se tão preocupado com o bem-estar de sua alma. E eu tinha razões abundantes para acreditar que a sua certeza de salvação estava bem fundamentada, procedendo realmente do alto.

Dia do Senhor, 18 de agosto. Preguei antes do meio-dia a uma assembleia mista de brancos, de diversas denominações evangélicas. Depois preguei aos índios, com base em João 6.35-40. Entre eles era visível que o Espírito estava atuando, embora não com a mesma intensidade tão frequente nos últimos dias.

19 de agosto. Preguei sobre Isaías 55.1, que diz: "Ah! Todos vós os que tendes sede ..." A verdade divina fez-se acompanhar por poder sobre os que tinham recebido a certeza da salvação e também sobre outros. Os primeiros emocionaram-se ternamente e refrigeraram-se diante dos convites divinos; e os últimos muitos sentiram por suas almas, desejando participar das gloriosas provisões do evangelho expostas a eles. Também havia um bom número de pobres almas impotentes que esperava "à beira do tanque" por sua cura; como em outras ocasiões recentes, o anjo pareceu ter vindo agitar as águas, de tal maneira que ainda houve uma desejável e consoladora expectativa de recuperação espiritual por parte de pecadores que pereciam.

24 de agosto. Passei a manhã conversando com alguns dos índios no tocante à sua pública profissão de fé em Cristo. Vários deles pareceram ficar cheios de amor a Deus, deleitados diante da ideia de dedicarem-se a Ele, emocionados e refrigerados diante da esperança de usufruir de companheirismo com o bendito Redentor. Depois, preguei publicamente, alicerçado em 1 Tessalonicenses 4.13-17. Houve uma solene atenção por parte deles, alguns visivelmente emocionados durante o culto; isso intensificou-se mais tarde, quando lhes foram feitas novas exortações para que viessem a Cristo, dando-Lhe as suas vidas, a fim de que estivessem preparados para "o encontro do Senhor nos ares", quando Ele "ouvida a voz do arcanjo, e ressoada a trombeta de Deus, descerá dos céus".

Chegaram recentemente alguns índios que se julgavam em boas condições espirituais e satisfeitos consigo mesmos por terem vivido com pessoas brancas, recebendo alguma luz do evangelho, aprendido a ler e a mostrarem-se civis, embora desconhecessem por completo seus próprios corações e fossem totalmente alheios ao poder da religião e às doutrinas da graça. Pude conversar particularmente com esses, terminado o culto, e surpreendeu-me notar a sua disposição de justiça própria, o seu forte apego ao pacto das obras como motivo de salvação e o alto valor que emprestavam às suas supostas realizações pessoais. Não obstante, após muito diálogo, um deles pareceu até certo ponto convencido de que "ninguém será justificado diante dele por obras da lei". Então chorou amargamente, indagando "o que deveria fazer para ser salvo".

Isto foi muito reconfortante para outros índios que ganharam algum conhecimento prático de seus próprios corações. Estes haviam se entristecido anteriormente diante das palavras e da conduta daqueles recém-chegados, que se jactavam de seu conhecimento, julgando-se em boa situação espiritual, mas que agora tornavam evidente, a qualquer que tivesse experimentado a graça divina que, na verdade, nada conheciam sobre a maldade de seus próprios corações.

Dia do Senhor, 25 de agosto. Antes do meio-dia, preguei alicerçado em Lucas 15.3-7. Estavam presentes alguns civilizados, e no final de meu sermão dirigido aos indígenas, dirigi-me àqueles. Mas nem ao menos consegui mantê-los em boa ordem, pois dezenas deles continuavam andando ao redor, olhando para tudo, comportando-se da maneira mais indecente do que eu já vira entre quaisquer índios que já encontrara. Vendo a conduta tão abusiva deles, meu espírito afundou-se e quase não consegui prosseguir em meu trabalho.

À tarde preguei em Apocalipse 3.20. Então *quinze* índios fizeram sua profissão pública de fé. Depois que a multidão de espectadores se dispersou, convoquei os índios e lhes falei em particular e, ao mesmo tempo, convidei outros índios a assistirem. Relembrei-lhes que agora estavam sob a solene obrigação de viver para Deus. Também adverti-os sobre os males e as temíveis consequências de uma conduta descuidada, sobretudo depois de terem feito profissão de fé em Cristo; ofereci-lhes orientações para sua conduta futura e encorajei-os à vigilância e à devoção, exibindo diante deles o consolo e a feliz conclusão da vida cristã piedosa.

Realmente foi um período agradável e doce. Seus corações estavam muito animados e engajados na realização de seus deveres; regozijavam-se no fato que numa cerimônia pública e solene haviam se dedicado a Deus. O amor parecia reinar entre eles! Deram-se as mãos com ternura e afeto, como se os seus corações estivessem fundidos uns aos outros, enquanto eu lhes dirigia a Palavra de Deus. O comportamento deles uns para com os outros era tal que qualquer espectador sério sentir-se-ia impelido a clamar, de pura admiração: "Vede como eles se amam". Muitos outros índios, ao contemplarem e ouvirem essas coisas, ficavam arrebatados, chorando muito, anelando por participar da mesma alegria e consolo que aqueles índios haviam descoberto, conforme transparecia em suas fisionomias e em toda a sua conduta.

26 de agosto. Utilizando João 6.51-55, preguei à minha gente. Após falar por algum tempo, dirige-me especificamente àqueles que tinham esperança de que haviam passado da morte para a vida. Esclareci-lhes sobre a natureza duradoura do consolo que Cristo concede ao seu povo, o que, como creio, Ele havia proporcionado a alguns naquela assembleia; mostrei-lhes que esses já possuem os primórdios da vida eterna e que em breve seriam levados para o céu.

Nem bem iniciei meu discurso sobre essa questão e eis que meus queridos crentes começaram a emocionar-se muito, desejando desfrutar de Cristo e de um estado de perfeita pureza. Eles choravam afetuosamente, mas com alegria; suas lágrimas e soluços mostravam o quão quebrantados estavam no coração, mas tudo devidamente acompanhado por real consolo e doçura de sentimentos. Foi uma reunião terna, afetuosa, humilde e agradável, parecendo um fruto genuíno do espírito de adoção, muito distante daquele espírito de escravidão sob o qual viviam

O avanço e o progresso de uma notável obra da graça
19 de junho - 5 de novembro de 1745

não faz muito tempo. Parece que uma influência benéfica propagou-se, a partir desses, por toda a assembleia reunida; logo manifestaram-se fortes sentimentos entre eles. Muitos deles, que ainda não haviam achado Cristo como seu todo-suficiente Salvador, para minha surpresa começaram a buscá-Lo ativamente. Era uma congregação amável e muito atenta. Agora, o número de índios era cerca de *noventa e cinco,* incluindo pessoas de idade e jovens, quase todos tomados pela alegria em Cristo Jesus, ou então resolvidos a obter união espiritual com Ele.

Estando convencido de que era meu dever, fiz uma viagem de volta aos índios do Rio Susquehanna, pois era uma estação própria do ano para encontrá-los em suas cabanas. Depois de passar algumas horas pregando e em conversa particular com meus índios, disse-lhes que eu precisava afastar-me deles por algum tempo, para dirigir-me a seus irmãos que viviam em lugares distantes, a fim de pregar para eles. Também manifestei que desejava que o Espírito de Deus fosse comigo, pois sem Ele nada poderia ser feito de bom entre os índios - pois eles mesmos tinham tido oportunidade de ver e observar, mediante a esterilidade de algumas de nossas reuniões, quando muito nos esforçáramos por conseguir afetar e despertar os pecadores, mas com tão pouco sucesso. Perguntei se estariam dispostos a passar o resto do dia em oração por mim, a fim de que Deus fosse comigo, conferindo êxito em meus esforços tendentes à conversão daquelas pobres almas. Concordaram alegremente com meu pedido e pouco depois os deixei, quando o sol já tinha surgido no horizonte há cerca de hora e meia. Eles continuaram orando até bem depois do crepúsculo, sem jamais perderem a fé, segundo depois me disseram, pois, ao saírem ao ar livre, viram as estrelas, e também que a estrela da manhã já ia bem alta, o que significa que a hora normal de deitarem já tinha passado há muito. Assim, intensos e incansáveis, mostravam-se os índios em suas devoções! Aquela foi uma noite memorável. Conforme disse-me o meu intérprete, houve uma poderosa influência divina sobre aqueles que estavam favoravelmente impressionados e sobre aqueles que já haviam recebido a certeza da salvação.

Hoje apareceram duas almas aflitas que chegaram a receber descanso da parte dAquele que dá alívio aos sobrecarregados. Foi igualmente notável que hoje um idoso índio, idólatra durante toda sua vida, resolveu entregar o seu chocalho - instrumento usado para fazer música em festas e danças idólatras - a outros índios, os quais prontamente o destruíram. Isso foi feito sem qualquer intervenção da minha parte, porquanto eu nada disse ao índio sobre o instrumento; ao que parece tudo deve ser atribuído ao poder de Deus, sem qualquer palavra minha sobre esse pecado, que pudesse produzir tal efeito. Assim como Deus dera início à obra de sua graça entre os índios, Ele a estava completando. Que toda a glória seja atribuída Àquele que é o único autor da glória.

FORKS OF DELAWARE, PENSILVÂNIA, SETEMBRO DE 1745

Dia do Senhor, 1º de setembro. Preguei aos índios baseado em Lucas 11.16-23. Ao que parece, a Palavra foi acompanhada por algum poder espiritual, fazendo algumas lágrimas serem derramadas pelos presentes. Depois, preguei a algumas pessoas brancas e pude notar que muitos tinham olhos lacrimejantes; entre esses alguns que talvez antes haviam se mostrado tão descuidados e descompromissados sobre assuntos religiosos como os índios. Já quase ao anoitecer, preguei novamente aos índios e percebi entre eles grande atenção e mais interesse visível do que eu costumava ver nesta região.

5 de setembro. Preguei sobre a parábola do semeador. Depois conversei em particular com algumas pessoas; isso fê-las derramar lágrimas, chorando com evidente sentimento, e outras foram assaltadas pela surpresa e temor. Não duvido que o poder divino acompanhou o que eu disse. Vários deles tinham-me ouvido em Crossweeksung, onde viram, e alguns talvez sentiram, o poder da Palavra de Deus de maneira a afetá-las e salvá-las.

Perguntei de uma delas, que já recebera a certeza da salvação e agora dava provas de conversão autêntica: "Por que você chorou?" Ela respondeu: "Quando pensei como Cristo foi morto como um cordeiro, derramando o seu sangue pelos pecadores, não pude evitar as lágrimas quando estava sozinho". Então irrompeu novamente em choro convulsivo. Indaguei da esposa dele, que também recebera certeza de salvação, por que ela havia chorado. Ela respondeu-me que entristecia-se por que os índios *desta região* não queriam vir a Cristo, tanto quanto aqueles de Crossweeksung. Perguntei-lhe se gostaria de orar por eles, e se Cristo parecia *estar perto dela ultimamente*, em oração, tal como em tempos passados, o que normalmente é minha maneira de exprimir o senso da presença divina. Ela respondeu: "Sim, Ele tem estado perto de mim. Às vezes, quando estive orando sozinha, meu coração muito me impelia a orar, de tal maneira que não conseguia afastar-me do lugar, mas preferia ficar e continuar orando".

Dia do Senhor, 8 de setembro. Preguei aos índios à tarde, alicerçado em Atos 2.36-39. Havia momentos em que a Palavra de Deus parecia cair com peso e influência sobre os ouvintes. Havia poucas pessoas presentes; quase todas choravam e algumas clamavam a Deus, pedindo misericórdia por suas almas. Um dos homens parecia especialmente aflito, embora nunca antes tivesse sentido qualquer interesse pelas realidades da alma. Houve uma obra notável do Espírito Santo entre todos, semelhante ao que sucedera ultimamente em Crossweeksung. Era como se a influência divina tivesse vindo daquele lugar para este, ainda que algo assim já tivesse ocorrido aqui, com o despertamento de meu intérprete, de sua esposa e de alguns outros índios.

Diversos civilizados foram despertados, ou, pelo menos, ficaram chocados, ao contemplarem o poder de Deus, tão prevalente entre os índios. Aproveitando a oportunidade, dirigi-me especificamente aos brancos, parecendo ter deixado neles alguma impressão, incitando-lhes a alguns sentimentos.

Nesta região há índios que sempre se recusaram a ouvir-me pregar, irando-se contra aqueles que frequentavam as reuniões. Ultimamente, porém, eles têm-se mostrado mais amargos do que nunca, escarnecendo do cristianismo e, às vezes, indagando de meus ouvintes: "Quantas vezes vocês choraram?" ou "Vocês já choraram o bastante para cumprir o seu turno?" Assim, os fiéis já experimentaram a prova de cruéis zombarias.

9 de setembro. Deixei os índios de Forks of Delaware e parti na direção do Rio Susquehanna, dirigindo meus passos à grande aldeia indígena que fica cerca de duzentos quilômetros para oeste de Forks of Delaware. Percorri cerca de vinte e quatro quilômetros e então me alojei.

SHAUMOKING, SETEMBRO DE 1745

13 de setembro. Depois de ter acampado por três noites, cheguei ao meu destino, a aldeia índia às margens do Rio Susquehanna, chamada *Shaumoking*, o maior de todos os lugares que tinha visitado em maio passado. Fui bondosamente recebido e hospedado pelos índios; mas tive pouca satisfação por causa da dança pagã e do festim que eles efetuaram na casa onde fora constrangido a hospedar-me. Não consegui detê-los, embora por várias vezes os tivesse exortado a desistir, em razão de um de seus amigos estar enfermo na casa na ocasião, e cujo mal-estar era muito agravado pelo barulho. Infelizmente, quão destituídos de afeto natural são aqueles pobres e incivilizados pagãos! Embora, noutras ocasiões, mostrem-se bondosos à sua própria maneira. Na verdade, os antros escuros da terra estão cheios de habitações da crueldade.

Esta aldeia, conforme anotei em meu diário em maio passado, está, em parte, à margem oriental do rio e, em parte, à outra margem, e ainda outra parte na grande ilha, contendo mais de cinquenta casas, com quase trezentos habitantes, embora eu nunca tivesse visto mais do que a metade deles. Fazem parte de três tribos indígenas diferentes e falam três idiomas totalmente ininteligíveis entre si. Cerca de metade deles pertence à tribo dos *Delawares;* os demais pertencem às tribos dos *Senekas* e dos *Tutelas*. São considerados os mais alcoólatras, maléficos e bandidos que há nesta região; Satanás parece ter seu trono nesta aldeia, de maneira notória.

14 de setembro. Visitei o chefe dos índios Delawares, que supostamente estava à beira da morte quando estive aqui em maio passado, mas que agora estava recuperado. Conversei com ele e com outros acerca do cristianismo durante toda a tarde. Encorajei-me sobre o trabalho entre eles mais do que esperava. O chefe pareceu bondosamente disposto, aberto para receber instrução. Isso me animou sobre a perspectiva de Deus abrir uma porta para a pregação do evangelho, estabelecendo o seu reino neste lugar. Isso serviu-me de sustento e refrigério, conferindo-me certa medida de consolo e satisfação em meio às minhas circunstâncias de solidão.

Dia do Senhor, 15 de setembro. Visitei novamente o chefe dos índios Delawares e fui gentilmente recebido. Preguei aos índios à tarde. Continuava entretendo esperanças que Deus abriria seus corações para receberem o evangelho, embora muitos estivessem tão embriagados, dia após dia, que não conseguia uma oportunidade para lhes dirigir a Palavra de Deus. Quando já anoitecia, conversei com um deles que conhecia os idiomas das *Seis Nações,* como essas tribos são conhecidas. Esse homem, segundo descobri, inclinava-se a ouvir o cristianismo, o que me deu alguma esperança de que o evangelho, doravante, seria levado a tribos em lugares ainda mais distantes.

16 de setembro. Passei a manhã esforçando-me por instruí-los de casa em casa, procurando torná-los amigáveis para com o cristianismo, tanto quanto estivesse ao meu alcance. Já perto da noite, dirigi-me a certa parte da aldeia onde os índios estavam sóbrios, consegui reunir cerca de cinquenta deles e anunciei-lhes o evangelho, tendo primeiro obtido o cordial consentimento do chefe indígena. Notei uma surpreendente atenção e eles manifestaram o considerável desejo de continuar recebendo instrução. Também parece que dois ou três manifestaram alguma preocupação com suas almas, os quais também pareceram satisfeitos com uma conversa em particular, depois de eu haver concluído meu sermão.

Muito me animei com o rumo que as coisas estavam tomando e não pude fazer outra coisa ao retornar a meus pobres alojamentos, sem outra companhia além do meu intérprete, senão regozijar-me na esperança que Deus resolvera estabelecer aqui o seu reino, onde até agora Satanás reina da maneira mais clara possível; percebi grande liberdade de espírito ao dirigir-me ao trono da graça, rogando pela realização de obra tão grande e gloriosa.

17 de setembro. Passei a manhã visitando os índios e falando-lhes sobre o evangelho. Cerca do meio-dia parti de Shaumoking (a maioria dos índios saíra da aldeia para caçar), e jornadeei rio abaixo na direção sudoeste.

JUNCAUTA, SETEMBRO DE 1745

19 de setembro. Visitei uma aldeia indígena de nome *Juncauta,* situada numa das ilhas do Rio Susquehanna. Fiquei muito desencorajado diante do temperamento e da conduta dos índios dali; embora parecessem amigáveis quando estivera com eles na primavera anterior, tendo me encorajado a voltar a vê-los. Mas agora pareciam resolvidos a reter suas noções pagãs e a persistir em suas práticas idólatras.

20 de setembro. Visitei de novo os índios da ilha de Juncauta e encontrei-os quase todos muito ocupados em preparativos para um grande sacrifício com danças. Não consegui reuni-los para falar-lhes sobre o cristianismo, por estarem muito ocupados com seus sacrifícios. Meu ânimo baixou muito diante de tão desencorajadora perspectiva, sobretudo porque hoje tinha como intérprete apenas um pagão tão idólatra quanto os outros, e que, além disso, não falava nem entendia a língua daqueles índios. Eu estava sob a pior desvantagem imaginável. Tentei conversar com alguns deles sem qualquer sinal de sucesso; ainda assim demorei-me entre eles por algum tempo.

À noitinha, reuniram-se, quase cem deles, e dançaram ao redor de uma grande fogueira, tendo preparado dez veados cevados para o sacrifício. Enquanto dançavam, queimaram a gordura dos animais, o que algumas vezes fazia as chamas elevarem-se a prodigiosa altura; e, ao mesmo tempo, uivavam e gritavam de tal modo que facilmente seriam ouvidos a três quilômetros de distância. A dança sacrificial prosseguiu por quase toda a noite; então, comeram a carne dos animais sacrificados e cada um retirou--se para o seu próprio alojamento.

Eu estava ali a contragosto. Era o único crente na ilha, em meio a um festim idólatra. Tendo andado para lá e para cá até que meu corpo e minha mente doíam sob a opressão moral, finalmente entrei em um pequeno paiol de milho e adormeci sobre as varas que formavam uma espécie de soalho.

Dia do Senhor, 21 de setembro. Passei o dia na ilha. Assim que os índios despertaram, esforcei-me em reuni-los para instrução. Porém, logo descobri que eles tinham alguma outra coisa para fazer, pois perto do meio--dia reuniram todos os seus *powaws* ou feiticeiros, e cerca de meia dúzia deles, ao iniciar os seus artifícios, começaram a atuar com suas posturas frenéticas e distorcidas, a fim de descobrir por que eles gozavam de tão pouca saúde na ilha, pois vários se sentiam adoentados com febre e fluxo de sangue. Nesse exercício ocuparam-se por diversas horas, fazendo todos os movimentos exagerados, ridículos e distorcidos que possam ser imaginados, algumas vezes cantando, outras vezes berrando, ou outras vezes estendendo os braços ao máximo de seu alcance, separando bem os dedos, parecendo empurrar com eles alguma coisa, como se intencionassem afastar algo, ou pelo menos mantê-lo à distância. De outras vezes esmurravam seus rostos com o punho e então borrifavam água fina como névoa. Ou então sentavam-se e inclinavam a cabeça até encostá-la no chão, contorcendo os lados do corpo como se estivessem em dores e angústia, fazendo caretas, revirando os olhos, grunhindo, bufando, etc.

Suas posturas monstruosas tendiam por provocar ideias de horror, parecendo haver algo neles peculiarmente apropriado para evocar os demônios, se estes pudessem ser evocados por qualquer coisa estranha, ridícula e assustadora. Observei que alguns deles eram muito mais fervorosos e devotos no que faziam do que os demais, parecendo entoar, chilrear ou sussurrar com grande ardor e intensidade, como se estivessem resolvidos a despertar e atrair os poderes inferiores. Eu estava sentado a pequena distância, não mais de dez metros deles, embora sem ser notado; de Bíblia na mão, se possível resolvido a estragar a brincadeira deles, impedindo que recebessem qualquer resposta vinda do mundo infernal; dali contemplava a cena inteira. Continuaram na prática de seus encantamentos e feitiços horrendos por mais de três horas, até ficarem todos exaustos, embora tivesse havido alguns momentos de descanso; e, finalmente, dispersaram-se sem haverem recebido qualquer resposta, conforme pude entender.

Depois de toda aquela conjuração, procurei conversar com eles a respeito do cristianismo; mas logo dispersaram-se, não me dando qualquer oportunidade. Ao recordar estas coisas, estando eu totalmente sozinho na floresta, destituído da companhia de qualquer pessoa que ao menos se chamasse cristã, meu espírito muito se abateu; minha mente entrou num estado de profunda melancolia, quase arrancando de mim toda resolução e esperança acerca de novas tentativas de propagar o evangelho e converter os pagãos. Foi o mais opressivo e desagradável domingo que já passei.

Mas, digo com certeza, nada me abateu e afligiu tanto quanto a perda de minha esperança acerca da conversão daqueles índios. Essa preocupação pareceu-me tão intensa, e ser de minha total responsabilidade, que era como se eu nada mais houvesse a fazer na terra se isto falhasse. Qualquer perspectiva de maior êxito, na conversão e salvação de almas sob a luz do evangelho, pouco ou nada teria conseguido fazer para compensar pela perda de minhas esperanças a esse respeito; meu espírito estava agora tão decaído e aflito que não me restavam nem coragem e nem forças para fazer qualquer nova tentativa de evangelizá-los; e não via a possibilidade de recuperar minha esperança, determinação e coragem, ainda que muito me esforçasse.

Muitos dos índios desta ilha podem entender consideravelmente em língua inglesa; pois antes tinham vivido em certas regiões de Maryland, entre ou perto de pessoas brancas; mas são muito viciados no álcool, perigosos e profanos, embora não tão selvagens quanto aqueles que possuem menos conhecimento do inglês. Seus costumes diferem em vários pontos dos costumes de outros índios deste rio. Não sepultam os seus mortos à maneira usual, mas deixam que suas carnes se consumam, acima do chão, em armações feitas de varas para esse propósito. Após um ano, ou mais, quando a carne de um cadáver já se consumiu toda, eles tomam os ossos e, depois de lavá-los e raspá-los, sepultam-nos com cerimônia. Seus métodos de encantamento ou conjuração sobre os enfermos também parecem um tanto diferentes do que os de outros índios, ainda que, no fundo, signifique a mesma coisa. O quadro que prevalece entre esses e outros índios parece ser uma imitação daquilo que foi expresso por Naamã, em 2 Reis 5.11, como o costume dos antigos pagãos. Parece também consistir em "mover a mão" acima dos enfermos, alisando-os repetidamente e "invocar os seus deuses"; exceto apenas que os índios sopram água pela boca como se fosse uma névoa fina, e possuem algumas cerimônias frenéticas, comuns a outras conjurações já mencionadas.

Quando estive nesta região, em maio passado, pude conhecer muitas das noções e costumes dos índios, e observei um bom número de suas práticas. Então viajei mais de duzentos quilômetros ao longo do rio, até acima do território de ocupação inglesa. Nessa viagem, ocupei-me com pessoas de sete ou oito tribos distintas, que falavam diferentes idiomas. Mas, de todas as cenas que já vi entre eles, ou mesmo em qualquer outro lugar, nenhuma me pareceu tão assustadora, ou tão similar àquilo que usualmente se imagina como próprio dos *poderes infernais*, nada excitou tantas imagens de terror em minha mente como a aparência de um deles, que era um reformador devoto e zeloso, ou antes, restaurador do que ele supunha ser a antiga religião dos índios. Ele fez seu aparecimento em suas *vestes pontifícias*, uma capa de pele de urso, que descia até seus artelhos, um par de meias compridas de pele de urso e uma grande face de madeira pintada, metade negra e a outra metade da cor da tez de um índio, com uma boca extravagante, cortada muito torta. Essa face estava costurada a um capuz de pele de urso, que ele usava sobre a cabeça. Ele avançou em minha direção com um instrumento na mão, o qual usava para fazer música na sua adoração idólatra. Era um casco seco de tartaruga, com alguns grãos de milho no interior. Na parte do pescoço havia uma peça de madeira, que servia de cabo bem conveniente.

Enquanto avançava, fazia o seu chocalho marcar o ritmo e dançava com todas as suas forças, sem permitir que qualquer parte de seu corpo fosse vista, nem mesmo os seus dedos. Ninguém poderia imaginar, com base em sua aparência ou suas ações, que fosse uma criatura humana, a não ser que tivesse sido informado. Quando chegou perto de mim, não pude evitar de retroceder diante dele, embora fosse pleno meio-dia e eu soubesse quem era; sua aparência e seus gestos eram prodigiosamente assustadores. Ele tinha uma casa consagrada a usos religiosos, com diversas imagens espalhadas no seu interior. Entrei ali e vi que o chão era batido, quase tão duro quanto a rocha, porque era onde os índios dançavam com frequência.

Falei com ele a respeito do cristianismo. Ele pareceu apreciar parte do meu discurso, mas de outra parte desgostou em extremo. Disse-me que "Deus" lhe ensinara a sua religião e que jamais a abandonaria; antes, gostaria de encontrar quem se associasse a ele, de todo o coração, nessa religião; pois os índios, segundo ele disse, tinham-se tornado muito degenerados e corruptos. Contou-me que estava pensando em deixar todos os seus amigos a fim de viajar para longe, na tentativa de achar alguns que se associassem a ele, pois acreditava que "Deus" tinha algumas pessoas boas, em algum lugar, que sentiam o mesmo que ele. Nem sempre se sentira como estava se sentindo agora, disse ele, mas anteriormente fora como o resto dos índios, até cerca de quatro ou cinco anos atrás. Naquele tempo seu coração estava muito aflito, de tal modo que não pudera continuar vivendo entre os índios, então retirou-se para a floresta, vivendo sozinho por alguns meses.

Finalmente, disse ainda, "Deus" consolou o seu coração, mostrando-lhe o que deveria fazer. Desde então, ele conhecia a "Deus" e procurava servi-lo. Amava a todos os homens, fossem eles quem fossem, como nunca o fizera antes. Ele me tratou de forma muito cortês, parecendo sincero no que fazia. Outros índios me informaram que ele se opunha ao alcoolismo deles, com todas as suas forças, dizendo-lhes que se não pudesse dissuadi-los disso com todos os seus argumentos, ele os deixaria para ir chorar na floresta. Era claro que ele tinha uma série de noções religiosas que examinara pessoalmente e que não foram aceitas automaticamente, com base em meras tradições. Aceitava ou repelia qualquer coisa de natureza religiosa que lhe fosse dita, conforme isso concordasse ou discordasse de seu próprio padrão. Enquanto eu falava, ele algumas vezes interrompia: "Bem, disso eu gosto; 'Deus' me ensinou assim". Alguns de seus sentimentos pareciam perfeitamente justos. Todavia, ele negava enfaticamente a existência do diabo, afirmando que tal criatura não era conhecida entre os índios antigos, cuja religião ele supunha estar procurando reviver.

Também disse-me que as almas dos mortos vão na direção do sul, sendo que a diferença entre os bons e os maus é que os bons são admitidos numa cidade com lindas muralhas espirituais, e os maus ficam para sempre pairando ao redor dessas muralhas, na tentativa vã de conseguirem entrar. Ele parecia sincero, honesto e consciente à sua maneira e de acordo com as suas noções religiosas pessoais. Isto era mais do que eu já vira em qualquer outro pagão. Percebi que ele era olhado com suspeita e escarnecido pelos outros índios, como um *zelote fanático*, que ficava brigando em vão por motivos religiosos. Porém, sou forçado a reconhecer que havia algo, em seu temperamento e disposição, que se parecia mais com uma religião racional do que qualquer outra coisa que já observei entre outros pagãos.

Infelizmente, porém, quão deplorável é o estado dos índios que moram ao longo desse rio! A breve exposição aqui feita, sobre as noções e costumes dos índios, é suficiente para mostrar que eles são "levados cativos por Satanás, para cumprirem a sua vontade", da maneira mais intensa. Penso que isso também é o bastante para despertar a compaixão dos filhos de Deus, levando-os a orar por esses seus semelhantes, os quais estão "sentados na região da sombra da morte".

22 de setembro. Fiz mais algumas tentativas para instruir e cristianizar os índios que vivem nesta ilha, mas foi tudo em vão. Vivem tão perto dos brancos que estão sempre rodeados de bebida alcoólica, bem como de maus exemplos de cristãos nominais. Isso dificulta imensamente falar com eles a respeito do cristianismo.

FORKS OF DELAWARE, OUTUBRO DE 1745

1º de outubro. Preguei aos índios deste lugar, passando algum tempo em conversa particular com eles, acerca dos interesses de suas almas e, depois, convidei-os a me acompanharem até Crossweeksung; ou, caso não me pudessem acompanhar, que fossem até lá o mais breve possível; vários deles aceitaram alegremente o convite.

CROSSWEEKSUNG, OUTUBRO DE 1745

5 de outubro. Preguei à minha gente com base em João 14.1-6. A presença divina parecia estar na assembleia. Várias pessoas ficaram emocionadas com a verdade divina, que serviu de conforto especialmente para algumas delas. Oh, que diferença entre esses e os índios com quem lidei ainda recentemente, no Rio Susquehanna! Estar com os outros, parecia o mesmo que ter sido banido para longe de Deus e de todo o seu povo. Mas estar na companhia destes é como ser admitido na família de Deus e no gozo de sua presença divina! Quão grande é a mudança efetuada ultimamente entre um bom número destes índios, os quais, não faz ainda muitos meses, eram totalmente indiferentes ao cristianismo como aqueles do Rio Susquehanna; e quão extraordinária é a graça divina, que efetuou tão grande mudança!

Dia do Senhor, 6 de outubro. Preguei pela manhã usando o trecho de João 10.7-11. Houve considerável comoção entre a minha gente; os queridos jovens cristãos foram refrigerados, consolados e fortalecidos;

e novamente uma ou duas pessoas foram despertadas. À tarde, discorri sobre a história do carcereiro, em Atos 16 e, à noitinha, fiz a exposição de Atos 20.1-12. Houve, então, um agradável quebrantamento por toda a assembleia. Penso que dificilmente vira algo semelhante entre todos os meus ouvintes. Praticamente não houve olhos sem lágrimas entre eles; mas nada houve de tumultuoso ou impróprio, nem qualquer coisa que tendesse a perturbar o culto público; mas sim a encorajar e estimular o fervor cristão e o espírito de devoção. Aqueles sobre os quais tenho razão de pensar que foram renovados pela salvação foram os primeiros a serem comovidos, parecendo muito se regozijarem, porém com grande contrição e temor piedoso. As manifestações eram similares àquelas que mencionei em meu diário a 26 de agosto, parecendo serem os efeitos genuínos do espírito de adoção.

Terminado o culto público, retirei-me, estando muito cansado devido às labutas do dia; mas os índios continuaram orando juntos por cerca de duas horas; esse contínuo exercício espiritual parecia acompanhado pela bendita influência vivificadora do alto. Não pude deixar de desejar ardentemente que muitos do povo de Deus tivessem estado presentes, para contemplarem e ouvirem estas coisas, as quais, tenho certeza que haveriam de refrigerar o coração de todo verdadeiro amante de Sião. Ver aqueles que há pouco eram pagãos selvagens e idólatras, sem qualquer esperança e sem Deus no mundo, agora tomados pelo senso do amor e da graça divina, adorando ao Pai em espírito e em verdade, conforme vi fazerem aqui muitos índios, não foi coisa pouco comovente; especialmente ao vê-los tão ternos e humildes, bem como vívidos, fervorosos e devotos no culto.

25 de outubro. Falei a minha gente, acerca da ressurreição, usando o trecho de Lucas 20.27-36. Quando mencionei a bem-aventurança que os piedosos gozarão naquela ocasião; como estarão livres da morte, do pecado e da tristeza; como serão iguais aos anjos em sua proximidade e aprazimento de Cristo, do que já são favorecidos em parte desde agora, de onde procede o seu mais doce consolo; e como filhos de Deus, abertamente reconhecidos por Ele como tais, vários deles ficaram muito compungidos e enternecidos na antecipação desse estado bendito.

26 de outubro. Tendo sido convidado a ajudar na administração da Ceia do Senhor em uma congregação das vizinhanças, convidei minha gente a ir comigo. Geralmente, os índios tiram proveito dessas oportunidades com alegria. Assistiram as palestras dessa solenidade com diligência e afeto, sendo que, agora, a maioria deles entende um pouco do idioma inglês.

Dia do Senhor, 27 de outubro. Enquanto pregava a uma vasta assembleia de pessoas vindas de lugares distantes, as quais pareciam, de uma maneira geral, tranquilas e sossegadas, houve uma índia visitante, que nunca me ouvira pregar nem antes havia dado atenção a assuntos religiosos, que sendo agora persuadida por alguns amigos a vir à reunião, mesmo contra sua vontade foi tomada por profunda preocupação por sua alma. Logo depois expressou um grande desejo de voltar para casa, que distava cerca de sessenta e cinco quilômetros, a fim de chamar seu marido para que ele também fosse despertado acerca de sua alma. Alguns dos outros índios também pareceram tocados pela verdade divina neste dia.

Os ingleses piedosos, com os quais pude dialogar em bom número, pareceram revigorados ao contemplar os índios adorando a Deus daquela maneira devota e solene, junto com a assembleia dos crentes. E à semelhança daqueles que são mencionados em Atos 11.18, não puderam deixar de glorificar ao Senhor, dizendo: "Logo, também aos gentios foi por Deus concedido o arrependimento para vida".

28 de outubro. Preguei baseado em Mateus 22.1-13. Fui capacitado a expor as Escrituras de uma maneira que não compreendo, adaptando minha linguagem ao nível de entendimento da minha gente, de forma clara, fácil e familiar, e sem qualquer dificuldade maior, muito além do melhor que poderia ter feito, através de muito estudo. Sim, com tanta liberdade como se eu me dirigisse a uma audiência comum, que já tivesse sido instruída nas doutrinas do cristianismo por toda a sua vida.

A Palavra de Deus, nessa ocasião, pareceu cair sobre os ouvintes com grande poder e influência divinos, sobretudo já no fim de meu sermão. Houve tanto um doce sentimento quanto um amargo lamento entre os ouvintes. Os queridos crentes foram refrigerados e consolados, enquanto que outros receberam convicção de pecado; e várias outras pessoas que nunca tínhamos visto foram despertadas. A presença divina foi tão notável que ali não parecia ser "outro lugar, senão a casa de Deus e a porta do céu". Todos quantos já tinham provado e apreciado as realidades divinas, constrangidos pelo dulçor do momento, disseram: "Senhor, bom é estarmos aqui". Se houve ocasião em que minha gente teve a aparência de estar na Nova Jerusalém, "como uma noiva adornada para seu noivo", tal ocasião foi esta. Tão satisfatório foi o culto, com tantos sinais da presença divina, que quase não me dispunha a interrompê-lo e retirar-me para o meu alojamento. Fiquei reanimado à vista da continuidade dessa bendita obra da graça entre os índios, e com sua influência exercida sobre os desconhecidos que, de quando em quando, ultimamente têm providencialmente chegado a esta região do país.

Dia do Senhor, 3 de novembro. Preguei à minha gente, usando o trecho de Lucas 16.17: "É mais fácil passar o céu e a terra...", visando mais especificamente o benefício de algumas pessoas que, ultimamente, têm sido levadas a ter uma profunda preocupação com as suas almas. Entre os presentes houve um patente interesse e comoção, embora bem menos do que vem acontecendo ultimamente.

Hoje *seis* índios fizeram profissão de fé em Cristo. Um deles era uma mulher com quase *oitenta anos* de idade. Dois outros eram homens com cerca de *cinquenta anos,* que até então eram famosos entre os índios por causa de sua iniquidade; um deles era assassino, e ambos só viviam embriagados, sempre dispostos a uma discussão acalorada. Mas agora só posso esperar que eles tenham se tornado objetos da graça especial de Deus. Fiquei a observá-los por muitas semanas depois de terem dado evidências de terem passado por grande transformação, a fim de que pudesse ter mais oportunidade de observar os frutos das impressões sob as quais estavam vivendo; e então compreendi que agora eles realmente estavam preparados para participar condignamente das ordenanças.

4 de novembro. Preguei em João 11, explicando de modo breve a maior parte desse capítulo. A verdade divina deixou marcas profundas em muitos dos presentes. Vários deles foram compungidos diante do poder de Cristo manifesto na ressurreição de mortos, especialmente quando o caso de Lázaro demonstrou o seu poder de ressuscitar pessoas mortas (conforme muitos deles sentiram que estavam), e de dar-lhes então a vida espiritual; e também diante do poder de Cristo em ressuscitar os mortos no último dia, distribuindo entre eles galardões ou punições.

Alguns daqueles que chegaram aqui recentemente, vindos de lugares distantes, estão sob profunda convicção acerca de suas almas. Uma índia em particular, que bem poucos dias atrás chegara bêbada, zombando de nós, e que por todos os meios procurara perturbar-nos enquanto adorávamos ao Senhor, agora estava tão preocupada e aflita acerca de sua alma que parecia incapaz de obter qualquer alívio sem o benefício de Cristo. Houve muitas lágrimas, soluços e gemidos por toda a assembleia; alguns choravam por si próprios, outros por seus amigos. Embora as pessoas se comovam mais facilmente agora do que no início do despertamento dos interesses religiosos, quando pranto e lamentos por suas almas não eram ainda ouvidos entre eles, contudo, devo dizer que agora as suas emoções parecem mais genuínas e sinceras; isso pareceu mais notável naqueles que têm sido despertados recentemente. Assim, uma verdadeira e genuína convicção de pecado parece ter-se iniciado e estar sendo promovida em muitos casos.

Vinte e três índios, ao todo, agora já professaram fé em Cristo. A maior parte deles habita neste território e uns poucos residem em Forks of Delaware. Por meio da rica graça divina, nenhum deles, até hoje, envergonhou a sua profissão de fé, por meio de qualquer comportamento escandaloso ou inconveniente.

O avanço e o progresso de uma notável obra da graça
19 de junho - 5 de novembro de 1745

ANOTAÇÕES GERAIS SOBRE ESTE PERÍODO

Nesta altura poderia fazer muitas observações apropriadas sobre uma obra da graça tão notável, quanto esta tem sido em seus vários aspectos, mas me limitarei somente a algumas considerações gerais.

1. É notável que Deus tenha iniciado essa obra entre os índios num tempo em que eu menos tinha esperança, e quando, segundo entendia, não havia qualquer perspectiva razoável de ver a obra da graça propagar-se entre eles. Minhas forças físicas estavam esgotadas por uma tardia e entediante viagem ao Rio Susquehanna, onde necessariamente fiquei sujeito a dificuldades e fadigas entre os índios. A minha mente também estava muito deprimida em face do insucesso de meus esforços. Eu tinha pouco motivo para esperar que Deus me tornaria instrumento na conversão de qualquer um daqueles índios, exceto de meu intérprete e sua mulher. Assim, estava pronto a considerar-me uma carga pesada para a Sociedade que me empregava e sustentava nesta obra; comecei a pensar seriamente em desistir de minha missão, quase tendo resolvido que o faria ao término deste ano, se não conseguisse melhor sucesso em meu trabalho do que estava tendo. Não posso afirmar que entretinha esses pensamentos por estar cansado dos labores e fadigas que necessariamente acompanhavam minhas atividades, ou porque eu tivesse luz e liberdade em minha própria mente para fazer outra coisa; mas tudo era devido ao abatimento de meu espírito, a um premente desencorajamento e à ideia de que era injusto gastar dinheiro dedicado a usos religiosos, somente a fim de civilizar os índios, conduzindo-os a uma profissão *externa* de cristianismo. Isso era tudo quanto eu podia ver como possibilidade de se efetuar, enquanto Deus, conforme eu pensava, evitava permitir conversões autênticas, retendo as influências convencedoras e renovadoras de seu bendito Espírito, para que não acompanhassem os meios que até então eu vinha usando para essa finalidade.

Com isso em mente, visitei estes índios, pela primeira vez, em Crossweeksung, compreendendo que este era meu dever indispensável, visto que eu ouvira dizer que havia um certo número deles nesta região; e tentei convertê-los a Deus, embora não possa dizer que tivesse qualquer esperança de êxito, pois meu espírito estava tão abatido. Eu não sei dizer se minhas esperanças quanto à conversão dos índios se reduziram a um nível tão baixo, desde que me interessara por eles. Contudo, foi esta a época que Deus viu como apropriada para dar início a essa gloriosa obra da graça! Assim, Ele determinou que "tiraria forças da fraqueza", desnudando o seu braço todo-poderoso, quando todas as esperanças e probabilidades humanas mais pareciam ter falhado. E disso tudo tenho aprendido que é bom seguir a vereda do dever, mesmo em meio a trevas e *desencorajamentos*.

2. É marcante como Deus, em sua providência e de uma maneira quase *inexplicável*, convocou aqueles índios a fim de serem instruídos nas coisas importantes concernentes a suas almas; e como Ele se apossou de suas mentes com o mais profundo e solene interesse por sua eterna salvação, assim que chegaram ao lugar onde a Palavra estava sendo pregada. Quando cheguei pela primeira vez nesta região, em junho, não achei um homem por todos os lugares que visitei, mas somente quatro mulheres e algumas poucas crianças; mas antes que estivesse ali muitos dias, eles se reuniram, provenientes de todos os quadrantes, alguns vindos de mais de trinta quilômetros. E quando lhes fiz uma segunda visita, no começo de agosto, alguns vieram de mais de sessenta quilômetros para ouvir-me. Muitos vieram sem ao menos saber o que estava sucedendo e, consequentemente, sem qualquer finalidade própria, mas apenas para satisfazer a curiosidade. Assim, até parecia que Deus os tinha convocado de todas as direções sem nenhum outro propósito senão o de lhes entregar a sua mensagem; e o fato é que Ele fez isso, no que concerne a alguns deles, sem fazer uso de qualquer meio humano, embora alguns índios tenham se esforçado em avisar a outros em lugares remotos.

Não é menos surpreendente que, um após outro, os índios tenham sido afetados por solene preocupação por suas almas, quase assim que chegaram no local onde as verdades divinas lhes estavam sendo ensinadas.

Não pude deixar de pensar que a chegada deles ao local de nossos cultos públicos, assemelhou-se ao caso de Saul e seus mensageiros que chegaram entre os profetas, pois nem bem chegaram, profetizaram; e estes também, quase de imediato foram afetados pelo senso de seu próprio pecado e miséria, extremamente interessados em seu livramento, assim que chegaram à nossa assembleia. Depois de haver começado essa obra da graça com grande poder entre eles, tomou-se comum que os visitantes entre os índios, antes mesmo de passarem um dia inteiro conosco, ficassem mui despertados, profundamente convictos de seu pecado e miséria, indagando com grande solicitude: "Que devo fazer para ser salvo?"

3. É igualmente notável como Deus impediu que aqueles pobres e ignorantes índios ficassem *precavidos contra mim,* e contra as verdades que lhes ensinei, mesmo sendo incitados a isso por homens ímpios. Houve muitas tentativas feitas por pessoas malignas da raça branca, a fim de precavê-los e assustá-los no tocante ao cristianismo. Algumas vezes eles diziam que os índios já estavam muito bem - que não tinham necessidade de toda essa conversa cristã - que se fossem cristianizados, não seriam melhores, mais seguros ou mais felizes do que já eram. De outras vezes diziam aos índios que eu era um patife, um enganador, ou coisa semelhante; que diariamente ensinava mentiras, não tendo outra finalidade senão enganá-los. Mas quando nenhuma dessas sugestões, além de outras, prestaram-se a seu propósito, então experimentaram um outro expediente, passando a dizer aos índios que o meu intento era reunir o maior número possível deles, para então vendê-los à Inglaterra como escravos. Ora, nenhuma outra ameaça assusta mais aos índios, pois são pessoas que prezam muito a própria liberdade, talvez mais contrários à servidão do que qualquer outro povo vivo na terra.

Mas todas essas iníquas insinuações, visto que Deus é quem controla todas as coisas, constantemente se voltavam contra seus inventores, servindo apenas para ligar as afeições dos índios a mim ainda mais fortemente. Eles, uma vez despertados pela mais solene preocupação por suas almas, não podiam deixar de observar que as pessoas que assim procuravam amargar os sentimentos deles contra mim, não tinham o menor interesse pelo bem-estar de suas próprias almas; e não somente isso, mas também eram indivíduos malignos e profanos. Os índios não podiam deixar de argumentar que se tais pessoas não se preocupavam *consigo mesmas,* então também não se preocupariam com as almas dos outros.

Ainda parece mais admirável que os índios tenham sido preservados de darem ouvidos, nem mesmo por uma vez, a essas sugestões, porquanto eu era um total estranho entre eles, não podendo lhes dar qualquer certeza de meu afeto e interesse sinceros por eles, por meio de qualquer fato do passado - ao passo que as pessoas que assim insinuavam eram velhos conhecidos, que tiveram frequentes oportunidades de lhes satisfazer o *apetite pelo álcool* com bebidas fortes, e, em consequência, tinham mais razões para manter sua amizade. Mas, com base nessa instância, segundo a qual os índios foram impedidos de nutrir preconceitos contra mim, tive motivo para dizer, com grande admiração: "Quando Deus opera, quem pode impedir?"

4. Também não é menos admirável como Deus agradou-se em prover um *remédio* para minha falta de habilidade e fluência na língua dos índios, preparando de antemão, de maneira notável, o meu intérprete e ajudando-o na execução de seu dever. Poder-se-ia supor, de modo bastante razoável, que eu tinha que agir sob tremenda desvantagem ao dirigir-me aos índios por meio de um intérprete, e que as verdades divinas perderiam, sem dúvida, grande parte de *sua força e ternura* no processo da tradução, por chegarem aos ouvidos das pessoas em segunda mão. Mas embora, para minha tristeza e desencorajamento, isso realmente tivesse ocorrido no passado, quando o meu intérprete tinha pouco ou nenhum senso das coisas divinas, contudo, agora dá-se precisamente o contrário. Penso que meus sermões, de uma maneira geral, desde o começo deste período de graça, não têm perdido coisa alguma do poder ou da pungência com que eram proferidos em inglês, exceto que talvez não houvesse termos adequados e expressivos na língua indígena; dificuldade essa que

não seria remediada, mesmo se eu tivesse o conhecimento desse idioma. Meu intérprete já havia adquirido um bom grau de conhecimento doutrinário, podendo interpretar de forma capaz, transmitindo sem equívocos o sentido e o intuito de meus discursos, e isso sem precisar confinar-se a uma interpretação palavra por palavra.

Ao que parece, ele tinha, de igual forma, um conhecimento experimental das coisas espirituais, e pareceu bem ao Senhor incutir em sua mente grande interesse pela conversão dos índios e conceder-lhe um admirável zelo e fervor ao dirigir a palavra a eles. É notório que quando eu era favorecido por qualquer ajuda divina especial, sendo capacitado a falar com liberdade, fervor e poder incomuns, sob uma vívida e comovente percepção das coisas divinas, usualmente ele era afetado tanto quanto eu, tornando-se capaz de falar com uma linguagem igualmente tocante, sob a mesma influência em que eu estava. Uma *surpreendente energia* frequentemente acompanhava a Palavra nessas ocasiões, de maneira tal que as fisionomias dos ouvintes pareciam se alterar quase num instante; assim lágrimas e soluços se tornaram comuns entre eles.

Meu intérprete também parece dotado de uma claríssima visão doutrinária dos métodos usuais pelos quais Deus trata com as almas, que estão sendo preparadas para a convicção de pecado e para a humilhação, o que não ocorria antes. Assim, com a sua ajuda, tenho podido falar abertamente com pessoas aflitas acerca de suas angústias, de seus temores, desencorajamentos, tentações, etc. Ademais, ele tem se esforçado, dia e noite, por repetir e inculcar nas mentes dos índios as verdades que lhes tenho ensinado diariamente; e isso ele tem feito, ao que tudo indica, não por motivo de orgulho espiritual e nem porque pretenda parecer um mestre do povo, mas devido a seu espírito fiel e a uma preocupação honesta com as almas.

Toda a sua conversação entre os índios, até onde tenho podido acompanhar, tem sido temperada com sal, conforme é apropriado a um crente e a um homem dedicado no trabalho que faz. Sem nenhum exagero posso afirmar que ele tem sido um grande consolo para mim e um grande instrumento na promoção dessa boa obra entre os índios, de tal modo que, qualquer que seja o estado de sua própria alma, é evidente que Deus o tem preparado de forma notável para esse trabalho. E assim Deus tem mostrado que, mesmo sem ter-me conferido o *dom de línguas,* Ele achou uma maneira em que sou capaz de transmitir as verdades de seu glorioso evangelho às mentes daqueles pobres e ignorantes pagãos.

5. Também é admirável que Deus tenha efetuado a sua obra aqui através de *tais meios* e de tal *maneira* que não tem dado margem para preconceitos e objeções que por muitas vezes têm sido suscitados contra trabalhos deste tipo.

Quando pessoas são despertadas para uma solene preocupação por suas almas, ao ouvirem as mais sérias verdades da Palavra de Deus e os terrores impostos pela lei mosaica, usualmente algumas alegam que tudo não passa do resultado do medo que tem assaltado os índios, por causa dos horrendos ruídos do inferno e da condenação eterna. Afirmam que não há provas que os índios estejam debaixo do efeito de alguma influência divina. Em nosso caso, porém, Deus não tem deixado espaço para essa objeção, pois esta *obra da graça foi iniciada e tem tido prosseguimento por uma unha quase contínua de convite do evangelho a pecadores que perecem.* Isso pode ser deduzido à base das passagens bíblicas sobre as quais tenho insistido em meus sermões vez por outra; passagens essas que, exatamente com esse propósito, tenho inserido em meu diário.

Também não tenho presenciado um despertamento tão generalizado em qualquer assembleia, em toda a minha vida, como o que houve aqui quando enfatizei a parábola da grande ceia, em Lucas 14. Naquele sermão fui capaz de apresentar, diante de meus ouvintes, as insondáveis riquezas do evangelho da graça. Não se entenda, porém, que eu nunca tenha instruído aos índios acerca do estado decaído deles, com a sua pecaminosidade e miséria; porquanto desde o começo tenho insistido sobre isso, esforçando-me por reiterar e inculcar essas ideias em quase cada sermão, sabedor que, sem esse alicerce estaria edificando sobre a areia, e convidando em vão para que viessem a Cristo, a menos que eu os pudesse convencer de que necessitam de Cristo. Ver Marcos 2.17.

Todavia, esse grande despertamento e esse surpreendente interesse não foram iniciados por bombásticos discursos de terror; antes, têm-se manifestado mais fortemente quando estou insistindo sobre a compaixão do Salvador moribundo, sobre as abundantes provisões do evangelho da graça, ou sobre o oferecimento gratuito da graça divina aos pecadores necessitados e sobrecarregados. Também não quero dar a entender que estou insinuando que semelhante fervor religioso seja suspeito de não ser genuíno, oriundo da influência divina, caso seja produzido pela pregação assustadora, pois talvez essa seja a maneira mais usual de Deus despertar os pecadores, parecendo ser algo harmônico com as Escrituras e com a boa razão. Mas o que desejo aqui frisar é que Deus achou por bem empregar e abençoar meios mais moderados para despertar de modo eficaz estes índios, ficando assim eliminada a objeção acima referida.

Assim como não há margem para qualquer objeção plausível contra esta obra, no que tange aos meios, tampouco há no que concerne à maneira como o trabalho vem sendo efetuado. É verdade que a preocupação das pessoas por suas almas tem sido muito profunda; que a convicção de pecado e de miséria tem sido acentuada, produzindo muitas lágrimas, pranto e gemidos. Entretanto, nada disso se tem feito acompanhar por aquelas desordens físicas e mentais que, algumas vezes, têm prevalecido entre pessoas tomadas por fortes impressões religiosas. Não tem havido manifestações como convulsões, agonias corporais, gritos espavoridos, desmaios e coisas semelhantes, que tantas queixas têm causado em alguns lugares. Contudo, há alguns que, à semelhança do carcereiro de Filipos, têm estremecido sob o senso de seu pecado e miséria, e têm sido levados a clamar diante da visão desoladora de seu estado de perdição.

Por igual modo, não tem havido casos de desordem mental aqui, como visões, transes, imaginações de estar alguém sob inspiração profética e coisas dessa natureza. Também quase não tem havido manifestações inconvenientes de pessoas que queiram mostrar-se extremamente comovidas, seja por uma preocupação ou por alegria. Mas devo confessar que já pude observar uma ou duas pessoas cuja preocupação parecia um tanto exagerada, e também uma outra cuja alegria parecia ser do mesmo tipo. Porém, tenho procurado esmagar todas essas manifestações de orgulho espiritual, assim que as mesmas têm aparecido; e desde então não tenho observado qualquer expressão de alegria ou de tristeza, que não pareça genuína e sem fingimento algum.

6. Em último lugar, os efeitos desta obra têm sido igualmente extraordinários. Não duvido que muitas dessas pessoas tenham adquirido maior conhecimento *doutrinário* sobre as verdades divinas, desde que as visitei pela primeira vez, em junho passado, do que poderia ter-lhes sido instilado pelo uso mais diligente e apropriado de meios de instruções por anos inteiros, sem a influência divina. Suas noções pagãs e suas práticas idólatras parecem ter sido totalmente abandonadas neste território. Suas vidas são bem controladas e eles parecem bem-dispostos quanto às obrigações do matrimônio, conforme um exemplo citado em meu diário, no dia quatorze de agosto. De forma geral, parecem ter abandonado a embriaguez - seu vício mais constante, o pecado que "tão facilmente os cerca". De fato, só conheço dois ou três dentre os que têm sido meus *ouvintes constantes,* que tenham bebido em excesso desde minha primeira visita a eles, ainda que, antes disso, um ou outro se embriagasse quase todos os dias. Agora, alguns deles parecem temer esse pecado, particularmente, mais do que a própria morte.

Um princípio de honestidade e justiça tem-se manifestado em muitos dos índios; e parecem resolvidos a saldar suas dívidas antigas, que vinham negligenciando, e que talvez nem pensassem nelas há anos. Sua maneira de viver tornou-se muito mais decente e confortável do que antes, pois agora dispõem do benefício do dinheiro, que antes gastavam no consumo de bebidas alcoólicas. Parece que o amor veio reinar entre eles, especialmente no caso daqueles que dão provas de terem passado pela experiência transformadora da salvação. Nunca percebi qualquer manifestação de amargura ou espírito de censura entre eles, e nem de qualquer disposição de "julgarem-se melhores que outros" que ainda não receberam misericórdia similar.

Assim como sua tristeza pela convicção de pecados tem sido grande e opressiva, assim também muitos deles desde então têm se regozijado com uma "alegria indizível e cheia de glória", contudo, nunca vi qualquer coisa exagerada ou inconstante em sua alegria. A consolação por eles recebida não os tem inclinado a leviandades; pelo contrário, eles se têm mostrado sérios, por muitas vezes sensíveis até às lágrimas, de corações quebrantados, conforme se pode ver em vários trechos de meu diário. Quanto a isso, alguns deles têm ficado surpresos consigo mesmos, e com certa preocupação têm dito a mim que, "quando seus corações se têm alegrado" - uma frase que comumente usam para exprimir a sua satisfação espiritual - "não têm podido evitar de chorar por todos".

E agora, de uma forma geral, penso poder dizer com toda razão, que vemos aqui todos os sintomas e evidências de uma notável obra da graça entre estes índios, sintomas esses que podem ser razoavelmente desejados ou esperados. Que o grande Autor mantenha e promova essa obra aqui, propalando-a por toda parte, até que "toda a terra se encha de sua glória!" Amém.

Até agora viajei a cavalo por cerca de cinco mil quilômetros, tendo mantido sobre essas viagens um registro exato, desde o início de março passado; quase toda essa distância tem sido percorrida em minha própria atividade como *missionário*, com o propósito de propagar o *conhecimento cristão* entre os índios. Muito tenho procurado por um colega ou companheiro para viajar comigo; e também tenho me esforçado em conseguir algo para seu sustento, entre pessoas religiosas da Nova Inglaterra, o que me custou uma viagem de várias centenas de quilômetros; mas, até agora, não achei pessoa alguma qualificada e disposta para essa boa obra, embora tenha recebido algum encorajamento da parte de ministros e de outros, quanto à esperança de se conseguir o sustento para alguém, quando esse for encontrado.

Ultimamente, por igual modo, apresentei aos cavalheiros interessados por essa missão, a necessidade urgente de iniciarmos uma *escola* de inglês entre os índios, os quais estão dispostos a se reunirem em conjunto, com esse propósito. Para essa finalidade, tenho proposto humildemente a eles a coleta de dinheiro para o pagamento de um professor e outras despesas necessárias na promoção dessa boa obra; isso eles estão agora tentando obter nas várias congregações evangélicas a que pertencem.

Os vários grupos de índios aos quais preguei no verão passado, vivem a *grandes distâncias* uns dos outros. São mais de *cento e dez quilômetros* de Crossweeksung, em Nova Jersey, até Forks of Delaware, na Pensilvânia; e dali para diversos dos povoados indígenas que visitei no Rio Susquehanna são quase *duzentos quilômetros*. Muito de meu tempo é gasto em viagens, de tal maneira que quase não posso me dedicar a *qualquer* de meus estudos necessários, incluindo o estudo dos idiomas indígenas em particular; além disso, sou compelido a pregar repetidas vezes aos índios, em cada um desses lugares, quando estou com eles, a fim de remir o tempo para poder visitar os demais. Há ocasiões em que estou quase desencorajado de obter qualquer familiaridade com as línguas indígenas, sendo elas tão numerosas, sobre o que relatei algo em meu diário, em maio passado; e especialmente ao ver meus outros labores e fadigas ocuparem quase todo o meu tempo, exigindo muito de minha *constituição física*, de forma que minha saúde se encontra um tanto prejudicada.

Entretanto, tenho feito um esforço considerável para aprender a língua dos índios Delawares, resolvido a continuar a estudá-la enquanto minhas outras atividades e minha saúde o permitirem. Já tenho alcançado alguma habilidade nesse idioma, embora tenha enfrentado muitas situações bastante desfavoráveis neste meu intento. É justo observar que todos os meus esforços por familiarizar-me com a língua dos índios com os quais passei meu primeiro ano, pouco ou nada me serviram aqui entre os Delawares. E assim, quando cheguei entre esses índios, praticamente tive de começar do início o meu trabalho entre eles.

Cranbury, Nova Jersei, onde Brainerd compartilhou
sua vida com os índios.

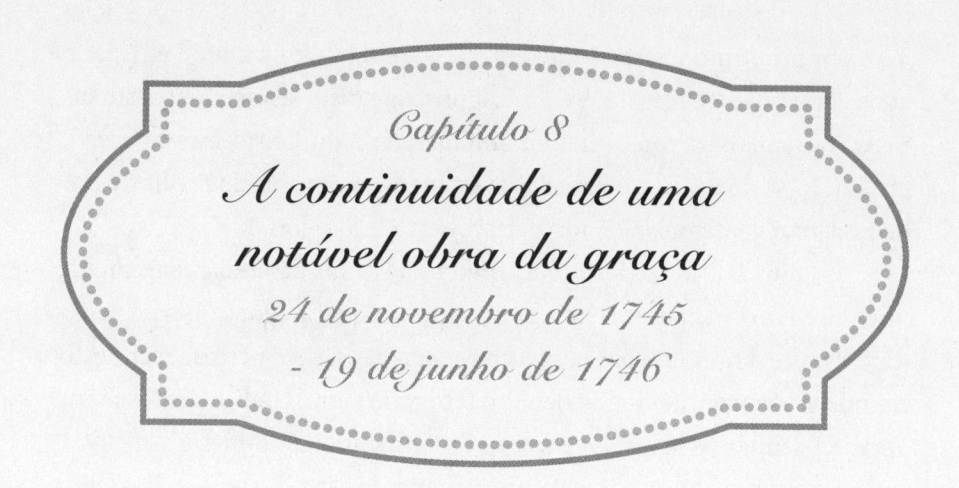

Capítulo 8
A continuidade de uma notável obra da graça
24 de novembro de 1745 - 19 de junho de 1746

CROSSWEEKSUNG, NOVA JERSEY, 1745

Dia do Senhor, 24 de novembro. Tanto de manhã quanto à tarde preguei com base na história de Zaqueu (Lucas 19.1-9). No segundo sermão, quando insisti sobre a salvação dada a um pecador quando este se torna filho de Abraão, ou crente verdadeiro, a Palavra pareceu vir carregada pelo poder divino aos corações dos ouvintes. Um bom número de índios ficou muito impressionado diante da verdade divina; convicções anteriores foram renovadas; uma ou duas pessoas foram despertadas pela primeira vez; todos empenharam-se por participar de todo o coração do culto. Deram sinais que pareciam ser um efeito genuíno da Palavra de Deus sobre seus corações, mediante o poder e a influência do divino Espírito.

28 de novembro. Discursei publicamente diante dos índios, após ter-me esforçado por instruir pessoalmente a alguns deles, exortando-os a cumprirem os seus deveres cristãos. Abri as Escrituras e fiz observações sobre a sagrada história da transfiguração de nosso Senhor, em Lucas 9.28-36.

Tive por propósito insistir sobre essa passagem bíblica a fim de edificar e consolar o povo de Deus. Observei alguns, que creio serem crentes autênticos, que muito se comoveram diante da glória do Cristo transfigurado, enchendo-se do desejo anelante de já estar em companhia do Senhor, a fim de poderem contemplar, de rosto descoberto, a sua glória.

Terminada a adoração pública, perguntei a uma das índias, que chorava e soluçava com grande sentimento, o que ela queria agora. "Ir para perto de Cristo", ela respondeu. Ela não conseguia pensar em permanecer neste mundo. Foram momentos de bendito refrigério para os índios piedosos em geral. O Senhor Jesus Cristo pareceu estar manifestando-lhes a sua glória divina, como quando se transfigurou diante de seus discípulos. E, assim, os índios estavam preparados, tal como os discípulos de Cristo, a dizerem todos: "Senhor, bom é estarmos aqui" (Mateus 17.4).

30 de novembro. Aproximando-se a noite, depois de ter passado muitas horas em conversa particular com alguns dos meus índios, preguei sobre o que interessava às suas almas. Expliquei-lhes o significado do relato sobre o rico e Lázaro, em Lucas 16.19-26. A Palavra exerceu um poderoso efeito sobre muitos dentre a assembleia, especialmente quando falei sobre a felicidade de Lázaro no seio de Abraão. Pude perceber que isso os afetou muito mais do que quando falei sobre as misérias e tormentos do rico; e assim tem acontecido costumeiramente.

Parece que os índios se comovem muito mais com as verdades consoladoras do que com as verdades ameaçadoras da Palavra de Deus. O que mais afligira muitos deles, sob convicção, é que eles chegavam a querer a felicidade dos justos, sem poder adquiri-la; pelo menos, parece que se deixavam impressionar mais com o céu do que com os terrores do inferno. Porém, quaisquer que fossem os meios do despertamento, fica claro que muitos deles se sensibilizam profundamente diante de seu pecado e miséria, da iniquidade e pertinácia de seus corações, de sua total incapacidade de salvarem a si mesmos ou de virem a Cristo para receber ajuda - sem o auxílio divino. Assim são levados a ver que se Cristo não fizesse tudo por eles, estariam perdidos, razão pela qual prostram-se aos pés da misericórdia soberana.

Dia do Senhor, 1º de dezembro. Preguei à minha gente, antes do meio-dia, baseado em Lucas 16.27-31. Muitos índios demonstraram sua afeição pela Palavra, sem qualquer fingimento, e outros pareceram profundamente impressionados diante da verdade divina. À tarde, quando preguei para um certo número de pessoas brancas, os índios fizeram-se presentes, mostrando-se diligentes, e muitos deles puderam entender grande parte do sermão. A noite preguei novamente aos índios, oferecendo-lhes avisos e orientações particulares acerca de sua conduta quanto a diversas questões, exortando-os a serem vigilantes em seu comportamento, visto estarem cercados por pessoas que queriam vê-los tropeçar, prontos a atraí-los para tentações de toda sorte, para então atacarem o cristianismo, com base na má conduta dos índios.

15 de dezembro. Preguei aos índios usando Lucas 13.24-28. A verdade divina caiu com poder sobre a audiência, parecendo atingir os corações de muitos. Ao avizinhar-se a noite, preguei novamente aos índios, baseado em Mateus 25.31-46. Nesta ocasião também a Palavra pareceu acompanhada pela influência divina, impressionando a todos os presentes, mas especialmente a alguns deles. Foi uma notável manifestação da graça. A Palavra do Senhor, no dia de hoje, mostrou-se "viva e eficaz, e mais cortante do que qualquer espada de dois gumes" (Hebreus 4.12), tendo traspassado o coração de muitos. A assembleia foi grandemente tocada pela Palavra; contudo, sem o aparente envolvimento emocional que se via no início desta obra da graça. As impressões deixadas pela Palavra de Deus sobre a audiência pareceram ser sólidas, racionais e profundas, dignas das solenes verdades bíblicas que as produziram, mas longe de resultar de um pavor repentino, ou de qualquer perturbação mental sem fundamento.

16 de dezembro. Preguei ao meu povo à noitinha, no trecho de Lucas 11.1-13. Depois de haver insistido por algum tempo sobre o versículo 9, onde há uma ordem e encorajamento para pedirmos o favor divino, exortei-os a pedirem, com importunação, um coração renovado, a exemplo do homem mencionado na parábola, sobre a qual eu estava falando, o qual pediu pães à meia-noite. Houve grande emoção e interesse na assembleia, destacando-se uma mulher que pareceu estar em grande aflição por sua alma. Ela chegou a uma tal agonia, na busca por Cristo, que seu suor ficou a escorrer-lhe pelo rosto por bastante tempo, embora a noite estivesse muito fria; e seus clamores amargurados serviram de indicativo de quão fortes eram os sentimentos de seu coração.

21 de dezembro. Meu povo já adquiriu um grau considerável de conhecimento sobre os princípios cristãos. Pensei que era tempo de iniciar conferências catequéticas entre eles. Nesta noite tentei algo nessa direção, propondo-lhes perguntas com o Breve Catecismo da Assembleia de Westminster, ouvindo suas respostas, e então explicando perseverantemente, conforme me parecia necessário e próprio, acerca de cada pergunta. Depois, procurei fazer aprimoramentos práticos de tudo quanto ensinara. Esse foi o método que comecei a usar. Os índios mostraram-se capazes de responder, pronta e racionalmente, a muitas perguntas importantes que lhes fiz; assim, nessa experiência, descobri que o conhecimento doutrinário deles excedia às minhas expectativas.

No aprimoramento de meu ensino, quando cheguei a ensinar a bem-aventurança daqueles que possuem um tão grande e glorioso Deus, segundo antes disséramos ser Ele "seu Amigo eterno e sua porção", vários deles se emocionaram, sobretudo quando os exortei, procurando persuadi-los a se reconciliarem com Deus, através de seu Filho amado, para que, assim, obtivessem seu favor eterno. Assim, pareceram não apenas iluminados e instruídos, mas levados a se preocuparem com suas próprias almas.

Dia do Senhor, 22 de dezembro. Discursei sobre a história do jovem rico, em Mateus 9.16-22. Deus fê-la uma palavra oportuna, estou persuadido, para algumas almas, particularmente para uma delas; a mesma pessoa mencionada em meu diário, dia 16 deste, a qual nunca antes tinha podido descansar nos braços do Senhor, embora eu tivesse razões abundantes para pensar que ela passara por uma transformação salvadora dias antes. Agora essa índia parecia estar em harmonia com Deus, equilibrada e deleitada com a vontade divina. Quando conversei particularmente com ela, ao perguntar-lhe como obtivera alívio e livramento da agonia espiritual que antes vinha sofrendo, ela respondeu em uma linguagem quebrada: *"Mim tenta, mim tenta salvar mim mesmo; mas toda minha força foi"* (dando a entender que reconhecera não poder salvar a si mesma), *"e não pude continuar lutando. Então entendi que Jesus Cristo podia me enviar para o inferno, se Ele quisesse"*. Então perguntei: "Mas você não queria ir para o inferno, queria?" Ela respondeu: *"Eu não podia evitar. Meu coração, ele muito ruim. Eu não podia fazer ele ser bom"* (dando a entender que viu que merecia ir para o inferno, porque seu coração era mau, continuando mau mesmo depois de fazer tudo quanto estivesse ao seu alcance). Também perguntei como tinha conseguido resolver seu caso. Com a mesma linguagem quebrada, ela continuou: *"Pouco a pouco, meu coração ficou desesperadamente alegre"*. Então indaguei por que seu coração se alegrara. Ela replicou: *"Alegre o meu coração, porque Jesus Cristo faz comigo o que Ele quer. Não importa para onde Ele me leva; amo Ele por tudo"*. Ela não podia convencer-se senão que estava disposta a ir para o inferno, se tivesse agradado a Cristo enviá-la para lá, embora a verdade evidente fosse que sua vontade estava tão submissa diante da vontade divina que ela não conseguia imaginar o inferno como um lugar espantoso ou indesejável, se é que a vontade divina fosse mandá--la para tal lugar.

Aproximando-se a noite, falei de novo com os índios de acordo com o método catequético que eu experimentara na noite anterior. Quando comecei a explicar melhor a verdade que acabara de expor diante deles, respondendo à pergunta: "Como posso saber se Deus me escolheu para a vida eterna?", e exortando-os a entregarem a Cristo os seus corações, "assegurando assim a eleição" de si mesmos, então pareceram muito comovidos; as pessoas preocupadas procuraram buscar um envolvimento com Cristo, ao passo que alguns outros índios, que antes haviam recebido a salvação, sentiram-se reanimados ao descobrirem o amor a Deus presentes em suas vidas, o que servia de evidência que o Senhor os tinha escolhido.

25 de dezembro. Estando os índios acostumados a beber e festejar no dia de Natal, em companhia de certas pessoas brancas do território, pensei ser apropriado reuni-los hoje a fim de lhes falar sobre as realidades divinas. Assim fiz, alicerçado sobre a parábola da figueira estéril, em Lucas 13.6-9. Estou persuadido que o poder divino abençoou a pregação da Palavra nessa oportunidade. O poder de Deus manifestou-se entre os presentes, não produzindo gritos de agonia, mas despertando pessoas que antes raramente se importaram com suas vidas. O poder que acompanhou a verdade divina pareceu exercer sobre elas uma influência mais parecida com um terremoto, do que com um vento forte. Seus sentimentos não ficaram altamente alarmados como já se tornara comum aqui em dias passados, mas eles pareceram estar convencidos poderosamente pela influência dominadora e conquistadora da verdade divina.

Mais tarde, falei-lhes sobre os deveres conjugais mútuos, com base em Efésios 5.22-33, e tenho razão em pensar que foi uma palavra oportuna. Passei mais algum tempo, de tarde até à noitinha, procurando fixar nas suas mentes as verdades sobre as quais tinha insistido em meu sermão anterior, acerca da figueira estéril; pude observar a poderosa influência da Palavra de Deus quanto a tudo que foi dito.

26 de dezembro. Fui visitado esta noite por uma pessoa sob grande aflição espiritual, o caso mais notável que já tenho visto. Conforme creio, ela tem mais de *oitenta anos* de idade; parece estar muito alquebrada e até caduca por causa da idade, de tal modo que parecia impossível inculcar-lhe quaisquer esclarecimentos sobre as realidades divinas, quanto menos dar-lhe qualquer instrução doutrinária, pois parecia incapaz de ser ensinada. Foi conduzida à minha casa pela mão, parecendo estar extremamente angustiada. Perguntei-lhe o que a estava incomodando. Ela respondeu que *seu coração estava aflito, pois temia que jamais encontraria Cristo.* Perguntei-lhe quando começara a ficar interessada por Cristo, além de outras perguntas relacionadas ao seu estado. O resumo de tudo quanto me respondeu foi o seguinte: *Ela tinha me ouvido pregar por muitas vezes, mas nunca tinha entendido nada, nem seu coração sentira alguma coisa, senão no último domingo. Então aconteceu... como se fosse uma agulha que a tivesse espetado no coração; desde aquela hora não tivera mais descanso, nem de dia nem de noite.* Ela acrescentou que *na véspera de Natal, estando reunidos alguns índios na casa onde ela se achava, falando eles acerca de Cristo, a conversa compungiu-a no coração, de tal maneira que ela nem ao menos pudera manter-se de pé, mas caiu prostrada na sua cama.*

Nessa ocasião ela passou por um "desmaio", conforme expressou a questão, *parecendo estar sonhando, embora tivesse a certeza de que não era sonho. Estando fora de si, ela viu dois caminhos; um deles parecia bem largo e tortuoso, e virava para a esquerda. O outro parecia reto, bem estreito; e subia colina acima, virando para a direita.* Ela prosseguiu dizendo que *foi caminhando por algum tempo pelo caminho estreito, à direita, até que, por fim, algo parecia obstruir o caminho. Algumas vezes ela pensava que era a escuridão; mas também descrevia a obstrução como se fosse um bloco ou barra.* Ela lembrou-se, então, de ter-me ouvido dizer sobre porfiar por entrar pela porta apertada, embora nem tivesse dado atenção quando me ouviu falar; e pensou que poderia subir por cima daquele obstáculo. Mas quando ela estava pensando nisso, voltou (com o que quis dizer que voltou a si), *quando então sua alma ficou extremamente aflita, por ter entendido que voltara as costas para Cristo, esquecendo-se dEle, e que agora, portanto, não restava misericórdia para ela.*

Visto que eu reconhecia que transes e visões imaginárias têm uma tendência perigosa na religião, se elas forem buscadas e houver dependência a elas, não pude deixar de ficar preocupado com o que ela me dizia, especialmente no início. Eu entendera que aquilo poderia ser um ardil de Satanás, a fim de macular a obra de Deus neste lugar, introduzindo cenas visionárias, terrores imaginários e toda maneira de desordem mental e engano, em lugar da genuína convicção de pecado e das influências iluminadoras do bendito Espírito de Deus. Eu estava quase resolvido a declarar que considerava o fato como um dos truques de Satanás, acautelando meu povo contra essas e outras práticas da mesma natureza. Entretanto, preferi primeiro sondar o conhecimento dela, para ver se ela possuía uma visão correta das coisas, que justificasse sua presente preocupação, ou se era apenas medo, oriundo de terrores imaginários. Fiz-lhe numerosas perguntas sobre o estado primitivo do homem, e especialmente sobre seu estado atual, como também acerca do seu próprio coração. A tudo respondeu de modo racional, para minha surpresa. Pensei ser praticamente impossível que uma mulher pagã, já senil devido à muita idade, pudesse ter tanto conhecimento através da mera instrução humana, a não ser que fosse notavelmente iluminada pelo Espírito de Deus.

Então lhe falei da provisão do evangelho para a salvação dos pecadores, bem como a capacidade e a disposição de Jesus Cristo para salvar totalmente quantos viessem a Ele, quer idosos quer jovens. Com isso ela pareceu concordar de todo coração; mas no mesmo instante replicou: *"Ah, mas não posso; meu coração maligno não quer ir a Cristo; não sei como ir a Ele"*. Estas palavras foram ditas em angústia de espírito, batendo no peito, com lágrimas nos olhos, com tal sinceridade estampada em sua fisionomia que chegou a dar-me dó e emocionar-me.

Ela parece realmente convicta de seu pecado e miséria, bem como de sua necessidade de mudança de coração. A preocupação dela é permanente e constante, pelo que não se sabe por que essa sua luta não resulta na sua salvação. De fato, parece haver razão para esperança quanto a essa questão, vendo que ela é tão solícita em obter comunhão com Cristo, ao ponto de *orar dia e noite*, conforme ela mesma disse.

Não pretendo determinar até que ponto Deus pode fazer uso da imaginação ao despertar alguma pessoa para as realidades espirituais. Deixarei a outros julgarem se essa prática deriva-se da influência divina. Mas cumpre-me dizer que os seus efeitos assim indicam. Todavia, até onde vejo as coisas, não podemos explicá-la de qualquer maneira racional, mas somente como influência de algum espírito, bom ou mau. Estou certo que aquela mulher jamais ouvira falar das coisas divinas segundo a maneira que ela as expressava; parece estranho que ela tivesse obtido tão racionais noções a partir de sua própria imaginação, sem alguma ajuda superior, ou pelo menos, externa. Contudo, devo dizer que considero como uma das glórias da obra da graça entre os índios, e como uma evidência especial que procede da influência divina, que até agora tais fenômenos, como visões, transes e imaginações, ainda não tinham aparecido, misturados com as convicções racionais de pecado, e com sólidas consolações espirituais, tudo o que tem sido experimentado pelos meus índios. Se dependesse de mim, jamais haveria fenômenos dessa natureza, sob hipótese nenhuma.

Dia do Senhor, 29 de dezembro. Preguei baseado em João 3.1-5. Estavam presentes alguns brancos, como é comum aos domingos. Meu sermão foi revestido de poder, parecendo exercer uma influência silenciosa, mas profunda e transpassante sobre a audiência. Muitas pessoas choravam e soluçavam com grande sentimento, tanto os civilizados como os índios. Alguns não conseguiam chorar senão em voz alta, mas não muitos. As impressões deixadas sobre os seus corações manifestaram-se principalmente pela maneira como se mostravam intensamente atentos, e pelos suspiros e lágrimas.

Terminado o culto público voltei para minha casa, resolvido a pregar novamente após um breve período de descanso. Mas as pessoas logo começaram a chegar, uma após outra, com olhos marejados de lágrimas, a fim de saber *"o que deveriam fazer para serem salvas"*. O Espírito fixara de tal maneira, em seus corações, o que eu lhes dissera, que minha casa em breve ressoava de clamores e gemidos. Todos acabaram reunidos de novo em minha residência; e aqueles sobre os quais eu tinha razão de pensar que ainda estavam sem Cristo, foram quase todos envolvidos pela preocupação com as suas almas. Foram momentos extraordinários de poder espiritual. Parecia que Deus abrira os céus e tinha descido à terra. Tão espantosamente dominante foi a operação do Espírito sobre pessoas idosas e jovens, que parecia que ninguém ficaria seguro em seu estado natural, mas que Deus estava prestes a converter o mundo inteiro. Isto levou-me a pensar que nunca mais deveria me desesperar sobre a conversão de qualquer homem ou mulher, sejam eles quem forem ou o que quiserem fazer.

É-me impossível apresentar uma descrição vívida e justa, nessa oportunidade; pelo menos uma descrição que transmita uma ideia clara e adequada dos efeitos dessa influência espiritual. Muitas pessoas podiam agora ser vistas regozijando-se que Deus não afastara deste lugar a poderosa influência de seu bendito Espírito. Ficaram revigoradas por ver tantos outros esforçando-se por entrar pela porta estreita, e animadas pela grande preocupação com eles, a tal ponto que queriam "empurrá-los em direção à porta", conforme alguns expressaram. Ao mesmo tempo, um bom número de homens e mulheres, idosos e jovens, podiam ser vistos em lágrimas; outros estavam em angústia de espírito, e suas fisionomias pareciam ser de malfeitores condenados, que já estivessem sendo conduzidos ao lugar de execução, com uma forte tensão emocional estampada em seus rostos. Conforme cheguei a pensar, eu estava presenciando uma amostra do que sucederá no solene dia de prestação de contas: um misto de céu e inferno, de alegria e angústia inexprimíveis.

A preocupação e a afeição religiosa eram tais que eu não poderia nem pensar em dirigir qualquer ensino religioso formal entre eles. Por isso passei o tempo conversando com um ou outro, conforme sentia ser mais apropriado e oportuno para cada um. Havia instantes em que podia dirigir-me a todos, coletivamente. Finalmente, concluí tudo com uma oração. Tais eram as circunstâncias entre eles que dificilmente eu poderia descansar meia hora sem atendê-los continuamente. Isso prosseguiu desde cerca de meia hora antes do meio-dia, quando dei início ao culto público, até depois das sete horas da noite. Hoje e na noite anterior, parece que houve umas quatro ou cinco pessoas recém-despertadas; algumas chegaram entre nós bem recentemente.

31 de dezembro. Passei algumas horas deste dia visitando pessoas de casa em casa, conversando com elas acerca de seus interesses espirituais, esforçando-me por incentivar almas sem Cristo a entenderem sua necessidade de um coração renovado. Praticamente não houve casa em que algum de seus residentes não vertesse lágrimas sentidas, demonstrando um comprometimento em obter união espiritual com Cristo.

Agora os índios estão vindo de todos os cantos para este lugar, e levantaram para si pequenas cabanas, de tal maneira que mais de *vinte famílias* vivem dentro de um raio de cerca de quatrocentos metros de onde me encontro. Isso é uma situação muito conveniente para a instrução pública e particular.

1° de janeiro de 1746. Passei tempo considerável visitando de novo os meus índios. Talvez tenha encontrado somente um que não estava tomado por uma séria impressão acerca de seu estado espiritual.

2 de janeiro. Visitei algumas pessoas recém-chegadas entre nós, as quais, antes disto, praticamente nada tinham ouvido falar sobre o cristianismo, e ele nada significava para elas. Esforcei-me por instruí-las, particularmente quanto aos princípios básicos da religião cristã, e isso da maneira mais fácil e familiar que me foi possível. Quase continuamente estão chegando entre nós pessoas desconhecidas, vindas de várias partes. Assim, tenho sempre uma renovada oportunidade de abrir a Bíblia diante delas e de ensinar-lhes os princípios elementares do cristianismo.

Dia do Senhor, 5 de janeiro. Preguei com base em Mateus 12.10-13. Não houve tanta vivacidade e emoção no culto público, como se tem tornado costumeiro. As mesmas verdades que com frequência têm produzido muitas lágrimas e soluços entre os presentes, agora não pareciam exercer qualquer influência especial.

Quase ao cair da noite, resolvi continuar em meu usual método de catequese; mas enquanto fazíamos a primeira oração, o poder de Deus pareceu cair sobre os presentes de forma tão patente, e tantas pessoas manifestaram estar sob a pressão da preocupação por suas almas, que julguei ser muito mais conveniente insistir sobre a abundante provisão feita pela graça divina com vistas à redenção de pecadores que perecem, levando assim os meus ouvintes à imediata aceitação da salvação em Cristo, ao invés de ficar a fazer-lhes perguntas sobre pontos de doutrina. O que era mais prático mostrou também ser mais oportuno, enquanto muitas pessoas manifestavam grande empenho por obter participação espiritual com o nosso grande Redentor.

Hoje, a mulher mencionada em meu diário, com data de 22 de dezembro, fez profissão pública de sua fé em Cristo. De uns dias para cá ela tem estado em uma condição mental muito doce e celestial, desde que recebeu a salvação. Certa manhã, ela veio ver-me e percebi uma alegria e satisfação incomuns em seu semblante. Ao indagar qual a razão disso, ela replicou que "Deus a fizera sentir que Ele tinha o direito de fazer o que melhor Lhe parecesse; que seria justo se Ele lançasse o marido e o filho dela no inferno; ela também via que era justo que Deus fizesse o que melhor Lhe parecesse com eles, de tal modo que ela não podia deixar de regozijar-se em Deus, mesmo que Ele os enviasse para o inferno, embora fosse evidente que ela os amasse muito". Além disso, ela indagou se eu não tinha sido enviado para pregar aos índios por pessoas boas que moravam muito distante dali. Respondi: "Sim, pelas pessoas boas da Escócia". Ela disse que seu coração amava aquelas pessoas boas, desde a noite anterior, que quase não pudera deixar de orar por elas a noite toda, tendo elevado seu coração a Deus em favor delas. Assim, a bênção da parte daqueles que já estavam prestes a perecer, tem sido conferida àqueles crentes piedosos que têm contribuído com os seus bens para a propagação do evangelho.

13 de janeiro. Fui visitado por diversas pessoas sob forte inquietação em favor de suas almas; e uma delas ainda recentemente fora despertada. É uma obra das mais agradáveis tratar com almas que indagam com grande empenho sobre o que deveriam fazer para serem salvas. Visto que nunca devemos "cansar-nos de fazer o bem", assim também a obrigação parece estar singularmente acentuada quando a obra é tão desejada. Não obstante, preciso dizer que minha saúde anda muito ameaçada, e meu ânimo um tanto desgastado diante da natureza de meu trabalho e de minha vida solitária, pois não há outra pessoa que conviva na mesma casa que eu, a um ponto que as repetidas e quase incessantes solicitações feitas pelos índios, pedindo-me ajuda e orientação, tornam-se excessivamente pesadas para mim, exaurindo-me o espírito de tal forma que quase não presto para mais nada, inteiramente incapaz de dar continuidade ao meu trabalho, algumas vezes por vários dias seguidos. O que mais contribui para agravar essa dificuldade é que sou forçado a gastar muito tempo transmitindo-lhes apenas um pouco de informação de cada vez. Frequentemente, muitas bases precisam ser estabelecidas, antes que eu possa falar diretamente sobre aquilo que é o meu assunto central. O assunto central poderia ser atacado mais diretamente, se meus ouvintes fossem competentes quanto ao conhecimento doutrinário.

14 de janeiro. Passei algum tempo em conversa particular com minha gente, e encontrei alguns índios dispostos a confiar na sua salvação, conforme penso, sem bases sólidas. Eles, sendo despertados espiritualmente de modo geral, e pensando que é algo tão horroroso quanto aterrorizante para a consciência estarem destituídos da religião cristã, correm o perigo iminente de adotarem uma aparência de graça divina, ao invés de viverem sob o temor e sob a desgraça de quem vive em um estado não-regenerado.

18 de janeiro. Continuei meu método de catequese no ensino aos índios. Manifestou-se uma grande solenidade e bastante inclinação espiritual entre os presentes à reunião. Esse método de instrução é muito proveitoso. Quando adotei o método, no começo senti temores, pensando que minhas explicações poderiam ser tão pesadamente doutrinárias que tenderiam por iluminar a mente, mas não afetar o coração dos índios. Mas o resultado mostrou ser precisamente o oposto disso; minhas explicações têm-se mostrado notavelmente abençoadas em ambos os aspectos.

Dia do Senhor, 19 de janeiro. Preguei para minha gente alicerçado em Isaías 55.7. Quase de noite, passei a catequizar segundo meu método habitual; aqueles foram momentos de poderosa graça divina entre nós. Vários índios foram influenciados pela Palavra. Convicções foram fortemente reavivadas; crentes foram reanimados e fortalecidos.

Uma alma cansada e sobrecarregada, conforme tenho abundante razão em pensar, foi conduzida a um descanso verdadeiro e a um genuíno conforto em Cristo. Mais tarde, tal pessoa relatou-me como Deus estivera tratando com sua alma, o que me pareceu muito satisfatório e revigorador.

Ele me disse que por muitas vezes tinha me ouvido falar que as pessoas devem ver e sentir por si mesmas quão totalmente impotentes e perdidas estão - esvaziando-se da dependência de si mesmas, de toda esperança de auto salvação, a fim de poderem vir a Cristo em busca da salvação eterna. Fazia tempo que ele vinha se esforçando para ver as coisas por esse ângulo, supondo que seria uma excelente atitude desfazer-se de toda dependência de sua própria bondade, pensando que Deus então levaria isto em consideração, ficaria satisfeito e lhe conferiria a vida eterna. Mas quando chegou a sentir-se nessa condição impotente e condenada, viu que era algo bem contrário a todos os seus pensamentos e expectativas anteriores - não era a mesma atitude, nem qualquer coisa parecida com a atitude que vinha buscando ter.

Ao invés disso, descobriu que nada havia em si mesmo senão malignidade, percebendo que jamais lhe seria possível melhorar em qualquer sentido. Disse que admirou-se de um dia ter alimentado a esperança de corrigir o seu próprio coração; que nunca lhe ocorrera que era algo impossível para ele, por mais que se esforçasse e planejasse, visto que agora a questão toda lhe ficara tão clara. Ao invés de imaginar agora que Deus se agradaria dele, por causa de sua nova atitude mental, segundo a qual se via condenado, ele passara a ver e sentir com clareza que seria justo se Deus o enviasse para a miséria eterna, e que não havia qualquer bondade em seus recentes sentimentos, pois era-lhe impossível deixar de ver que era uma criatura pecaminosa e miserável, e que nisso não havia nada que merecesse o amor ou a piedade de Deus.

Ele percebeu todas essas coisas de modo tão claro e convincente que, segundo disse, agora poderia convencer a todos acerca da total incapacidade de uma pessoa ajudar a si mesma e de não ser digna de merecer qualquer ajuda da parte de Deus. Nessa atitude é que ele viera hoje ao culto. Quando comecei a convidar pecadores para que viessem a Cristo vazios e despidos de todo mérito, sem qualquer bondade própria que os recomendasse ao Senhor e levasse Deus a aceitá-los, então ele pensou que por muitas vezes tinha tentado entregar seu coração a Cristo, e que haveria de fazer isso mais cedo ou mais tarde. Foi então que notou que isso lhe era impossível, parecendo-lhe totalmente inútil continuar tentando. E, segundo disse ainda, em seu coração não restavam forças para qualquer nova tentativa, pois via que isso seria em vão. Também não esperava haver melhor oportunidade ou mais capacidade daí por diante, mais do que houve antes, pois via e estava plenamente convicto que sempre haveria de falhar enquanto contasse somente com suas próprias forças.

Enquanto raciocinava assim, conforme disse, "viu com seu próprio coração" (uma expressão que os índios usam comumente), algo que era incomparavelmente bom e amorável, que ele nunca antes tinha percebido; e isso "conquistou o seu coração, quer ele quisesse, quer não". Todavia, conforme explicou, não sabia dizer do que se tratava. Ele não chegou a dizer que era Jesus Cristo, mas era algo dotado de muita glória e beleza, algo que nunca antes tinha percebido. Agora ele não dependia mais de seu próprio coração, conforme antes tentara fazer; mas, *tudo funcionou por si mesmo*, após aquela glória que havia descoberto. Antes ele costumava tentar uma barganha com Cristo - entregar-Lhe o seu coração para que pudesse receber a vida eterna. Mas agora ele não pensava coisa alguma sobre si mesmo, ou no que poderia acontecer daqui para frente. Estava satisfeito, a sua mente totalmente envolvida com a ideia da indizível excelência do que ele passara a perceber.

Após algum tempo, viu quão admiravelmente satisfatório é o caminho da salvação através de Cristo, parecendo-lhe algo indizivelmente desejável o ser salvo exclusivamente pela graça de Deus, em Cristo. A consequência disso foi que ele parece ter retido certo senso de satisfação com as realidades divinas, ao mesmo tempo que isso lhe permite manter uma vida séria, de religiosidade autêntica.

28 de janeiro. Os índios deste território, no passado, incorreram em pesadas dívidas, devido ao seu excessivo consumo de bebidas alcoólicas; outros passaram a explorá-los, apertando-os e acusando-os, e lançando alguns deles em cárcere privado; assim chegou-se a pensar que suas terras de caça estavam em perigo, podendo ser arrancadas deles. Sentindo que eles não poderiam manter-se juntos nesta região, a fim de se tornarem uma congregação evangélica caso suas terras lhes fossem tomadas - o que era uma perspectiva razoável - pensei que era meu dever esforçar-me ao máximo a fim de impedir tal evento. Tendo contado o problema aos representantes desta missão, de acordo com as mais fiéis informações que me foram dadas, eles pensaram que seria justo se gastassem parte do dinheiro que vinham juntando para benefício religioso dos índios, para saldar as dívidas dos índios e comprar estas terras, a fim de que os índios não tivessem qualquer dificuldade em estabelecer e ampliar sua congregação de índios crentes, neste território. Assim, tendo recebido ordens deles, lancei a crédito dos índios a quantia de *oitenta e duas libras e cinco xelins*, em moeda corrente de Nova Jersey, que vale *oito xelins por onça* de peso; assim impedi esse perigo ou dificuldade.

Visto que Deus tem realizado uma obra maravilhosa da graça entre os índios, e agora está inclinando outros procedentes de lugares remotos a virem viver em comunidade, quase continuamente; e visto que Ele abriu uma porta para impedir a dificuldade que acabamos de mencionar - a qual parecia ameaçar enormemente seus interesses religiosos, bem como seu bem-estar material - estou esperançoso que Deus estabeleça uma igreja para Si mesmo entre esses índios, para que a posteridade deles herde a verdadeira religião.

31 de janeiro. Chegou hoje entre nós o homem que escolhi para ser o professor dos índios, o qual foi calorosamente acolhido por toda a minha gente. Diante disso distribui várias dúzias de cartilhas entre as crianças e os jovens índios.

1° de fevereiro. O professor deu início às suas atividades entre os índios. Ele conta com cerca de trinta crianças e jovens em sua escola que funciona durante o dia, e cerca de cinco pessoas casadas, na sua escola noturna. O número de pessoas casadas seria maior se eles pudessem permanecer mais constantemente em suas casas, e se pudessem separar algum tempo de suas atividades de subsistência para frequentarem as aulas.

À noitinha, passei a catequizar, segundo o meu costume. Já no fim da mensagem, um surpreendente poder pareceu reforçar a Palavra, especialmente no caso de certas pessoas. Um homem idoso, que fora um alcoólatra notório, feiticeiro e assassino, e que havia sido espiritualmente despertado alguns meses antes, agora chegava ao fim de seus recursos, sob forte aflição de alma. Durante várias horas ele ficou trêmulo, ao compreender que estava à beira do inferno, sem qualquer capacidade de resgatar ou aliviar a si mesmo. Diversos outros índios, à semelhança deste, também manifestaram grande preocupação com suas almas, todos ansiosos por passar pela transformação espiritual salvadora.

8 de fevereiro. Passei boa parte do dia visitando minha gente de casa em casa, conversando acerca dos interesses de suas almas. Muitos choraram enquanto eu dialogava, parecendo que por nada se interessavam tanto como por obter união espiritual com o Redentor. À noitinha, passei a catequizar, como já se tornou comum. A verdade divina causou alguma impressão favorável entre os ouvintes, tendo provocado um afetuoso interesse, no caso de alguns deles.

Dia do Senhor, 9 de fevereiro. Ensinei os índios com base na história do cego, em Marcos 10.46-52. A Palavra de Deus pareceu soar solene e poderosa para os ouvintes, tendo impressionado consideravelmente a muitos deles, particularmente a alguns que até então pareciam ignorantes e descuidados quanto ao uso dos meios da graça. Mas agora foram despertados e prantearam desconsoladamente.

Ao avizinhar-se a noite, iniciei o doutrinamento usual, sendo este um período abençoado pelo poder de Deus. Várias pessoas foram espiritualmente tocadas. Casos anteriores de convicção foram poderosamente renovados. Houve um homem que foi notavelmente despertado, tendo sido até então viciado em bebidas alcoólicas. Ele parecia estar em grande aflição, pois chorava e tremia, tendo continuado assim até perto da meia-noite. Também houve uma pobre alma sobrecarregada, que desde muito tempo estivera sob intensa e constante angústia como eu nunca vira, mas que agora descansou de maneira extraordinária, humilhando-se e reconciliando-se com a soberania divina. Essa índia disse-me que agora sentia e percebia que era justo que Deus fizesse com ela como Lhe parecesse melhor, que seu coração sentia-se disposto e satisfeito ao pensar assim, ainda que, ultimamente, ela se queixasse com Deus, porque Ele poderia enviá-la para o inferno, *se assim Ele quisesse,* apesar de tudo quanto ela pudesse fazer. Acrescentou que a pesada carga que tanto havia esmagado sua alma, agora tinha sido removida. Ela procurara recuperar sua preocupação e aflição, por temer que o Espírito de Deus a estivesse abandonando, deixando-a totalmente indiferente, no entanto, sem obter qualquer resultado. Nada podendo fazer para salvar-se, sentia que teria de perecer para sempre, se Cristo não fizesse por ela tudo quanto fosse necessário, ainda que ela não merecesse qualquer ajuda divina e seria apenas justo se Ele a deixasse perecer eternamente. Mas acabou percebendo que Cristo podia salvá-la, embora ela nada pudesse fazer para redimir-se. Então ela pôde descansar.

FORKS OF DELAWARE, FEVEREIRO DE 1746

Dia do Senhor, 16 de fevereiro. Sabendo que certo número de índios deste território são obstinadamente contrários ao cristianismo, e que no passado alguns tinham se recusado a me ouvir pregar, pensei que seria apropriado e benéfico para o interesse cristão daqui, contar com alguns de meus índios salvos, para que pudessem conversar com eles sobre assuntos religiosos. Isso fiz na esperança que os índios daqui fossem convencidos da veracidade e importância do cristianismo, ao verem e ouvirem alguns de sua própria nação falando sobre as realidades divinas, manifestando grande desejo que outros fossem tirados das trevas do paganismo, como eles mesmos o tinham sido. Com esse propósito, selecionei meia dúzia dos mais sérios e inteligentes dentre aqueles índios. E, tendo-os trazido para Forks of Delaware, reuni-me hoje com eles e com os índios deste lugar. Um bom número destes últimos não poderia ter sido convencido a assistir à reunião não fora esses seis índios crentes que me acompanharam até aqui, para darem seu testemunho. Alguns destes, que antes tinham se mostrado tão avessos ao cristianismo, agora comportavam-se com sobriedade, embora houvesse outros que riam e zombavam. Entretanto, a Palavra de Deus caiu com tal poder e vigor sobre os ouvintes que vários deles pareciam aturdidos, tendo então expressado o desejo de me ouvirem novamente sobre esses assuntos.

Depois disto, orei com eles e dirigi um sermão aos brancos presentes; não pude deixar de observar alguns efeitos visíveis da Palavra entre eles, como lágrimas e soluços. Terminado o culto, gastei algum tempo esforçando-me a persuadir os escarnecedores sobre a veracidade e a importância daquilo sobre o que eu vinha ensinando com insistência; sendo assim, empenhei-me em despertar a atenção deles para a verdade divina. Tenho razão para pensar, com base naquilo que observei na ocasião e mais tarde, que meus esforços obtiveram um considerável efeito sobre um dos piores dentre os índios.

Aqueles poucos índios que costumavam ser meus ouvintes nesta região, alguns dos quais tinham se mudado para Crossweeksung, pareceram bem-dispostos para comigo, alegres por me verem de novo.

Todavia, tendo sido muito atacados por alguns dos pagãos opositores, estavam quase envergonhados ou temerosos de manifestar sua amizade por mim.

17 de fevereiro. Depois de haver passado muito tempo ensinando-os em suas respectivas casas, eu os reuni e reiterei e inculquei o que lhes ensinara antes. Posteriormente, preguei alicerçado sobre o trecho de Atos 8.5-8. Uma forte influência divina pareceu acompanhar a Palavra de Deus. Diversos dos índios demonstravam ter sido despertados, manifestando lágrimas e soluços não fingidos. Minha gente de Crossweeksung tinha continuado com eles, dia e noite, repetindo e inculcando as verdades que eu lhes tinha ensinado; e, algumas vezes, oravam e entoavam salmos entre eles. Também conversavam diante deles sobre as grandes coisas que Deus tinha feito em favor de si mesmos e dos índios, de cujo meio eles tinham vindo. Conforme minha gente me disse, aquelas conversas parecem ter produzido um maior efeito sobre eles do que quando se dirigiam diretamente a eles.

18 de fevereiro. Preguei a uma assembleia de colonos irlandeses, distante cerca de vinte e quatro quilômetros de onde estavam os índios.

19 de fevereiro. Preguei novamente para os índios, depois de haver passado muito tempo conversando com eles em particular. Pareceu sobrevir uma grande seriedade, bem como alguma preocupação e comoção entre os índios deste território, sem falar em uma doce emoção entre aqueles índios que tinham vindo em minha companhia. Um bom número de índios daqui parece ter-se desvencilhado de seus preconceitos e de sua aversão ao cristianismo, mostrando-se agora bem-dispostos e inclinados a dar ouvidos à Palavra de Deus.

20 de fevereiro. Preguei a um pequeno grupo de holandeses da Igreja Alta, que quase nunca tinham ouvido a pregação do evangelho, sendo que alguns deles, pelo menos, o ignoravam totalmente. Mas vários deles, ultimamente, têm inquirido com empenho pelo caminho da salvação. Esses prestaram muita atenção ao sermão, e foram bastante tocados pela Palavra. Mais tarde, conforme fui informado, disseram que nunca antes, em toda a sua vida, tinham sido tão iluminados acerca do caminho da salvação. Solicitaram-me que permanecesse com eles por alguns dias, ou então que eu voltasse, a fim de anunciar-lhes de novo o evangelho. Entristeceu-me não poder atender o pedido deles. Não pude evitar de ser afetado pelas circunstâncias em que se encontravam, pois eram como "ovelhas que não têm pastor". Alguns deles pareciam aflitos diante de seu estado pecaminoso, carentes de uma assistência especial da parte de um guia espiritual experiente.

21 de fevereiro. Preguei a um bom número de pessoas, muitas das quais da Igreja Baixa da Holanda. Vários dos já mencionados holandeses da Igreja Alta também estiveram presentes para ouvir o sermão, embora tivessem de vir de treze a dezesseis quilômetros de distância. Alguns índios que também residiam na mesma área vieram, voluntariamente, acompanhando minha gente de Crossweeksung para o culto. Dois dentre eles, em particular, que no domingo anterior tinham feito oposição, ridicularizando o cristianismo, agora se comportaram com sobriedade. Que estas encorajadoras manifestações continuem!

22 de fevereiro. Preguei para os índios. Pareceram mais isentos de preconceitos e mais cordiais ao cristianismo do que antes; alguns deles pareciam impressionados com a verdade divina.

Dia do Senhor, 23 de fevereiro. Preguei aos índios usando o trecho de João 6.35-37. Terminado o culto público, falei em particular com diversos deles e convidei-os a descerem a Crossweeksung em minha companhia, para se demorarem ali pelo menos por algum tempo, pois sabia que ali estariam livres das zombarias e das tentações dos pagãos que se opunham ao evangelho, além de poderem continuar ouvindo as verdades divinas ensinadas, tanto coletiva quanto individualmente. Alguns deles me prometeram fazer uma visita em breve, em Crossweeksung, para continuarem a ser instruídos. Pareciam ter sido consideravelmente iluminados, já bem despidos de seus preconceitos contra o cristianismo. Mas temo que seus preconceitos revivam, a menos que continuem sendo instruídos neste lugar, ou se mudem para onde possam usufruir dessa vantagem, distantes de seus conhecidos pagãos.

CROSSWEEKSUNG, MARÇO DE 1746

1º de março. Catequizei de acordo com o meu método usual de ensino. Fiquei contente e fortalecido ao vê-los responder minhas perguntas com tão grande prontidão, discrição e conhecimento. Já quase no fim de minhas instruções a verdade divina causou considerável impressão na audiência, produzindo lágrimas em alguns que estavam preocupados com suas almas; e, mais especialmente, podia-se notar um doce e humilde enternecimento em outros, os quais, tenho razão de pensar, receberam a graça divina.

Dia do Senhor, 2 de março. Preguei alicerçado em João 15.16. "Não fostes vós que me escolhestes..." Os presentes pareceram não estar dando tanta atenção como era o costume, e nem estarem sendo tão tocados pela verdade divina conforme se tornara comum entre nós. Alguns dentre a minha gente, que tinham subido comigo a Forks or Delaware, tendo agora regressado, foram acompanhados por dois dos índios pertencentes a Forks, os quais tinham prometido visitar-me em breve. Que o Senhor esteja com eles aqui. Dificilmente, agora, eles entram em uma casa na qual não encontrem conversação cristã, o que me infunde a esperança de que eles possam ser instruídos e despertados.

Novamente dirigi um sermão aos índios, à tarde, e entre eles pude notar certa animação e dedicação no culto divino, embora não com a mesma intensidade que por várias vezes temos visto por aqui. Desconheço outra assembleia de crentes onde pareça haver tanto da presença de Deus, onde o amor fraternal prevaleça tanto ou onde eu presencie tanto deleite na adoração pública a Deus em geral, como vejo em *minha própria congregação*. E isso embora não mais de nove meses atrás eles estivessem adorando aos *demônios* e aos *ídolos mudos,* de acordo com o poder das trevas e das superstições pagãs. Admirável mudança! Efetuada nada menos do que pelo poder e a graça. É realmente um prodígio do Senhor e coisa realmente magnífica aos nossos olhos.

8 de março. Instruí os índios à noitinha. Meu povo respondeu com desembaraço às perguntas que lhes fiz. Posso ver que o conhecimento deles, quanto às verdades cristãs, aumenta a cada dia. E o melhor ainda é que a influência divina, que se tem manifestado entre eles de forma tão notória, parece continuar em boa medida. A presença do Senhor se fez sentir durante a reunião, esta noite. Alguns, que penso já serem crentes regenerados, ficaram compungidos com o senso da bondade divina, bem como de sua própria esterilidade e ingratidão, parecendo *odiar a si mesmos,* conforme um deles, mais tarde, expressou. Parece que as convicções do Espírito também foram reavivadas em vários casos; e a verdade divina foi acompanhada por tal efeito sobre a assembleia em geral que, esta noite, com toda a razão poderá ser chamada de uma noite de poder divino.

Dia do Senhor, 9 de março. Preguei usando o trecho de Lucas 10.38-42. A Palavra de Deus atuou com poder e energia sobre os ouvintes. Um bom número destes foi positivamente afetado, os quais passaram a desejar obter o essencial, a salvação. Diversos índios, que já haviam dado boas evidências de serem receptores da graça de Deus, ficaram muito impressionados diante de sua falta de espiritualidade, percebendo o quanto careciam de crescer na graça. E a maior parte daqueles que, no passado, já tinham se deixado impressionar pelas coisas divinas, parece ter recebido a renovação dessas impressões.

À tarde, resolvi catequizar os índios segundo o meu método usual. estávamos ainda proferindo a primeira oração na língua indígena, como é o nosso costume, quando a maior parte da assembleia sentiu-se muito comovida e impulsionada pelas realidades divinas, de tal modo que senti ser conveniente e apropriado deixar de lado, desta vez, as perguntas quem eu havia preparado, a fim de enfatizar melhor as verdades mais práticas. Foi isso que fiz, elaborando um pouco mais a passagem da Bíblia sobre a qual havia discorrido pela manhã. Então pareceu descer sobre a congregação uma poderosa influência divina. Alguns dos índios, que considero realmente piedosos, foram tão profundamente impressionados diante de sua esterilidade espiritual e de seu mau tratamento para com o Redentor, que passaram a encará-Lo como *quem fora traspassado* por eles mesmos; e puseram-se a *lamentar,* sim, e alguns deles prantearam *amargamente, como quem pranteia por um filho primogênito.*

Alguns pobres pecadores despertos pareceram estar em angústia de alma, desejando obter comunhão com Cristo, pelo que houve *grande pranto* na assembleia, com muitos gemidos profundos, soluços e lágrimas! E um ou dois deles, recém-chegados entre nós, foram consideravelmente despertados.

Chego a pensar que teria refrigerado o coração de qualquer um, que realmente ama a causa de Sião, ter presenciado essa operação divina e visto os efeitos dela sobre santos e pecadores. O lugar de cultos parecia, ao mesmo tempo, agradável e solene, e estava tão agraciado pela demonstração da presença e da graça de Deus que aqueles que sentiam alguma satisfação com as coisas divinas não podiam deixar de dizer: "Quão amáveis são os teus tabernáculos, Senhor dos Exércitos!' (Salmo 84.1). Terminado o culto, várias pessoas vieram até a minha casa, onde entoamos hinos e falamos sobre as realidades espirituais; e a presença do Senhor também manifestou-se aqui entre nós.

Enquanto cantávamos, apareceu a mulher mencionada em meu diário em 9 de fevereiro. Aventuro-me a dizer, se é que posso dizer tanto de qualquer pessoa que eu já tenha visto, que ela estava tomada por uma "alegria indizível e cheia de glória", de tal maneira que não conseguiu conter-se, mas prorrompeu em oração e louvores a Deus diante de nós todos, em meio a muitas lágrimas. Falava, algumas vezes em inglês e algumas vezes na língua dos índios: *"Oh, Senhor bendito! Vem, vem! Oh, leva-me daqui; deixa-me morrer e ir para perto de Jesus Cristo! Tenho medo de continuar viva e pecar de novo. Oh, deixa-me morrer agora! Oh, querido Jesus, vem! Não posso ficar, não posso permanecer aqui! Como posso continuar vivendo neste mundo? Tira a minha alma deste lugar pecaminoso! Oh, nunca mais deixes que eu peque contra Ti! Oh, que farei, que farei, querido Jesus, querido Jesus?"* A mulher continuou nesse êxtase por algum tempo, proferindo essas e outras expressões similares sem cessar. O grande argumento que ela usava com Deus, para tirá-la do mundo prontamente, era: "Se eu continuar vivendo, posso pecar novamente". Quando ela quase voltara ao seu estado de espírito normal, perguntei-lhe se agora Cristo parecia doce e meigo para a sua alma. Diante da pergunta, voltando-se para mim com os olhos marejados de lágrimas, e com todos os sinais da mais sincera humildade que eu já vira em alguém, ela respondeu: "Por muitas vezes eu ouvi você falar sobre a bondade e a doçura de Cristo, que Ele é melhor que o mundo todo. Mas eu realmente não tinha entendido o que você queria dizer. Eu não acreditava em você, não acreditava em você! Mas agora sei que é verdade!" Ela continuou falando coisas assim. Então indaguei: "E agora você vê em Cristo o bastante para os piores pecadores?" Ela respondeu: "Oh, suficiente, suficiente para todos os pecadores do mundo, se eles quiserem vir a Cristo". Quando perguntei se ela poderia falar a outros sobre a bondade de Cristo, então, voltando-se para algumas pessoas sem Cristo que estavam paradas perto de nós, parecendo muito interessadas, ela disse: "Oh, há bastante em Cristo para vocês, se vocês vierem a Ele. Esforcem-se, esforcem-se por entregar a Ele os seus corações". Ao ouvir algo sobre a glória do céu, onde não há nenhum pecado, ela novamente caiu em estado de êxtase, na alegria e no desejo pela volta de Cristo, repetindo suas expressões anteriores: "Oh, querido Senhor, deixa-me ir daqui! Que farei, que farei? Quero ir para Cristo. Não posso continuar vivendo. Oh, deixa-me morrer". A mulher continuou nesse estado mental por mais duas horas, antes de voltar para casa. Eu bem sei que pode haver uma profunda alegria, que chegue até mesmo ao ponto de êxtase, onde, ainda assim não haja evidências substanciais de estar bem fundamentada. Neste caso, porém, parece que não faltavam evidências capazes para provar que aquela alegria tinha origem divina, no que se refere aos fatos antecedentes, às circunstâncias dos acontecimentos e às consequências.

Dentre todas as pessoas que tenho visto estarem sob a influência do Espírito, raramente encontrei outra mais humilde e quebrantada, sob convicção de pecado e miséria, do que esta mulher - indícios usualmente reputados como uma obra preparatória. Também nunca vi alguém que parecesse conhecer melhor o seu próprio coração do que ela, que frequentemente se queixava a mim acerca da sua dureza e rebeldia. Ela disse que seu coração se elevou e discutiu com Deus, quando pensou que Deus poderia fazer com ela o que melhor Lhe parecesse, enviando-a para o inferno, apesar de suas orações, de seu estado de espírito, etc.; e que seu coração não se dispunha a vir a Cristo para dEle receber a salvação, mas tentava apelar para outros lugares para receber ajuda. E como parecia notavelmente sensível para com sua teimosia e oposição a Deus, estando sob convicção, assim também ela pareceu não menos submissa e reconciliada com a soberania divina, antes de ter obtido qualquer alívio ou conforto. Desde então ela tem dado mostras de viver num estado de espírito de uma alma regenerada. Clamava por Cristo, não por medo do inferno, como antes, mas tendo forte desejo de ir até Ele, como sua única porção satisfatória. E por muitas vezes tem chorado e soluçado amargamente, porquanto conforme entende, ela não tem amado e nem tem podido amar ao Senhor. Certa vez perguntei a ela por que parecia tão entristecida; se não seria por receio do inferno. Então ela respondeu: "Não, não me aflijo por causa disso; mas é que o meu coração é tão iníquo que não posso amar a Cristo como devo". E, assim dizendo, desmanchou-se em lágrimas. Mas embora esse tenha sido o seu estado de espírito por diversas semanas em seguida, de tal modo que as operações da graça, em sua vida, têm sido visíveis aos olhos de outras pessoas, visto que ela mesma parecia totalmente insensível a essas operações antes, e nunca sentira qualquer consolo maior e satisfação tão sensível até esta noite.

Esse doce e surpreendente êxtase parece ter-se originado em uma autêntica descoberta espiritual da glória, da beleza arrebatadora e da excelência de Cristo, e não de quaisquer noções imaginárias grosseiras de sua natureza humana, como, por exemplo, vê-Lo neste ou naquele lugar, em certa postura corporal, ou pendurado na cruz, ou sangrando até morrer, ou sorrindo gentilmente, ou coisas semelhantes. Nessas ilusões, algumas pessoas têm sido levadas. Também não é oriundo de sórdidos e egoísticos entendimentos por qualquer benefício conferido a ela. Antes, provém da visão da excelência pessoal de Cristo e de sua superior amabilidade, o que produz aquele veemente desejo de desfrutar dEle, conforme ela tem manifestado, fazendo-a desejar estar "ausente do corpo, para estar presente com o Senhor".

A continuidade de uma notável obra da graça
24 de novembro de 1745 - 19 de junho de 1746

Os *acompanhamentos* desse arrebatador consolo têm sido tais que revelam que a sua origem é divina, como uma autêntica "alegria no Espírito Santo". Agora ela encarava as verdades divinas como realidades vivas, podendo dizer: "Sei que essas coisas são assim; sinto que elas são verdadeiras!" Sua alma resignava-se a aceitar a vontade do Senhor, mesmo no ponto mais sensível; de tal modo que quando eu lhe perguntei: "E se Deus tirasse de você o seu marido, que está muito doente, como você pensa que aceitaria tal coisa?", ela respondeu: "Ele pertence a Deus, e não a mim; Ele pode fazer com meu marido o que melhor Lhe pareça". Ela tem o mais perceptível senso da maldade do pecado, ao qual tem a maior aversão, preferindo morrer e ficar inteiramente livre da possibilidade de pecar. Agora ela podia livremente confiar às mãos de Deus todo o seu ser, para o tempo na vida presente e pela eternidade. Quando lhe perguntei se estaria disposta a morrer e deixar o seu nenê, e o que ela pensava que aconteceria com a criança, ela retrucou: "Deus cuidará dela. Ela pertence ao Senhor. Deus cuidará dela". Esta mulher agora parece ter o mais humilde senso de sua própria vileza e indignidade, de sua fraqueza e incapacidade de resguardar-se do pecado e de perseverar no caminho da santidade, clamando: "Se eu continuar vivendo, acabarei pecando". Então percebi que nunca vira manifestação similar de êxtase e humildade concentrada em uma só pessoa, durante toda a minha vida.

As *consequências* dessa alegria não são menos desejáveis e satisfatórias do que seus acompanhamentos. Desde então a mulher parece ser uma crente mui terna, quebrantada, afetuosa, devota e humilde; tão exemplar no viver e no falar, quanto qualquer outro membro de minha congregação. Meu desejo é que ela continue a crescer "na graça e no conhecimento de Cristo".

10 de março. Ao aproximar-se a noite, os índios reuniram-se espontaneamente, então cantaram, oraram e discorreram sobre as coisas divinas. Na oportunidade, houve intensa emoção entre eles. Alguns deles, que espero sejam piedosos, pareciam comovidos diante das realidades divinas, enquanto outros demonstravam grande preocupação com suas próprias almas. Percebendo quão engajados e dedicados estavam em seus afazeres religiosos, fui até eles, orei e lhes ofereci uma palavra de exortação. Então pude observar dois ou três deles que estavam um tanto comovidos e preocupados, os quais, antes, raramente demonstraram estar sob qualquer impressão religiosa. Este pareceu ser o dia e a noite do poder divino. Muitos deles haviam retido cálidas impressões deixadas em suas mentes pelas verdades divinas, desde o dia anterior.

Dia do Senhor, 16 de março. Preguei para a minha congregação, utilizando-me de Hebreus 2.1-3. A verdade divina pareceu exercer considerável influência sobre alguns dos ouvintes, produzindo muitas lágrimas, bem como profundos soluços e suspiros entre aqueles que já deram provas de serem cristãos autênticos, além de outras pessoas. As impressões sobre os ouvintes, de modo geral, pareceram profundas, afetando-lhes os corações, de forma não superficial, ruidosa ou fingida.

Quando a noite ia chegando, discursei novamente sobre a Grande Salvação. A Palavra de Deus novamente foi abençoada com algum poder sobre os ouvintes. Um bom número deles chorou com sentimento, aparentemente sem qualquer fingimento, de tal maneira que o Espírito de Deus parecia movimentar-Se entre a assembleia. A mulher mencionada em meu diário, no domingo passado, fez profissão pública de fé, com uma atitude mental devota, humilde e excelente.

Estando minha casa lotada com a minha gente, à noite, passei o tempo em práticas religiosas junto com eles, até que minhas forças quase se esgotaram. Os membros de minha congregação são incansáveis nos exercícios religiosos, mostrando-se insaciáveis em sua sede pelo conhecimento cristão, ao ponto que algumas vezes dificilmente consigo evitar de trabalhar, até quase exaurir minhas forças e o vigor.

19 de março. Várias das pessoas que foram comigo a Forks of Delaware em fevereiro passado, voltaram somente hoje, tendo ficado detidas lá por causa de perigosa enfermidade que acometeu uma delas. Diante disso, minha gente reuniu-se voluntariamente, a fim de passar algum tempo em práticas religiosas, e, sobretudo, agradecer a Deus por sua bondade preservadora em favor daqueles que tinham estado ausentes por várias semanas, além de haver recuperado a pessoa que estivera doente, e agora todos tinham retornado para cá em segurança. Visto que eu estava ausente, eles exprimiram o desejo de que o encarregado da escola os ajudasse em suas solenidades religiosas. Depois ele me contou que se ocuparam em intenso e longo tempo de orações, cânticos, etc.

22 de março. Catequizei segundo meu método usual, à noitinha. Minha gente respondeu às minhas perguntas, para minha grande satisfação. Nada houve de excepcionalmente notável durante a assembleia, considerando-se o que tem sido comum entre nós. Embora eu possa dizer que a grande atenção, a ternura e o afeto, as muitas lágrimas e os soluços de partir o coração, que houve em grande abundância entre nós, teriam sido notáveis, se Deus não os tivesse tornado comuns em nosso meio, e mesmo entre desconhecidos, logo que chegam até nós. Estou longe de pensar que cada manifestação e cada caso particular de comoção, os quais tem ocorrido entre nós, têm sido verdadeiramente genuínos, derivado do poder divino. Estou ciente da possibilidade do contrário, e não duvido que possa ter havido alguma mistura corrupta, isto é, algum *joio* em meio ao *trigo,* especialmente porque o interesse pelas questões religiosas se tem generalizado por aqui.

Dia do Senhor, 23 de março. Estiveram entre nós cerca de *quinze desconhecidos,* todas pessoas adultas, diversas das quais nunca tinham estado antes em qualquer reunião religiosa. Por isso, julguei próprio discorrer neste dia de uma maneira peculiarmente adaptada às circunstâncias ao conhecimento deles. Assim, procurei explicar-lhes o trecho de Oséias 13.9: "A tua ruína, ó Israel, vem de ti, e só de mim o teu socorro". Pela manhã esclareci o melhor que pude a apostasia e estado arruinado do ser humano, após ter falado sobre algumas coisas referentes à pessoa e às perfeições de Deus, como Ele criou o homem em estado de retidão e felicidade. À tarde, esforcei-me por mostrar a gloriosa divina com vistas à redenção de criaturas apostatadas, ao dar o seu próprio Filho querido para sofrer em lugar delas e assim satisfazer a justiça divina em favor delas.

Já quase ao pôr-do-sol, senti preocupação incomum, especialmente pelos pobres desconhecidos, porquanto Deus muito havia contido a sua presença e a poderosa influência de seu Espírito, durante os acontecimentos do dia. Isso os privou de que tivessem aquele grau de convicção que eu esperava ver. Assim preocupado, visitei várias casas, e expliquei o evangelho, com alguma apreensão e intensidade, a várias pessoas em particular. Ao que parece, porém, sem grande sucesso, até que cheguei em uma casa onde estavam hospedados vários dos recém-chegados.

Ali, finalmente, as solenes verdades que eu havia pregado, pareceram produzir efeito, primeiramente em algumas crianças, e em seguida em vários adultos, que tinham sido de alguma forma despertados anteriormente; e, finalmente, em diversos dos visitantes pagãos.

Dei continuidade ao meu discurso, de modo fervoroso, até quase cada pessoa da casa estar em lágrimas. Muitos começaram a prantear em altas vozes, parecendo deveras interessados em obter os benefícios de Cristo. Diante disso, um bom número de pessoas de outras casas se achegaram; e tão grande ficou a multidão que fomos forçados a continuar a reunião no local onde usualmente nos reunimos em adoração pública. A congregação reuniu-se imediatamente, e muitos pareciam estar profundamente afetados, quando então pude pregar por algum tempo usando o trecho de Lucas 19.10. "Porque o Filho do homem veio buscar e salvar o perdido." Procurei destacar a misericórdia, a compaixão e o amor de Cristo pelos pecadores perdidos, impotentes e condenados. Houve muita comoção e emoção visíveis entre os presentes, e não duvido que o poder de Deus tenha atingido os corações de muitos, através do sermão. Houve cinco ou seis, entre os homens e mulheres que nos visitavam, que pareceram ter sido consideravelmente despertados. Destaco entre esses um jovem muito forte, ao qual aparentemente nada poderia afetar, mas que agora tremia como o carcereiro filipense, pondo-se a chorar por longo tempo.

Os pagãos que foram despertados, pareceram desistir na mesma hora de sua brutalidade selvagem e de suas maneiras tipicamente pagãs, tornando-se pessoas sociáveis, ordeiras e humanas em todo o seu porte. Logo após sua chegada, tinha exortado aos índios crentes que dessem atenção especial a eles, conforme, vez por outra, já tinham feito com outros recém-chegados entre nós. Mas quando alguns de meus índios crentes tentaram aproximar-se dos estranhos, estes logo levantaram-se e retiraram-se para outras casas, a fim de evitarem ouvir a conversa dos crentes. Diante disso, alguns crentes sérios concordaram que se dispersariam por diversos lugares do povoado, e assim por onde quer que fossem, os visitantes recém-chegados ouviam algumas palavras instrutivas ou calorosas dirigidas a eles acerca da salvação de suas almas.

Agora, entretanto, não há mais necessidade de usar esse expediente para que possamos dialogar com eles acerca de seus interesses espirituais; pois já estão tão convictos de seu estado de perdição que aceitam voluntariamente conversar intimamente com os crentes a respeito de seu pecado e miséria, ou de sua necessidade de conhecer e obter os benefícios do grande Redentor.

24 de março. Contei os índios para ver quantas pessoas Deus havia reunido aqui desde que cheguei neste território; descobri que, ao todo, havia cerca de *cento e trinta* pessoas, entre idosos e jovens. Talvez uns *quinze* ou *vinte* dos que são meus ouvintes constantes estiveram ausentes nesta época. Se todos esses estivessem juntos, o número seria considerável; especialmente se levarmos em conta quão poucos podiam ser reunidos quando cheguei neste território - nada além de *dez* pessoas na ocasião.

Meus índios saíram hoje com o propósito de desmatar um trecho de suas terras, a cerca de vinte e cinco quilômetros deste povoado, a fim de formarem uma colônia próxima, onde possam gozar das vantagens de frequentar os cultos, de enviar seus filhos à escola, e, ao mesmo tempo, de fazerem os seus plantios de maneira mais conveniente – suas terras, onde nós residimos atualmente, são de pouco ou nenhum valor para esse propósito. O desígnio de se estabelecerem assim em uma coletividade, cultivando suas próprias terras, ao que pouco se tinham dedicado em seu estado de paganismo, é uma questão de necessidade básica para seus interesses religiosos e para seu bem-estar material. Eu tinha pensado ser apropriado convocá-los para mostrar-lhes o dever de trabalhar com fidelidade e diligência e que não deveriam ser "preguiçosos" em suas atividades, como tinham sido em seu estado pagão. Procurei frisar quão importante é serem eles laboriosos, diligentes e vigorosos na execução de suas atividades, sobretudo na atual estação, quando a época do plantio se aproxima, para que tenham condições de continuar vivendo juntos, desfrutando também dos meios da graça e da instrução. Tendo-lhes dado instruções acerca do trabalho deles, instruções essas que muito desejavam receber, bem como orientação sobre vários aspectos de comportamento; então expliquei, entoei hinos e procurei inculcar-lhes o verso do Dr. Watt:

> Se Deus negar-se a edificar a casa, etc.

e, tendo recomendado a Deus, em oração, tanto a eles quanto o propósito de sua saída, despedi-os para irem realizar o seu trabalho.

À noitinha, li e expus aos índios que permaneceram no povoado, bem como aos visitantes, a essência de Atos 3. Alguns deles pareciam muito compungidos ante a pregação da Palavra, especialmente quando eu falava sobre o versículo 19: "Arrependei-vos, pois, e convertei-vos..." Vários dos visitantes sentiram o poder da Palavra. Quando, mais tarde, lhes perguntei se não sentiam que seus corações eram malignos, conforme lhes havia ensinado, uma das mulheres respondeu que "agora se sentia assim". Essa mulher, antes de ter vindo aqui, ao ouvir que eu ensinava aos índios que todos eles tinham corações malignos por natureza, precisando ser transformados para se tornarem bons, mediante o poder de Deus, tinha comentado: "Meu coração não é mau, e nunca fiz qualquer coisa de ruim em toda a minha vida". De fato, em seu estado de paganismo, assim pensam todos os índios. Não parecem ter consciência de pecado e de culpa, a menos que possam acusar a si mesmos de certos atos pecaminosos grosseiros, contrários aos mandamentos contidos na *segunda tábua da Lei*.

27 de março. Preguei a um certo número de minha gente em uma de suas casas, de maneira mais particular. Investiguei particularmente o seu estado espiritual, a fim de ver quais impressões estavam sentindo. Expus a eles os sinais de uma pessoa regenerada, e também os sinais de uma pessoa não-regenerada; procurei adaptar e orientar o meu discurso a cada um, individualmente, conforme pude entender o estado de espírito deles. Antes de terminar minha apresentação, já se havia reunido um considerável número de índios; vários deles pareciam muito tocados pela Palavra, sobretudo quando encareci a necessidade e a infinita importância do novo nascimento. Tenho averiguado que o trato individual e íntimo com as pessoas, acerca de suas almas, na maior parte das vezes obtém sucesso.

31 de março. Convoquei a minha gente, conforme fizera na segunda-feira anterior, e novamente lhes ensinei a necessidade e a importância do labor diligente para poderem viver juntos, desfrutando dos meios da graça. Tendo oferecido urna oração solene a Deus, entre eles, rogando as bênçãos divinas aos seus esforços, despedi-os para o trabalho. Um bom número de índios, homens e mulheres igualmente, pareceu oferecer-se voluntariamente para a execução dessa tarefa; alguns pareciam estar desejosos que Deus fosse com eles, ajudando-os a iniciar a sua pequena cidade, e que, mediante a sua bênção, fosse uma localidade confortável para eles e para os seus familiares, no tocante tanto a garantir as necessidades de vida como a garantir a sua frequência aos cultos públicos.

5 de abril. Catequizei os índios à noitinha. Houve muita emotividade e fervoroso envolvimento no culto divino entre todos os presentes, especialmente ao final do meu sermão. Terminada a reunião, vieram à minha casa alguns índios que penso serem crentes piedosos, os quais ansiavam por entender melhor as coisas divinas. Enquanto conversava com eles acerca de seus estudos bíblicos, observando-os e notando que a obra de Deus nos seus corações era substancialmente a mesma que Ele realiza entre todos os seus filhos, e também que suas provas e tentações eram iguais, passei a mostrar-lhes que estavam na obrigação de se amarem mutuamente de forma toda peculiar; então, pareceram sentir profundo afeto e ternura uns pelos outros. Penso que esse sinal particular que demonstra serem discípulos de Cristo, ou seja, o amor que têm uns aos outros, raramente tinha parecido mais evidente do que nesta ocasião.

6 de abril. Preguei em Mateus 7.21-23. Um bom número de crentes examinou, de modo sério e detido, o seu estado espiritual, ao ouvirem que "nem todo o que me diz: Senhor, Senhor! Entrará no reino dos céus". À tarde, expliquei diante deles a disciplina de Cristo em sua igreja, bem como o método de tratar com os ofensores. Na oportunidade, os crentes se sentiram profundamente comovidos, mormente ao ouvirem que um ofensor, se continuasse em sua obstinação, teria que ser considerado e tratado como "um publicano", um pagão interesseiro, que não tem parte e nem sorte entre o povo visível de Deus. Acerca disso, os presentes pareceram ser envolvidos pelos mais terríveis temores - um estado de paganismo, do qual há tão pouco tempo haviam sido tirados, e que agora parecia horroroso.

Terminado o culto público, visitei diversas casas para ver como eles passavam o resto do domingo, abordando, com toda a solenidade, profundas questões referentes às suas almas. O Senhor pareceu sorrir sobre meus esforços para tratar com vários indivíduos, fazendo esses breves diálogos privados mostrarem-se mais eficazes para alguns do que os meus sermões públicos.

7 de abril. Discursei diante de minha gente à noitinha, usando o trecho de I Coríntios 11.23-26. Procurei explicar para eles a instituição, a natureza e as finalidades da Ceia do Senhor, bem como as qualificações e preparações necessárias para uma correta participação nessa ordenança. Vários deles ficaram muito comovidos diante do amor de Cristo, manifesto no fato que Ele fez provisões para a consolação de seus discípulos, em um período durante o qual Ele mesmo estava começando a entrar em seus mais agudos sofrimentos.

25 de abril. Separei este dia para jejum solene e oração, como preparação para a administrar da Ceia do Senhor. Meu propósito foi o de implorar a bênção do Senhor sobre a nossa renovação do pacto com Ele e uns com os outros, para que andemos juntos no temor de Deus, em amor e companheirismo cristão, rogando-Lhe que a sua presença esteja conosco ao nos aproximarmos de sua mesa; também que nos humilhemos diante de Deus, por causa da aparente retirada, ao menos em certa medida, daquela bendita influência que se tem feito sentir por tantas vezes sobre pessoas de todas as idades entre nós. E para que nos humilhemos diante de Deus, por causa das crescentes ocorrências de descuido, vaidade e vício, entre alguns que antes pareceram tocados e afetados pela verdade divina, e levados a ter alguma sensibilidade para com o seu estado natural de miséria e perdição. Foi determinado que orássemos importunamente pelo estabelecimento pacífico dos índios em sua própria comunidade, a fim de que ela se tomasse uma congregação cômoda para a adoração a Deus, e a fim de que Deus derrotasse todas as tentativas que porventura fossem feitas contra esse piedoso desígnio.[7]

A cerimônia foi acompanhada com seriedade, não somente por aqueles que se propunham a participar da Ceia do Senhor, mas também pela congregação inteira. Na primeira parte do dia esforcei-me por explicar às pessoas a natureza e o motivo do jejum, o que eu já tinha tentado fazer anteriormente de forma mais sumariada. À tarde, insisti sobre as razões especiais pelas quais estávamos, agora, engajados nestas solenes atividades, tanto no tocante à necessidade que tínhamos da ajuda divina, a fim de nos prepararmos devidamente para essa sagrada ordenança, da qual alguns dentre nós queriam participar, se assim o permitisse a providência divina, como também no referente ao declínio manifesto da obra de Deus por

---

7 Por este tempo surgiu um terrível clamor contra os índios, em vários lugares do país, além de insinuações de que eu os estaria treinando para cortar as gargantas das pessoas. Muitos civilizados desejavam ver os índios banidos deste território e alguns faziam pesadas ameaças, na esperança de assustá-los e impedi-los de se estabelecerem nos melhores e mais convenientes trechos de suas próprias terras, ameaçando-os de perturbá-los por meio da lei, alegando terem direito sobre essas terras, embora nunca as tivessem comprado dos índios.

aqui, como a convicção de pecado e a conversão de pecadores, porquanto, ultimamente, apenas poucos têm sido despertados de seu estado de segurança própria. A adoração a Deus foi acompanhada por grande solenidade e reverência, com muita ternura e lágrimas, por parte daqueles que pareciam crentes genuínos. Também pareceu haver alguma manifestação do poder divino, sobre aqueles que antes haviam sido despertados e que continuavam debaixo de convicção.

Após reiterada oração e leitura da Palavra de Deus, propus aos crentes, com o máximo de brevidade e clareza ao meu alcance, a substância da doutrina da fé cristã, conforme já fizera, a qual eles abraçaram com renovado ânimo. Então conduzi-os à solene renovação do pacto deles, por meio do qual se tinham entregue, explícita e publicamente, a Deus Pai, Filho e Espírito Santo, reconhecendo-O como seu Deus, ao mesmo tempo em que renunciavam as suas vaidades pagãs e as suas práticas idólatras e supersticiosas. Todos prometeram receber seriamente a Palavra de Deus, até onde eles já a conheciam ou pudessem vir a conhecê-La, como regra de suas vidas. Prometeram andar juntos em amor, vigiando cada qual a si mesmo e aos irmãos, levando vidas sérias e devotas, e cumprindo os deveres cristãos que cabiam a cada um.

Esse solene acordo fez-se acompanhar por muita gravidade e seriedade, mas também por muita prontidão, liberdade e animação; e uma união e harmonia de alma, muito espiritual, veio coroar a solenidade toda. À noite, não pude deixar de pensar que tinha havido sinais evidentes da presença divina conosco, durante todas as nossas diversas atividades do dia, embora também fosse claro que, entre os crentes, não houve aquele mesmo grau de interesse espiritual como, com frequência, tem sido observado aqui.

26 de abril. Quase ao meio-dia orei com uma criança moribunda e exortei os presentes a se prepararem para a hora da morte, o que parece ter surtido efeito em alguns. À tarde preguei à minha gente com base em Mateus 26.26-30; falei sobre o autor, a natureza e os desígnios da Ceia do Senhor; esforcei-me por salientar quem são os receptores dignos da ordenança. Os crentes genuínos foram tocados, ficando emocionados diante da verdade divina - tendo a visão do amor de Cristo em sua morte.

À noitinha passei a instruir aqueles que tencionavam participar da Ceia do Senhor no dia seguinte, e falei sobre a instituição, a natureza e a finalidade dessa ordenança; fiquei muito satisfeito diante do conhecimento doutrinário deles e reconheci estarem eles aptos para participarem da mesma. Por igual modo, eles pareceram sentir, de modo geral, a solenidade da sagrada ordenança, sentindo-se humildes sob a sensação de sua própria indignidade de se aproximarem de Deus, bem como desejavam estar devidamente preparados para participar dignamente da Ceia. Seus corações estavam plenos de amor uns pelos outros, parecendo ser essa a atitude mental que queriam conservar até chegarem diante da mesa do Senhor. Nos cânticos e orações que tivemos após as instruções catequéticas, manifestou-se uma apropriada ternura e emoção entre as pessoas, bem como sinais de amor fraternal e afeto, que constrangeriam alguém a exclamar: "Senhor, bom é estarmos aqui". Sim, é bom estar onde se manifestam essas influências celestiais.

Dia do Senhor, 27 de abril. Preguei sobre o trecho de Tito 2.14: "...o qual a si mesmo se deu por nós". Dessa vez, a Palavra de Deus foi acompanhada por sinais do poder divino sobre todos os circunstantes, de tal maneira que a audiência exibiu notável atenção e gravidade, especialmente no fim do culto, quando muitas pessoas foram tocadas.

Administrei a Ceia do Senhor para *vinte e três* pessoas índias, sendo que o número de homens e mulheres era praticamente o mesmo. Vários outros índios, em número de *cinco* ou *seis*, estavam ausentes, visto acharem-se em Forks of Delaware, senão teriam participado da Ceia junto conosco. A ordenança foi servida com grande solenidade, em meio a desejável ternura e afeto. É notável que durante a administração da ordenança, sobretudo quando da distribuição do pão, os presentes tenham sido afetados da forma mais vívida, como se eles estivessem estado presentes à crucificação de Cristo. E as palavras da instituição, quando foram repetidas e ampliadas, por ocasião da administração, parecem ter surtido idêntico efeito, com uma fé livre e plena e com afetuoso envolvimento da alma, como se o próprio Senhor Jesus Cristo se tivesse feito presente para falar pessoalmente com eles. A emoção dos comungantes, embora consideravelmente ativada, ainda assim manifestou-se de forma controlada, dentro de limites apropriados. Assim houve sentimentos doces, gentis, afetuosos, sem qualquer exibição impetuosa das paixões.

Depois de haver descansado por algum tempo, após a administração da Ceia, estando extremamente cansado devido às atividades do trabalho, fui caminhando de casa em casa, conversando em particular com a maior parte dos participantes, e descobri que quase todos tinham se sentido renovados no espírito diante da Ceia do Senhor, como se tivessem bebido "vinho novo". Eu nunca antes fora testemunha de tal exibição de amor cristão entre as pessoas, por toda a minha vida. Tudo foi tão notável que poderíamos exclamar com agradável surpresa: "Vede como eles se amam". Penso que não poderia haver maiores sinais de afeto mútuo entre o povo de Deus, nos primeiros dias do cristianismo, do que aquilo que se presenciou aqui. A cena era tão agradável e tão harmonizada com o evangelho, que nada menos poderia ser dito senão que tudo era um "feito do Senhor", uma genuína operação dAquele que "é Amor".

Ao aproximar-se a noite, discursei novamente sobre o texto acima mencionado, Tito 2.14, e insisti sobre a finalidade imediata e o propósito da morte de Cristo, ou seja, remir o seu povo de toda a iniquidade. Este pareceu ser um período de poder divino entre nós. Os crentes se sentiram muito revigorados, parecendo notavelmente ternos e emocionados, cheios de amor, alegria e paz, desejosos de serem completamente "remidos de toda a iniquidade", de tal maneira que, posteriormente, alguns deles me disseram que nunca antes se sentiram daquela maneira. Convicções também pareceram ser reavivadas no caso de muitos; foram despertadas várias pessoas, que nunca antes eu havia observado estarem sob qualquer impressão religiosa.

A continuidade de uma notável obra da graça
24 de novembro de 1745 - 19 de junho de 1746

Tal foi a influência divina sobre a nossa reunião e tão indizivelmente desejável a maneira pela qual muitos desfrutaram do culto, que quase me pareceu uma ofensa encerrar a reunião. A congregação, uma vez despedida, embora já estivesse escurecendo, não parecia disposta a deixar o lugar e as atividades religiosas que lhes representavam tanto, pelos benefícios experimentados quando a bendita influência reanimadora veio sobre ele. De modo geral, devo dizer que tive muito prazer na administração dessa ordenança, em vários aspectos. Tenho razões de sobra para pensar que aqueles que participaram da Ceia do Senhor já possuem um bom grau de conhecimento doutrinário sobre a natureza e o desígnio dessa ordenança, e que eles agiram com entendimento quanto àquilo que fizeram.

Durante os cultos preparatórios, posso dizer, com toda a verdade, que usufruí de uma incomum liberdade para explicar, de acordo com a compreensão e a capacidade dos membros, o pacto da graça, bem como a *natureza* desta ordenança. Os participantes também estavam bem cônscios de que esta ordenança não é mais do que um *símbolo,* e não o corpo e o sangue *reais* de Cristo, e que o propósito da Ceia visa ao refrigério e edificação da *alma,* e não ao benefício do *corpo.* Também estavam bem informados sobre a finalidade da ordenança, e de que foram chamados para comemorar o amor de Cristo, que O impeliu à morte.

Essa competência quanto ao conhecimento doutrinário, paralelamente à participação séria e decente dos índios, na celebração da ordenança, sua emoção sincera e a doce e cristã atitude que eles manifestavam, mesmo depois da cerimônia, infundiram-me imensa satisfação acerca da administração da Ceia a eles. Oh, que momentos doces e benditos foram aqueles! Estou persuadido de que o próprio Deus veio postar-se no meio de seu povo. Não duvido que muitos, ao terminar o dia, podiam dizer do fundo do coração: "Em verdade, um dia assim passado na casa de Deus é melhor do que mil anos em qualquer outro lugar". Parecia que estas pessoas piedosas estavam dotadas de *um só coração.* A doce união, a harmonia e o terno amor e afeição subsistentes entre eles, no meu entender, servem como um dos mais vívidos símbolos que eu já vira do mundo celestial.

28 de abril. Concluí a solenidade da Ceia do Senhor com um sermão baseado em João 14.15: "Se me amais, guardareis os meus mandamentos". Nessa ocasião, houve uma agradável ternura sobre os presentes em geral, mas especialmente sobre os comungantes. Oh, quão espontâneos, quão engajados e afetuosos eles pareceram, durante o culto! Pareciam dispostos a deixar suas orelhas serem furadas nos umbrais da porta da casa de Deus, tomando-se seus servos para sempre (Êxodo 21.6).

Observando um bom número de pessoas nesse excelente estado de espírito, e, de maneira geral, a assembleia comovida pela influência divina, pensei ser apropriado aproveitar do momento, conforme Ezequias fez por ocasião da grande celebração pascal (2 Crônicas 31), a fim de promover a bendita reforma iniciada no meio deles, e estimular na perseverança aqueles que pareciam sérios e piedosos. De acordo com isso, propus à minha gente que eles deveriam renovar sua aliança com Deus, vigiando sobre si mesmos e uns aos outros, a fim de que não desonrassem o nome de Cristo, caindo em práticas pecaminosas e impróprias; e em especial que se acautelassem do pecado da embriaguez - "o pecado que tão facilmente os assedia", e das tentações que conduzem ao alcoolismo, evitando a aparência do mal. Concordaram alegremente com a proposta, e explicitamente uniram-se no propósito de renovarem o seu pacto. Em vista disso, invoquei a Deus como testemunha, no tocante ao sagrado compromisso deles, da maneira mais solene que fui capaz. Relembrei-lhes a gravidade da culpa em que incorreriam se violassem os seus votos; também testifiquei que Deus seria testemunha terrível contra aqueles que presumissem assim proceder, no grande e terrível dia do Senhor. Foram momentos de admirável solenidade; sobreveio profunda reverência na fisionomia de todos na congregação quanto a esse propósito. Sinceros soluços, suspiros e lágrimas eram agora frequentes na audiência; não duvido que muitos clamores silenciosos foram então enviados para o alto, para a Fonte da graça, pedindo por um suprimento suficiente da graça divina para que pudessem cumprir tão solene compromisso.

Dia do Senhor, 4 de maio. Visto que agora minha gente se retirara para as suas terras, conforme mencionei em meu diário no dia 24 de março, onde desde então têm estado ocupados em preparar-se para se estabelecerem próximos uns dos outros, a fim de poderem desfrutar de forma mais conveniente do evangelho e de outros meios de instrução, bem como de melhores confortos na vida material, resolvi visitá-los hoje. Tive de ficar hospedado na residência de uma família inglesa, a alguma distância de onde estavam os meus índios. Pela manhã, preguei a eles com base em Marcos 4.5. "Outra caiu em solo rochoso, onde a terra era pouca..." Esforcei-me por mostrar-lhes a razão para sentirem temor, a fim de que muitos sinais e começos promissores na área religiosa não se tornem abortivos, como na ilustração da semente que caíra sobre terreno rochoso.

À tarde, preguei alicerçado em Romanos 8.9: «Esse alguém não tem o Espírito de Cristo, esse tal não é dele". Tenho motivos para julgar que esse sermão foi especialmente oportuno e que exerceu excelente efeito sobre alguns dos ouvintes. Depois, passei várias horas em conversas particulares, e labutei para regularizar certas coisas que percebi serem impróprias entre alguns deles.

5 de maio. Visitei novamente a minha gente, cuidando de seus interesses materiais; oferecendo conselhos acerca dos seus negócios. A cada dia venho descobrindo, mais e mais, quão importante é, para os seus interesses religiosos, que se tornem laboriosos e industriosos, afeitos às lides da agricultura e capazes de suprirem entre eles mesmos as suas necessidades e conforto da vida diária; pois sua atual maneira de vida os expõe grandemente a tentações de toda ordem.

9 de maio. Preguei a partir do trecho de João 5.40, ao ar livre, em plena floresta. Isso porque os índios ainda não têm um templo neste lugar, e quase nem dispõem de abrigos para morar. A verdade divina exerceu considerável impressão sobre a audiência, e esta foi uma ocasião de grande solenidade, ternura e afeição.

No dia de hoje recebi como membro o ex-feiticeiro e ex-assassino, mencionado em meu diário a 8 de agosto de 1745 e 1° de fevereiro de 1746, que parece ser um caso tão notável da graça divina que não posso deixar de apresentar aqui um breve relato sobre ele. Ele vivia nas proximidades e algumas vezes vinha às minhas reuniões em Forks of Delaware, pelo espaço de mais de um ano. No entanto, como a maioria dos índios, era muito viciado em bebida forte, em nada parecendo ser afetado pelos meios que eu usava entre eles para sua instrução e conversão. Naquela época, ao assassinar um jovem índio, foi lançado numa espécie de horror e desespero, pelo que se mantinha distante de mim, recusando-se a ouvir-me pregar por vários meses seguidos, até que um dia tive a oportunidade de conversar abertamente com ele, encorajando-o que o seu pecado poderia ser perdoado na pessoa de Cristo. Depois disso, ele voltou a frequentar, vez por outra, as nossas reuniões.

Mas o pior aspecto de sua conduta era a *feitiçaria*. Ele era um daqueles que os índios costumam designar de *powaw*; e apesar de frequentar nossas reuniões e ouvir-me pregar, continuava pondo em prática os seus encantamentos e feitiçarias, "procurando mostrar ser um grande personagem, a quem todos davam ouvidos", supondo ser dotado de grande poder. Por várias vezes, estando eu a instruir os índios acerca dos milagres operados por Cristo na cura de enfermos, mencionando-os como provas de sua missão divina e da veracidade de sua doutrina, eles imediatamente falavam sobre as maravilhas de curas que aquele homem realizava com os seus encantamentos. Assim, tinham-no em alta conta, por causa de suas noções supersticiosas. Isso parecia um obstáculo fatal a alguns deles, quanto a aceitação do evangelho. Por muitas vezes cheguei a pensar que seria um grande favor em prol da evangelização dos índios, se Deus tirasse do mundo aquele ímpio, pois eu quase não tinha mais esperança de que um dia fosse transformado. Mas Deus, cujos pensamentos não são os pensamentos do homem, resolveu usar um método muito mais eficaz com aquele índio, um método consoante a sua natureza misericordiosa, e, creio eu, vantajoso para os seus próprios interesses entre os índios, além de eficiente para a salvação da pobre alma daquele homem. A Deus, pois, seja a glória por isso.

O primeiro genuíno interesse daquele homem por sua alma foi despertado quando viu meu intérprete e sua mulher professarem fé em Cristo, publicamente, em Forks of Delaware, a 21 de julho de 1745. Isto o deixou tão impressionado que, por convite de um índio que já era favorável ao cristianismo, ele me seguiu até Crossweeksung nos primeiros dias de agosto, a fim de ouvir-me pregar; e ali continuou por diversas semanas, durante o período do mais notável e poderoso despertamento que já tinha havido entre os índios. Naquela ocasião foi despertado ainda mais e colocado sob grande preocupação com a sua alma. Conforme ele mesmo testificou, ao "sentir a Palavra de Deus em seu coração", seu espírito *de encantamento* abandonou-o totalmente, de maneira que, desde então, não tem poder algum nessa área. Conforme ele afirma, agora nem mais sabe como usava os encantamentos e feitiçarias, e que mesmo que o desejasse, não conseguiria fazer qualquer conjuração.

Ele continuou sob a convicção de seu estado pecaminoso e perdido, preocupando-se muito com sua alma, durante todo o outono e a primeira parte do inverno passado. Mas, não chegou a ser profundamente tocado senão em certo tempo do mês de janeiro, quando a Palavra de Deus passou a dominá-lo de tal modo que caiu em profunda aflição, sem saber o que fazer, e nem para onde voltar-se. Nessa ocasião me disse que quando costumava ouvir-me pregar, o que acontecia vez por outra durante o outono do ano passado, minha pregação feria seu coração, deixando-o muito *intranquilo*, porém, não ao ponto de angustiá-lo, porquanto ainda esperava que poderia fazer algo para aliviar a si próprio. Mas agora, disse ele, sentira-se de tal forma acuado por meus sermões, sem ter para onde ir, que não podia evitar a aflição de alma. Prosseguia sob uma carga pesada e sob a pressão de um espírito ferido, até que, por fim, caiu em forte angústia e intensa agonia de alma, conforme mencionei em meu diário, a 1º de fevereiro. Esse estado prosseguiu por aquela noite e por parte do dia seguinte. Depois disto foi levado a mais total calma e serenidade mental; seu trêmulo e pesado fardo foi removido e, agora, ele parecia perfeitamente sereno, mesmo que não sentisse a mínima esperança de salvação.

Notei que ele parecia bastante quieto. Então lhe perguntei como estava passando. Ele respondeu: "Acabou, acabou, agora acabou tudo". Perguntei-lhe o que queria dizer. E ele respondeu: "Não posso fazer nada mais para me salvar, acabou tudo para sempre. Não posso fazer mais nada". Indaguei se ele não poderia fazer algo mais, ao invés de ir para o inferno. Ele replicou: "Meu coração está morto. Nunca poderei ajudar a mim mesmo". Perguntei-lhe o que achava que iria acontecer com ele, em vista disso. Ele respondeu: " Só me resta ir para o inferno". Indaguei também se ele pensava que era justo Deus enviá-lo para o inferno. E a resposta foi: "Certamente. O diabo tem estado em mim desde que nasci". Indaguei se ele sentira dessa maneira quando estava em tão grande aflição na noite anterior. Ele disse: "Não, naquela hora eu não pensava que fosse justo. Eu pensava que Deus me mandaria para o inferno, e que eu já estava caindo nele. Mas meu coração discutia com Deus, não querendo admitir que era justo enviar-me para lá. Agora, porém, reconheço que isso é justo, pois eu sempre servi ao diabo e meu coração agora não contém bondade nenhuma, mas continua ruim como sempre foi". Pensei que raramente havia visto alguém que tivesse sido levado mais eficazmente a desistir da dependência de si mesmo e de seus esforços quanto à salvação, ou que mais claramente tenha se prostrado aos pés da misericórdia soberana do que aquele índio.

Ele continuou nessa atitude mental por vários dias, condenando-se e reconhecendo o tempo todo que seria justo se fosse condenado, merecendo isso por causa da gravidade de seus pecados. No entanto, era claro que ele possuía uma esperança secreta por misericórdia, embora não percebesse tal coisa, o que o preservou não apenas de se desesperar, mas também de qualquer preocupação angustiante. E assim, ao invés de entregar-se à tristeza e ao desânimo, sua fisionomia parecia aprazível e conformada.

Estando ele nesse estado, por diversas vezes perguntou-me quando eu iria pregar novamente. Parecia desejar ouvir a Palavra de Deus todos os dias. Perguntei-lhe por qual razão queria ouvir-me pregar, visto que seu coração estava morto e estava tudo acabado; e que nunca poderia ajudar a si mesmo, esperando somente o inferno. Ele replicou: "Gosto muito de ouvir você falar que Cristo é para todos". Eu acrescentei: "Mas de que lhe adiantará isso, se afinal você tem de ir para o inferno?" - Usando a própria linguagem dele. Antes eu havia tentado da melhor maneira possível expor a ele as excelências de Cristo, sua total suficiência e disposição para salvar pecadores perdidos, como era o caso dele, sem que isso lhe tivesse dado qualquer conforto. Ele respondeu: "É que, mesmo que eu tenha de ir para o inferno, quero que outras pessoas venham a Cristo". Era admirável que ele parecesse ter tanto amor pelo povo de Deus. E nada o deixava mais perturbado do que a ideia de ficar separado deles. Essa pareceu ser uma parte realmente assustadora do inferno ao qual se via condenado. Também era digno de atenção que, durante esse período, ele se mostrasse muito diligente no uso de todos os meios para a salvação da alma, embora ele tivesse ideia clara sobre a ineficácia dos meios para prestar-lhe ajuda. Com frequência ele dizia que tudo quanto fazia nada significava, mas nunca antes se mostrara tão constante em observar diariamente a oração particular e doméstica, e, surpreendentemente, mostrava-se diligente e atento ao ouvir a Palavra de Deus, de tal modo que ele nem abandonava a ideia de receber misericórdia, nem presumia em depender de seus próprios atos, mas usava os meios determinados por Deus para a salvação, e também esperava em Deus à sua própria maneira.

Depois de continuar nesse estado por mais de uma semana, enquanto eu pregava publicamente, ele pareceu receber uma visão vivificante da excelência de Cristo e do caminho da salvação por intermédio dEle, o que o levou às lágrimas, enchendo-o de admiração, consolo, satisfação e louvor a Deus. Desde então ele tem sido um crente humilde, devoto e afetuoso, sério e exemplar em sua conversação e comportamento.

Frequentemente ele se queixa de sua esterilidade, de sua falta de calor, vida e atividades espirituais, apesar de, por muitas vezes, ser favorecido por uma influência reanimadora e restauradora. Em tudo, até onde sou capaz de avaliar, ele estampa as marcas de alguém que "foi criado de novo em Cristo Jesus, para as boas obras".

Seu zelo pela causa de Deus me foi agradável quando esteve comigo em Forks of Delaware, no último mês de fevereiro. Ali havia um índio idoso. Quando preguei, este ameaçou enfeitiçar-me, bem como aos índios crentes que me acompanharam até ali. Então, o índio convertido desafiou-o a fazer o pior que conseguisse, dizendo-lhe que ele próprio havia sido um feiticeiro, igualmente poderoso, mas que, no entanto, assim que sentira em seu coração a Palavra que os crentes amam, isto é, a Palavra de Deus, seu poder de conjurador imediatamente o abandonou. E disse ao outro: "Assim aconteceria também com você, se ao menos uma vez você sentisse a Palavra em seu coração. Na verdade, você não tem poder para causar dano aos crentes, não podendo nem ao menos tocar neles". Assim, posso concluir este meu relato observando, em alusão àquilo que foi dito do apóstolo Paulo, que com o mesmo zelo defende e, praticamente, "prega a fé que outrora procurava destruir" (Gálatas 1.23), ou que se colocava como instrumento para obstruir. Que Deus receba toda a glória pela admirável transformação ocorrida em sua vida.

19 de maio. Visitei minha gente e preguei em Atos 20.18,19, procurando corrigir as noções deles acerca das atrações religiosas. Mostrei-lhes, por um lado, quão desejáveis são as emoções religiosas, a ternura de espírito e o fervor na adoração a Deus e no serviço cristão, quando essas emoções fluem de uma autêntica revelação da glória divina, de um justo senso das excelências e perfeições transcendentais do Deus bendito, bem como de uma visão da glória e da beleza de nosso grande Redentor. Essa perspectiva das realidades divinas, naturalmente, nos estimula a "servir ao Senhor com muitas lágrimas, com muito afeto e fervor, mas também com toda a humildade".

Por outro lado, salientei a pecaminosidade em se buscar fortes emoções em primeiro lugar, ou seja, fazer dessas emoções o objeto sobre o qual nossos olhos e nossos corações se concentrem acima de tudo, quando a glória de Deus é que deveria ser esse objeto. Mostrei-lhes que se o nosso coração fixar-se direta e principalmente em Deus, e a nossa alma empenhar-se em glorificá-Lo, haverá algum grau de emoção religiosa como consequência. Mas que buscar as emoções, direta e principalmente, fixar o coração acima de tudo nessas emoções, é pôr tais emoções no lugar de Deus e de sua glória. E se buscamos essas emoções para que outras pessoas as observem, admirando a nossa espiritualidade e avanço na vida religiosa, isso é, então, um abominável orgulho; e se as buscamos somente a fim de sentir o prazer de estarmos sendo tocados, então é idolatria e autogratificação. Também esforcei-me por mostrar quão desagradáveis são aquelas emoções que, algumas vezes, são forjadas nas pessoas pelo poder da imaginação, em seus próprios esforços para produzi-las. Ao mesmo tempo procurei recomendar aquelas emoções religiosas, o espírito de fervor e devoção, que deveriam acompanhar toda a nossa prática religiosa, sem o que, a religião será apenas um nome vazio e uma carcaça sem vida. Parece que este foi um sermão oportuno, mostrando-se muito satisfatório para alguns dos ouvintes que antes tinham encontrado alguma dificuldade em relação a isto. Mais tarde cuidei da minha gente, oferecendo algumas orientações acerca de suas atividades seculares.

7 de junho. Tendo o Pastor William Tennent expresso o seu desejo que eu fosse seu assistente na administração da Ceia do Senhor, hoje pela manhã cavalguei até Freehold, a fim de prestar-lhe essa ajuda. E visto que a minha gente também tinha sido convidada a participar da cerimônia, alegremente aproveitaram a oportunidade e hoje estiveram comigo nos cultos preparatórios.

Dia do Senhor, 8 de junho. A maior parte de minha gente, que havia participado da mesa do Senhor antes desta ocasião, participou agora com outros da santa ordenança, e, conforme creio, segundo o desejo e para a satisfação e consolo de um bom número do povo de Deus, os quais tinham anelado por ver este dia, e cujos corações tinham se regozijado nesta obra da graça entre os índios, a qual preparou o caminho para o que pareceu tão agradável nesta ocasião. Aqueles dentre minha gente que participaram da Ceia pareciam, de modo geral, ternamente tocados diante da mesa do Senhor, alguns deles consideravelmente movidos pelo amor de Cristo, embora não estivessem tão notavelmente animados e deleitados, nesta ocasião, como quando administrei essa ordenança somente para a nossa própria congregação. Alguns dos *assistentes* ficaram comovidos ao verem aqueles que, estando antes "separados da comunidade de Israel, e estranhos às alianças da promessa", os quais tinham vivido "não tendo esperança, e sem Deus no mundo" (Efésios 2.12), agora se aproximaram de Deus, como seu povo declarado, através de uma solene e devota participação nessa sagrada ordenança. Assim, como um bom número dentre o povo de Deus se sentia revigorado diante desta cena, e desta forma impulsionados a bendizer a Deus pela ampliação de seu reino no mundo, também outros, conforme fui informado, foram despertados, compreendendo o perigo em que estavam de, ao final, serem lançados fora; enquanto viam outros, chegados do oriente e do ocidente, preparando-se ou já na expectativa de estarem preparados, em boa medida, para sentarem-se no reino de Deus.

9 de junho. Um bom número dentre os meus índios reuniu-se cedo, em um lugar retirado na floresta, onde oraram, cantaram hinos e conversaram sobre as coisas divinas. Neste local, alguns religiosos de raça branca viram-nos sendo tocados e emocionados, alguns deles ao ponto de derramar lágrimas.

Depois de terem participado das cerimônias finais da Ceia do Senhor, meus índios voltaram para casa; muitos deles se regozijavam por toda a bondade de Deus que tinham visto e sentido. Assim, parece que esses foram momentos proveitosos e consoladores para vários membros de minha congregação. Conforme penso, foi para a glória de Deus e para o interesse da religião cristã neste território que eles estiveram presentes na ocasião, participando da mesa do Senhor em companhia de outros crentes. Pois, vários deles, aparentemente por este meio foram despertados.

13 de junho. Preguei aos índios acerca da *nova criatura,* usando o trecho de 2 Coríntios 5.17. A presença do Senhor pareceu estar na assembleia. Foi uma reunião doce e agradável, na qual o povo de Deus foi refrigerado e fortalecido, ao contemplar os seus rostos no espelho da Palavra de Deus, percebendo, em si mesmos, as marcas e os sinais da nova criatura. Alguns pecadores já impressionados pela Palavra, também foram tocados novamente e mais uma vez se envolveram na procura de seus interesses eternos.

Na ocasião, foram recebidos na comunhão *três* índios. Um deles foi a mui *idosa índia* sobre cujas lutas espirituais fiz um relato em meu diário, no dia 26 de dezembro. Depois ela me apresentou uma narrativa bem detalhada, racional e satisfatória sobre a notável mudança que havia experimentado alguns meses após o início de seu despertamento, tudo o que me pareceu serem operações genuínas do Espírito de Deus, até onde sou capaz de avaliar. Por já parecer estar caducando, devido à sua muita idade, nada me foi possível fazer para interrogá-la, e nem pude fazê-la entender qualquer coisa do que lhe perguntei. Contudo, quando a deixei prosseguir com a sua própria história, ela apresentou-me um relato perfeitamente distinto e pormenorizado sobre os muitos e variados conflitos pelos quais passara em sua alma, lutas que deixaram impressões profundas sobre a sua mente. Tenho grande razão em pensar que ela nasceu de novo, estando em idade tão avançada, conforme presumo, acima de *oitenta anos.*

19 de junho. Visitei os meus índios acompanhados por dois pastores que eram representantes da missão. Passei algum tempo em conversa sobre assuntos espirituais com os índios; e também procurei cuidar de seus interesses materiais.

Hoje está completando exatamente um ano desde que preguei pela primeira vez a estes índios, em Nova Jersey. Quantas coisas notáveis Deus tem operado nesse espaço de tempo em favor dessa pobre gente! Que transformação surpreendente nota-se no seu temperamento e conduta! O quanto foram transformados esses morosos e selvagens pagãos, nesse breve período, tornando-se cristãos agradáveis, afetuosos e humildes! E os gritos selvagens que soltavam em suas bebedeiras, transformaram-se em louvores devotos e fervorosos a Deus! Aqueles que antes estavam nas trevas, agora se tornaram "luzes no Senhor". Que eles possam "andar como filhos da luz e do dia!" E agora, Àquele que tem o poder de firmá-los segundo o evangelho e a pregação de Cristo - o Deus todo-sábio seja a glória, por meio de Jesus Cristo, para todo o sempre. Amém.

ANOTAÇÕES GERAIS SOBRE ESTE PERÍODO

No encerramento desta narrativa, gostaria de fazer algumas observações gerais sobre aquilo que, para mim, parece ser digno de atenção, relacionado à contínua obra da graça entre o meu povo.

1. Não posso deixar de ressaltar que, em geral, desde a primeira vez que cheguei entre os índios de Nova Jersey, tenho sido favorecido com aquela ajuda que, para mim, é incomum, ao pregar a *Cristo crucificado*, fazendo dEle o *centro* e o *alvo* para onde se dirigem todos os meus sermões e explicações entre os índios.

Após ter ensinado aos índios algo sobre o Ser e as perfeições de Deus, como Ele criou o homem em estado de retidão e felicidade, e como o gênero humano, desde então, ficou sujeito ao dever de amá-Lo e honrá-Lo, o escopo e o intento principal de todos os meus discursos, durante vários meses, foi levá-los ao conhecimento de seu próprio estado deplorável por natureza, na posição de criaturas decaídas; de sua incapacidade de se desvencilharem e livrarem por si mesmos desse estado; da total insuficiência de quaisquer reformas e melhorias externas de vida, ou de quaisquer práticas religiosas que possam realizar, estando nesta condição, a fim de conduzi--los ao favor divino e de criar neles um desejo pela misericórdia eterna. Daí, procurei mostrar-lhes a sua absoluta necessidade de Cristo, a fim de serem remidos e salvos da miséria de seu estado decaído - esclarecendo a toda-suficiência de Cristo e sua disposição para salvar até o principal dos pecadores - a gratuidade e as riquezas da graça divina, oferecidas "sem dinheiro e sem preço", a todos quantos queiram aceitar o oferecimento. Então passei a exortá-los a recorrerem, sem demora, à pessoa de Cristo, estando eles sob o senso de seu estado de miséria e condenação, para receberem alívio e salvação eterna - e também lhes mostrei o abundante encorajamento proposto pelo evangelho aos pecadores necessitados, impotentes, que estão na perdição, procurando persuadi-los a vir a Cristo. Tenho, vez por outra, reiterado e insistido principalmente sobre essas verdades.

Por frequentes vezes tenho assinalado, com admiração, que, sem importar qual a questão eu estivesse ventilando, após usar o tempo suficiente para explicar e ilustrar as verdades ali contidas, eu era natural e facilmente guiado a falar sobre Cristo, como a parte essencial de cada assunto. Se eu estivesse abordando o Ser e as gloriosas perfeições de Deus, dali eu era naturalmente levado a discursar sobre Cristo, como o "único caminho para o Pai". Se eu tentasse explicar a deplorável miséria de nosso estado caído no pecado, era natural que dali eu passasse a mostrar a necessidade de Cristo interceder por nós, de expiar nossos pecados e de redimir-nos do poder exercido por eles. Se eu estivesse ensinando os mandamentos de Deus, mostrando como os temos violado, isso me conduzia, da forma mais suave e natural, a falar sobre o Senhor Jesus Cristo, recomendando-O como Aquele que tinha "magnificado a lei", a qual havíamos quebrado, tornando-Se Ele mesmo "o fim da lei, para justiça de todo aquele que crê". Eu nunca encontrei tanta desenvoltura e ajuda para fazer harmonizarem-se as várias linhas de meus discursos, e para centralizá-las na pessoa de Cristo, da forma que tenho feito por muitas vezes entre os índios.

Frequentemente, quando pensava em pregar algumas palavras sobre um determinado assunto, sem achar ocasião, nem mesmo lugar, para qualquer ampliação daquele assunto, aparecia uma fonte de graça do evangelho que brilhava, ou que resultava naturalmente, de uma simples explicação daquele assunto; e Cristo parecia, de tal modo, estar sendo apresentado como o conteúdo daquilo que eu estava considerando e explicando. Então, eu era atraído, de um modo não apenas fácil, natural e adequado, mas também quase inevitável, a falar sobre Ele, com relação a sua obra, sua encarnação, sua suficiência e sua admirável competência para a obra de redenção do homem, e sobre a infinita necessidade que os pecadores têm de se interessarem por Ele. E isto abria o caminho para uma contínua proclamação do convite do evangelho às almas perdidas, para que viessem vazios e nus, fracos e sobrecarregados, e se lançassem aos cuidados dEle.

Em minha pregação tenho sido notavelmente influenciado e ajudado a falar sobre o Senhor Jesus Cristo e sobre o caminho da salvação por meio dEle, e tenho sido, às vezes, surpreendentemente suprido com matéria pertinente a Ele e ao desígnio de sua encarnação. Muitas vezes tenho sido ajudado, de maneira admirável, ao procurar explicar os mistérios da graça divina, e ao mostrar claramente as excelências infinitas e as "insondáveis riquezas de Cristo", bem como ao exortar a pecadores para que O aceitem. Também tenho sido capacitado a expor a glória divina, a infinita preciosidade e a transcendental amabilidade de nosso grande Redentor, bem como a suficiência de sua pessoa em garantir o suprimento para as necessidades e para os mais profundos desejos de almas imortais. Da mesma maneira tenho sido ajudado ao explicar as infinitas riquezas de sua graça e o admirável encorajamento oferecido no evangelho para pecadores indignos e incapazes; ao convocar, convidar e rogar que os pecadores venham e se entreguem a Cristo, reconciliando-se com Deus por meio dEle, ao debater com os pecadores acerca de como negligenciam Alguém tão infinitamente amorável e gratuitamente oferecido. E isso de tal maneira, com tão grande liberdade, pertinência, sentimento e aplicação às consciências que, estou certo, eu nunca poderia ter feito por mim mesmo, ainda que mui assiduamente aplicasse a minha mente. Por muitas vezes, em tais oportunidades, tenho sido surpreendentemente ajudado para adaptar os meus sermões à capacidade de meu povo indígena, apresentando-lhes todas essas verdades de maneira fácil, com expressões familiares, inteligíveis até mesmo para os pagãos.

Não estou mencionando essas coisas como uma recomendação de minhas realizações; pois reconheço que não dispunha de qualquer habilidade ou sabedoria compatíveis com minha grande tarefa; nem sabia como escolher "palavras aceitáveis" e adequadas ao nível dos pobres e ignorantes índios. Mas, agradou a Deus ajudar-me a não saber qualquer outra coisa entre os pagãos, exceto "Jesus Cristo, e este crucificado". Assim, pude mostrar-lhes a sua condição de miséria como pecadores longe de Cristo, expondo-lhes quão apto Ele é para redimi-los e salvá-los.

Essa foi a pregação que Deus usou para despertar pecadores e para propagação dessa "obra da graça" entre os índios. É digno de nota que, vez por outra, ao ser favorecido com desenvoltura ao falar sobre "a habilidade e disposição de Cristo para salvar os pecadores", bem como "a necessidade que eles tinham de um tão grande Salvador", era então que se manifestava mais fortemente o poder divino, despertando aqueles que se sentiam seguros em si mesmos, promovendo a convicção de pecado ou consolando os aflitos.

Antigamente, ao ler o sermão de Pedro na casa de Cornélio (Atos 10), eu me admirava de vê-lo apresentar, logo de início, a pessoa do Senhor Jesus Cristo, continuando a falar sobre Ele praticamente o sermão inteiro. Nisto o apóstolo diferiu imensamente de muitos de nossos pregadores modernos. Recentemente, porém, isso não me tem parecido uma tática estranha, porquanto reconheço que Cristo é o próprio âmago do evangelho e o centro para onde confluem todas as diversas linhas da revelação bíblica. Apesar disso, sou sensível à necessidade de serem ditas muitas outras coisas a pessoas que estão sujeitas às trevas do paganismo, a fim de que haja uma devida introdução do nome de Cristo e de sua realização em favor do homem caído.

2. É digno de ser frisado que muitos índios são levados a uma estrita anuência às regras da moralidade e da sobriedade, bem como a uma realização consciente dos deveres externos do cristianismo, mediante *o poder interno e a influência da verdade divina* - a ação das peculiares doutrinas da graça sobre as suas mentes, e isso antes mesmo que esses deveres morais

sejam expostos repetidas vezes e inculcados a eles, e sem que seus vícios sejam evidenciados e combatidos. Já destaquei qual tem sido o tom e o rumo de minha pregação entre os índios; quais as verdades que mais tenho acentuado, e como tenho sido impelido a estender-me, com certa frequência, a respeito das doutrinas peculiares da graça. Essas doutrinas, que têm a mais direta tendência para humilhar a criatura humana, mostrando-lhe a miséria de seu estado natural, levando-a aos pés da misericórdia soberana de Deus e exaltando o nosso grande Redentor - desvendam a sua excelência transcendental, a sua infinita preciosidade, e assim recomenda-O diante do pecador, para que O aceite - sim, essas doutrinas têm sido o tema do que foi entregue aos índios, em público ou particularmente, sendo que, de tempos em tempos, as tenho reiterado e frisado.

Deus se agradou em conferir com essas verdades divinas uma tão poderosa influência sobre as mentes dos índios, e de tal modo abençoar a um grande número deles, despertando-os de modo eficaz, que suas vidas foram rapidamente transformadas, sem que eu tenha tido necessidade de insistir sobre os preceitos morais, ou de gastar tempo em discursos enfadonhos sobre os deveres externos dos cristãos. De fato, não havia espaço para qualquer outra espécie de discurso, senão para o que abordasse esses pontos essenciais da religião cristã e o conhecimento experimental das realidades divinas. Pois, diariamente eles me dirigiam muitas indagações, não acerca de como deveriam regulamentar a sua conduta externa (pois as pessoas com disposição honesta de cumprir os deveres, quando estes se tornam conhecidos, facilmente recebem respostas satisfatórias), mas, sim, como poderiam escapar da ira divina, que tanto temiam e sentiam merecer, como poderiam obter transformação eficaz de coração e como obteriam os benefícios de Cristo, vindo assim a desfrutar da bem-aventurança eterna. Assim sendo, minha grande tarefa ainda era guiá-los a uma visão mais ampla de sua total condenação em si mesmos, e da total depravação e corrupção de seus corações; mostrar que não havia neles qualquer vestígio de bondade, nem boas disposições nem bons desejos, nem amor a Deus, nem deleite em seus mandamentos, mas, bem pelo contrário, apenas ódio, inimizade e toda maneira de iniquidade reinante entre eles. Ao mesmo tempo, meu dever era esclarecer sobre o glorioso e completo remédio providenciado em Cristo para os pecadores condenados, e oferecido gratuitamente àqueles que não têm qualquer bondade própria, nem obras de justiça que possam ter realizado, nem coisa alguma que os recomende aos olhos de Deus.

Esse tem sido o contínuo traço de minha prédica; esse, também, o meu constante esforço e grande interesse, procurando iluminar as mentes dos índios, buscando atingir os seus corações e, tanto quanto possível, conferir a eles o *senso* e a *percepção* dessas preciosas doutrinas da graça, pelo menos até onde os meios usados possam contribuir para isso. Essas são as doutrinas e esse o método de pregação que têm sido abençoados por Deus, para o despertamento e a salvação, conforme espero, de um bom número de almas; e que têm servido de meios para a realização de uma extraordinária mudança entre os ouvintes, de maneira geral.

Quando essas verdades atingiram os corações, então não houve vício que não fosse abandonado, e nenhum dever cristão externo que fosse negligenciado. O alcoolismo, o vício mais constante, foi descontinuado, tendo-se conhecimento apenas de alguns casos raros entre meus ouvintes, por meses a fio. A prática abusiva, seja do *homem* ou da *mulher,* de deixar o cônjuge, a fim de se unir a outra pessoa, foi prontamente abandonada. Há três ou quatro casais, que voluntariamente deixaram as pessoas a quem se tinham ajuntado e voltaram aos seus cônjuges, vivendo juntos agora, em amor e paz. E outro tanto pode ser dito de diversas outras práticas viciosas. A reforma de costumes foi geral - tudo oriundo da influência *interna* da verdade divina sobre seus corações, e não de restrições impostas *de fora,* ou porque essas práticas tenham sido mostradas detalhadamente e combatidas. Algumas dessas práticas, de fato, nunca ao menos cheguei a mencionar. Quero particularizar a questão da infidelidade conjugal. Antes, alguns índios, uma vez despertadas suas consciências pela Palavra de Deus, vieram até mim e *por sua própria iniciativa* confessaram-se culpados quanto a esse pecado. Assim, quando porventura eu mencionava as suas práticas malignas e pecados como contrários à natureza, não o fazia com um desígnio em mente, nem com a esperança de conseguir entre eles alguma mudança de conduta, e isso porque sabia que enquanto a árvore permanecesse corrupta, seu fruto naturalmente seria podre. Meu propósito era orientá-los, levando-os a ver a pecaminosidade de suas próprias vidas, tendo em vista conscientizá-los da corrupção de seus corações, para então convencê-los sobre a necessidade de uma renovação de sua natureza interior, e despertá-los a buscar, com a maior diligência possível, aquela profunda transformação que, uma vez obtida, eu sabia que naturalmente produziria mudança nas maneiras e nos costumes deles em todos os aspectos.

E assim como todo vício foi abandonado pelos índios, por haverem sentido em seus corações o poder dessas verdades, assim também os deveres externos do cristianismo foram aceitos e cumpridos conscienciosamente, com base na mesma influência interna que os afetara. Passaram a pôr em prática a oração em família, excetuando apenas casos de índios chegados mais recentemente, que ainda sentiram pouco dessa influência divina. Esse dever era constantemente cumprido, mesmo em algumas famílias onde só havia mulheres. E entre cerca de cem índios convertidos, apenas alguns não tinham adotado essa prática de oração. O domingo também era observado religiosa e seriamente entre os índios, e os pais cuidavam para que seus filhos respeitassem esse dia de descanso. E isso, não porque eu os tivesse forçado a tal observância de tanto frisar tais deveres, mas por haverem sentido o poder da Palavra de Deus em seus corações - tendo sido sensibilizados para o seu próprio pecado e miséria, pelo que não podiam fazer outra coisa, senão dedicarem-se à oração, e cumprir tudo quanto sabiam ser seu dever, baseando-se naquilo que sentiam dentro de si mesmos. Uma vez tocados os seus corações com a preocupação com o seu estado eterno, eles podiam orar com grande liberdade e fervor, sem que tivessem de primeiro aprender fórmulas fixas com esse propósito. Alguns dentre eles, subitamente despertados assim que chegaram entre nós, foram levados a clamar e a orar por misericórdia, com a mais pungente importunação, sem jamais terem sido instruídos quanto ao dever de orar, e sem que antes fossem dirigidos a fazer qualquer oração.

Os efeitos gratificantes dessas doutrinas peculiares da graça sobre este povo, demonstram, e até mesmo comprovam que, ao invés de abrirem as portas para a licenciosidade, conforme alguns têm erroneamente imaginado e caluniosamente têm insinuado, elas exercem um efeito precisamente contrário. De forma que, uma aplicação precisa dessas doutrinas, bem como uma compreensão e apreciação das mesmas, exercerá a mais poderosa influência para uma renovação e transformação *eficaz,* tanto do coração quanto da vida.

A própria experiência, bem como a Palavra de Deus e o exemplo de Cristo e de seus apóstolos, têm me ensinado que o exato método de pregação, que é o mais adequado para despertar no ser humano o senso e a vívida compreensão de sua depravação e miséria em um estado decaído - impulsionando as pessoas a buscarem zelosamente a mudança de coração e a correrem para o refúgio da graça soberana e gratuita em Cristo, como a única esperança que lhes resta - é também o método que obtém maior sucesso na mudança da conduta externa das pessoas. Tenho descoberto que o diálogo pessoal, com solenes aplicações da verdade divina à consciência humana, é o método que fere, na raiz, todas as inclinações para o vício. Por outro lado, discursos suaves e plausíveis, que exaltam as virtudes morais e os deveres externos, quando muito conseguem apenas podar os vários ramos da corrupção humana, enquanto que a raiz de todos os vícios permanece não afetada.

Uma percepção do bendito efeito dos esforços honestos para imprimir as verdades divinas nas consciências, ao ponto de afetar os corações dos homens, por muitas vezes me tem feito relembrar aquelas palavras de nosso Senhor, as quais penso que servem de uma apropriada exortação aos ministros quanto à sua maneira de tratar com o próximo, e ainda servem para as pessoas em geral, no tocante a si mesmas. "Fariseu cego! Limpa primeiro o interior do copo, para que também o seu exterior fique limpo" (Mateus 25.26). Jesus, pois, ensinou que se deve limpar o interior, para que o exterior também fique limpo. É como se Ele tivesse dito que a única maneira eficaz de limpar o exterior é começar pelo interior; e que se a fonte for purificada, a corrente ficará naturalmente pura. O indiscutível é que se pudermos despertar nos pecadores um vívido senso de sua corrupção e depravação internas - sua necessidade de mudança de coração - e assim engajá-los na busca pela purificação interior, então a sua contaminação externa será naturalmente purificada, os seus vícios serão corrigidos, sua conduta e conversação serão ajustadas.

Embora eu não possa afirmar que a reforma entre a minha gente em todos os casos se derive de uma mudança salvadora do coração, contudo, posso dizer em verdade que ela flui de alguma visão e senso de *transformação do coração*, conferidos pelas verdades divinas, que todos eles experimentaram em maior ou menor grau. Por meio daquilo que afirmo aqui, não pretendo dar a entender que a pregação da moralidade, que pressiona as pessoas à realização externa dos deveres cristãos, seja algo desnecessário e inútil, sobretudo quando o poder divino acompanha os meios da graça com menos intensidade, ou quando, por ausência de influências internas, tornem-se necessárias as restrições externas. Sem dúvida, essa é uma das coisas que precisam ser feitas, sem exclusão de outras. Porém, o que mais pretendi dizer com essa observação foi esclarecer um fato, a saber, que a reforma, a sobriedade e a anuência externa às regras e deveres do cristianismo, que têm ocorrido entre o meu povo, não são o resultado de qualquer mera instrução doutrinária, ou de mera perspectiva racional da beleza da moralidade, mas resultam da influência e do poder que as doutrinas da graça, que humilham a alma, têm exercido em seus corações.

3. É notável que Deus tenha de tal forma *continuado* e *renovado* as chuvas de sua graça entre nós, que Ele tenha estabelecido, *com tanta rapidez*, o seu reino visível por aqui, e que tenha favorecido os índios com a capacidade de adquirir conhecimentos, tanto divinos quanto humanos. Faz agora

quase um ano que começou esse gracioso derramamento do Espírito de Deus entre os índios; e embora pareça, às vezes, ter diminuído e declinado por algum breve período de tempo – conforme poderá ser observado em diversos trechos de meu diário, onde tenho me esforçado em anotar os fatos na sequência dos acontecimentos, conforme eles têm parecido ser para mim - contudo, esse derramamento parece ter-se renovado, reavivando uma vez mais a atuação da graça divina. A influência divina continua a acompanhar patentemente os meios da graça, em maior ou menor grau, em quase todas as nossas reuniões públicas, e isso tem refrigerado, fortalecido e firmado os crentes - convicções de pecados têm sido rememoradas e promovidas em muitos casos, e algumas poucas pessoas são despertadas, vez por outra. Porém, devemos reconhecer que, de forma geral, nos últimos tempos, houve um declínio bem mais acentuado dessa obra. Agora, parece-nos que o Espírito de Deus, até certo ponto, tem se retirado, sobretudo no tocante à sua influência despertadora, a tal ponto que os *estranhos* que têm chegado por aqui ultimamente, já não são tomados por uma preocupação com suas vidas como antes; e alguns daqueles que, no passado, pareciam profundamente tocados pelas verdades divinas, agora não parecem tão profundamente impressionados. Ainda assim, bendito seja Deus, continuam havendo manifestações da graça e do poder divino, um desejável grau de enternecimento dos corações, emoções legitimamente espirituais e grande devoção em nossas reuniões.

Assim como Deus tem dado continuidade à chuva de sua graça entre esse povo, renovando-a de vez em quando, também tem estabelecido o seu reino visível com uma incomum *rapidez,* levantando para Si mesmo uma igreja entre os índios. *Quinze* pessoas, desde a conclusão de meu último diário, fizeram pública profissão de fé em Cristo, totalizando *trinta e oito* pessoas no período de onze meses, todas as quais parecem ter passado por uma obra da graça especial em seus corações. Com isso dou a entender não somente a experiência do despertamento espiritual, mas, julgando por um ângulo mais apropriado, a influência regeneradora e renovadora do Espírito de Deus. Há muitas outras pessoas que se encontram sob uma solene preocupação por suas almas, e sob uma profunda convicção acerca de seu pecado e miséria, mas que ainda não ofereceram evidências decisivas, conforme o esperado, de uma transformação salvadora.

Pelo que sei, do tempo em que alguns deles estavam participando de *festas idólatras* e *sacrifícios* em honra aos *demônios*, até ao tempo em que passaram a sentar-se diante da mesa do Senhor, confio que, para honra de Deus, não se tenha passado mais que *um ano inteiro*. Por certo, o pequeno rebanho de Cristo que temos aqui, tão repentinamente colhido dentre os pagãos, pode afirmar com certeza, na linguagem usada pela igreja dos tempos antigos: "O Senhor tem feito grandes coisas por nós, pelo que estamos alegres".

Muito da bondade de Deus também tem se manifestado em relação à aquisição de conhecimentos por parte dos índios, tanto no campo religioso quanto nas atividades da vida comum. Tem prevalecido entre eles uma admirável sede pelo *conhecimento cristão*, e um desejo ávido pela instrução quanto à doutrina e às maneiras cristãs. Isso os tem impelido a fazer muitas perguntas apropriadas e importantes, cujas respostas muito têm contribuído para iluminar as suas mentes e para promover o seu conhecimento sobre as verdades divinas. Muitas das doutrinas que lhes tenho ensinado, eles têm examinado juntamente comigo, a fim de obterem maior esclarecimento e discernimento quanto às mesmas; e, vez por outra, pelas respostas às perguntas que lhes são formuladas em minhas instruções catequéticas, têm demonstrado possuir uma boa compreensão a respeito delas.

Por igual modo, eles me têm indagado a respeito de um *método apropriado de oração*, bem como sobre *os assuntos apropriados para as orações*, além de expressões adequadas que devem ser usadas nesse exercício religioso. E também têm se esforçado para cumprir com entendimento esse dever. Por igual modo, têm se empenhado e parecido notavelmente aptos para entoar *hinos baseados nos Salmos*, sendo agora capazes de cantar com excelente grau de decência na adoração a Deus. Eles também têm adquirido um considerável grau de conhecimento útil quanto às questões da vida coletiva, de tal modo que agora parecem criaturas racionais, preparados para viver na sociedade humana, livres daquelas grosserias e daquela estúpida brutalidade que os tornava muito desagradáveis, quando ainda estavam em seu estado de selvageria.

Eles parecem ambicionar obter um bom conhecimento da língua inglesa, e com esse fim falam frequentemente em inglês entre si. Muitos têm obtido boa fluência em inglês, desde que cheguei entre eles, de tal modo que a maioria deles pode compreender uma boa parte, e alguns entendem a essência de meus sermões, sem a intervenção de qualquer *intérprete*, estando já acostumados com as minhas expressões simples e familiares, embora tenham alguma dificuldade em entender outros ministros evangélicos.

Assim como desejam ser instruídos, mostrando-se surpreendentemente capazes disso, assim também a providência divina tem sido favorável para com eles no tocante aos *meios apropriados* para tanto. As tentativas de se estabelecer uma *escola* entre eles têm obtido extraordinário êxito, e a bondosa providência divina lhes enviou um professor, acerca de quem posso dizer, com plena razão, que desconheço outro homem com igual disposição para cuidar do estado deles. Ele tem cerca de *trinta* ou *trinta e cinco* crianças em sua escola; e quando ministrava aulas à tardinha, na época que demorava mais para escurecer, uns *quinze* ou *vinte* adultos, entre casados e solteiros, costumavam frequentá-las.

As crianças aprendem com surpreendente prontidão, de tal maneira que, conforme me diz o professor, ele nunca antes havia ensinado uma turma de fala inglesa que aprendesse com tanta rapidez. Não houve mais que dois, entre trinta, embora alguns índios ainda fossem bem pequenos, que não puderam aprender todas as letras do alfabeto três dias depois do professor ter começado o seu trabalho; e diversos deles, nesse mesmo espaço de tempo, aprenderam a soletrar consideravelmente bem. Alguns índios, em menos de cinco meses, aprenderam a ler com facilidade o Saltério ou o Novo Testamento.

Os índios são instruídos duas vezes por semana no *Catecismo*, às quartas-feiras e aos sábados. Desde quando começaram a receber instrução no final de fevereiro passado, alguns conseguiram decorar mais da metade do catecismo; e a *maioria* deles tem demonstrado um bom aproveitamento.

Por igual modo, eles têm sido instruídos quanto ao dever da *oração secreta*; e a maioria dos índios ora pela manhã e à noite, e também informa zelosamente ao seu mestre, quando descobre que qualquer um de seus colegas está negligenciando esse exercício religioso.

4. É digno de nossa atenção e para louvor da graça soberana, que, em meio a tão grande obra de convicção - tanto despertamento e comoção religiosa - não tenha havido a *prevalência, e nem mesmo qualquer manifestação de religiosidade falsa* - como imaginação exagerada, zelo descontrolado ou orgulho espiritual, e também que tenha havido casos de comportamento irregular ou escandaloso entre as pessoas que se mostraram sérias quanto às questões espirituais.

Essa obra da graça, acima de tudo, tem sido efetuada com um surpreendente grau de pureza, isenta de qualquer mistura corrupta. A preocupação espiritual dos índios tem sido, de modo geral, racional e justa, originada no senso de seus pecados, e no reconhecimento do desprazer divino por causa desses pecados, e também por causa de sua total incapacidade de se livrarem, por si mesmos, da miséria que eles sentiam e temiam. Muitos passaram pelo mais vívido senso de sua própria condenação e experimentaram grande aflição e angústia de alma. E, no entanto, mesmo no auge dessas manifestações, nunca houve qualquer caso de desespero - nada que fosse capaz de desencorajá-los, ou que de alguma forma tenha servido de empecilho quanto ao uso mais diligente de todos os meios apropriados para a sua conversão e salvação. Por isso, é evidente que não há o perigo de pessoas serem conduzidas ao desespero quando estão experimentando inquietação espiritual, exceto nos casos de profunda e habitual melancolia, mesmo que os homens em geral estão sempre prontos a imaginar o contrário.

A continuidade de uma notável obra da graça
24 de novembro de 1745 - 19 de junho de 1746

A consolação que as pessoas têm obtido após a sua passageira aflição, por igual modo tem parecido sólida, bem fundamentada, bíblica, originada na iluminação espiritual e sobrenatural da mente - uma visão sobre as realidades divinas, até certo ponto, como elas são; uma complacência de alma diante das perfeições divinas; e uma satisfação singular pelo caminho da salvação, através da livre graça soberana do grande Redentor.

As alegrias sentidas por minha gente parecem ter sido despertadas por uma certa variedade de percepções e considerações acerca das coisas divinas, embora, substancialmente, sejam sempre a mesma coisa. Alguns deles que, sob a força da convicção, parecem ter enfrentado os mais duros conflitos interiores causados pela rebeldia de seus corações contra a soberania divina, desde o alvor de sua consolação parecem ter-se regozijado de maneira toda peculiar naquela perfeição divina - deleitando-se em pensar que eles mesmos e todas as demais coisas estavam nas mãos de Deus, na certeza de que Ele se disporia deles "conforme melhor Lhe parecesse".

Outros, que pouco antes de receberem a consolação sentiram-se tremendamente oprimidos sob o senso de sua própria condenação e pobreza, tendo sentido, por assim dizer, como quem já estava se precipitando na condenação irremediável, deleitaram-se, antes de tudo, com a visão da liberdade e da riqueza da graça divina, bem como do oferecimento da salvação feita a pecadores que perecem, e tudo isso "sem dinheiro e sem preço".

Alguns deles, inicialmente, regozijavam-se na *sabedoria* de Deus desvendada no caminho da salvação por meio de Cristo, parecendo-lhes este "um novo e vivo caminho", um caminho acerca do qual nunca tinham ao menos pensado, sobre o qual não tinham nenhuma noção correta, até ser revelado pela influência especial do Espírito divino. Alguns deles, depois de lhes ter sido descoberto, de maneira vívida, esse caminho da salvação, quedaram-se admirados diante de sua insensatez no passado, quando ainda procuravam a salvação por outros meios, sem conseguirem perceber o verdadeiro caminho da salvação, o qual agora lhes parecia tão claro e fácil, e, de igual modo, excelente.

Ainda outros receberam uma visão mais geral da beleza e excelência de Cristo, e suas almas ficaram deleitadas ante a compreensão de sua glória divina, que ultrapassava indizivelmente a tudo quanto tinham antes concebido, ainda que não salientassem qualquer uma das perfeições divinas em particular; de modo que, embora a sua consolação parecesse ter se originado de uma variedade de pontos de vista e considerações sobre a glória divina, ainda assim, eram concepções *espirituais* e *sobrenaturais* dessa glória, e estas é que eram a fonte de suas alegrias e consolações, e não as fantasias destituídas de base.

Não obstante, devemos reconhecer que quando essa obra se tornou mais ampla e prevalecente, obtendo crédito geral e estima entre os índios, ao ponto de parecer que Satanás não conseguiria qualquer vantagem, caso se manifestasse contra essa obra sem qualquer disfarce, então ele se transformou em um "anjo de luz", procurando com fortes tentativas introduzir turbulentas comoções de paixão, em lugar da genuína convicção de pecado, e noções imaginárias e fantasiosas sobre Cristo, como se Ele se aproximasse dos olhos da imaginação com um formato humano, em alguma postura particular, etc., ao invés dos desvendamentos espirituais e sobrenaturais de sua glória e excelência divinas, sem falar em muitas outras formas de ilusão. Tenho razão de pensar que, se essas ilusões tivessem sido aceitas mansamente ou com encorajamento, teria havido uma considerável colheita de falsas conversões entre nós.

O orgulho espiritual também se fez presente em várias ocasiões. Algumas pessoas, cujos sentimentos tinham sido intensamente estimulados, pareciam muito desejosas de serem julgadas como pessoas extraordinariamente bondosas; e essas pessoas, quando não pude mais evitar de expressar os meus temores acerca de seu estado espiritual, deixaram vir à tona, em grau considerável, o seu ressentimento. Também surgiu, entre um ou dois dos índios, uma indevida ambição de serem mestres dos outros. Assim, Satanás tem sido um adversário muito ativo, aqui e em outros lugares. Contudo, bendito seja Deus, pois que, embora algo dessa natureza tenha

A continuidade de uma notável obra da graça
24 de novembro de 1745 - 19 de junho de 1746

surgido, nada disso prevaleceu e nem fez qualquer progresso considerável. Meu povo já está familiarizado com essas coisas, sabendo que Satanás "transformou-se em um anjo de luz" no primeiro grande derramamento do Espírito divino nos dias dos apóstolos, e de que algo dessa mesma natureza, em maior ou menor grau, tem acompanhado quase cada reavivamento e notável propagação do cristianismo verdadeiro, desde então. Meus índios têm aprendido a distinguir entre o ouro e a escória, a fim de que esta última seja "pisada como a lama das ruas", e visto que esse tipo de questão acaba morrendo por si mesmo, agora quase não há manifestações dessa ordem.

Assim como não tem havido a predominância de fervor desordenado, de noções imaginárias, de orgulho espiritual e de ilusões satânicas entre o meu povo, assim também tem havido pouquíssimos casos de comportamento escandaloso e irregular entre aqueles que têm professado a sua fé, ou mesmo entre os que têm demonstrado certa seriedade. Não pude encontrar mais do que três ou quatro pessoas, desde que vieram a conhecer o cristianismo, que se tenham tornado culpadas de qualquer conduta imprópria, de forma aberta; e não conheço qualquer deles que persista em qualquer conduta dessa natureza. Talvez a notável pureza desta obra quanto a esse *último* aspecto - a isenção de casos frequentes de escândalos - muito se deva à sua pureza quanto ao *primeiro* aspecto, ou seja, à sua isenção de misturas corruptas de orgulho espiritual, de fervor incontrolável e ilusões, tudo o que, naturalmente, lança o alicerce para práticas escandalosas.

Que esta bendita obra, em seu poder e pureza, prevaleça entre os pobres índios daqui, e que se espalhe também por outros lugares, até que a mais remota tribo indígena conheça a salvação de Deus! Amém.

Northampton, Massachusetts, casa de Jonathan Edwards, onde David Brainerd passou os últimos meses de sua vida.

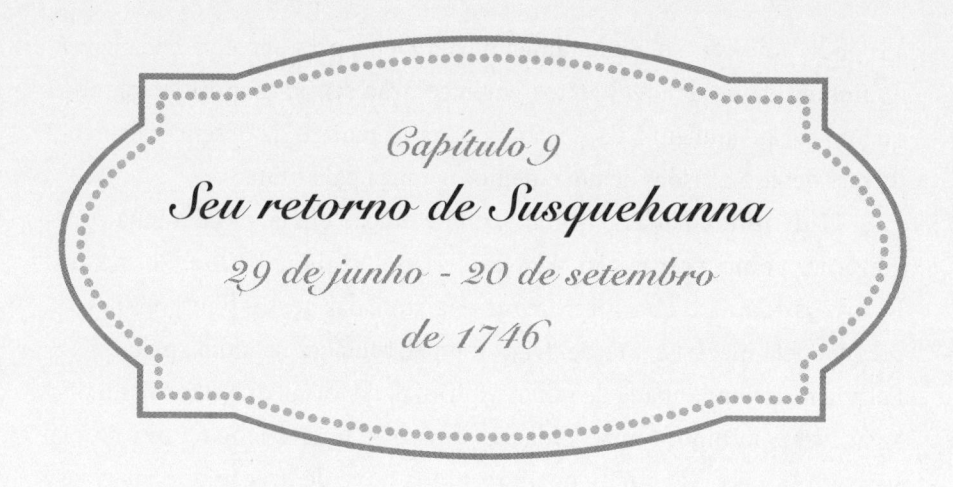

Capítulo 9
Seu retorno de Susquehanna
29 de junho - 20 de setembro de 1746

Dia do Senhor, 29 de junho de 1746. Preguei pela manhã e à tarde com base em João 14.19. Deus agradou-se em ajudar-me, concedendo-me liberdade de expressão e poder, especialmente já quase no fim de meus sermões, tanto pela manhã quanto à tarde. O poder de Deus manifestou-se na congregação em ambas as ocasiões. À noitinha, saí e desfrutei de alguns momentos doces em oração e louvores secretos. Mas, oh! Pude constatar a veracidade daquelas palavras do salmista: "Outro bem não possuo, senão a ti somente" (Salmo 16.2). Não, não conseguiria retribuir qualquer favor a Deus; anseio viver somente para Ele, mantendo-me em sintonia com Ele para louvá-Lo e servi-Lo para sempre. Quisera me fosse conferida grande espiritualidade e santo fervor, para que eu pudesse gastar-me e ser gasto para Deus, até meu último instante de vida.

10 de julho. Fiquei escrevendo quase o dia inteiro. Ao aproximar-se a noite, cavalguei até a residência do Pr. Tennent, com quem tive momentos de agradável conversação, e voltei para casa em uma disposição mental séria e doce. Senti-me reanimado em meus deveres devocionais secretos, ansiando por viver só e inteiramente para Deus, pois percebia nada haver no mundo digno de meus afetos - meu coração sentia-se morto para tudo quanto existe aqui em baixo, embora não por motivo de desencorajamento, mas devido a visões de uma melhor herança para mim.

12 de julho. Passei o dia em jejum e oração em favor de minha congregação, como preparação para a Ceia do Senhor. Utilizando-me de Romanos 4.25: "...o qual foi entregue por causa das nossas transgressões...", preguei pela manhã e à tarde. Deus me prestou alguma ajuda, pelo que a Palavra foi acompanhada de poder espiritual, de forma que este foi um dia agradável para mim. Em seguida, conduzi-os a uma solene renovação de seu pacto com o Senhor, bem como a uma nova dedicação de suas vidas a Deus. Assim, foi um período tanto de solenidade quanto de prazer, parecendo que Deus estava "entre nós". À noitinha, voltei a meu alojamento numa confortável disposição mental.

Dia do Senhor, 13 de julho. Pela manhã, discursei sobre o "pão da vida", em João 6.35. Deus me ajudou, sobretudo em certa parte de meu sermão; alguns ficaram comovidos pela verdade divina, e minha alma também foi bastante fortalecida. Administrei a Ceia do Senhor a trinta e um índios. Deus parecia estar presente em nossa reunião; aqueles que dela participaram ficaram docemente comovidos e revigorados. Oh, o quanto se compungiram, desde o momento em que descobri os elementos da Ceia! Parecia não haver olhos sem lágrimas entre eles, quando tirei a cobertura de linho, mostrando-lhes os *símbolos do corpo alquebrado* de Cristo. E, tendo descansado por um pouco, após a administração da ordenança visitei os que dela participaram e os encontrei em um doce clima de amor, em nada diferente daquilo que acontecera entre eles, na ocasião da celebração da Ceia anterior, no dia 27 de abril. À tarde, preguei sobre *vir a Cristo* e sobre a *satisfação* daqueles que assim fazem, usando o mesmo versículo que enfatizei na parte da manhã. Novamente houve momentos muito satisfatórios, com muita ternura, afeição e edificação durante o culto. E, conforme estou persuadido, Deus coroou a nossa reunião com a sua presença. Voltei exausto para casa, mas regozijando-me na bondade de Deus.

14 de julho. Fui até onde está a minha gente e preguei para eles com base no Salmo 119.106: "Jurei, e confirmei o juramento de guardar os teus retos juízos". Mencionei: (1) Todos os juízos *ou* mandamentos de Deus são justos; (2) o povo de Deus tem jurado que os observaria; e isso fazem sobretudo quando da celebração da Ceia do Senhor. Pude perceber uma poderosa influência divina sobre a assembleia, e considerável enternecimento mediante a Palavra. Depois disso, incentivei os meus índios a renovarem a sua aliança diante de Deus, para que vigiassem a si mesmos e uns aos outros, a fim de que ninguém viesse a cair em pecado e a desonrar o nome de Cristo. Este compromisso foi efetuado em meio a grande solenidade; e Deus pareceu aceitá-lo, despertando neles um temor e uma desconfiança em si mesmos, para não pecarem contra Deus. E assim a presença de Deus pareceu estar entre nós, até à conclusão da solenidade.

22 de julho. Estive abatido em meu ânimo durante a maior parte do dia. Como eu gostaria que minha vida já chegasse ao fim. No entanto, também senti o desejo de *viver para Deus,* gastando a minha vida no *serviço do Senhor.* Oh, quem me dera realmente poder fazer isso!

29 de julho. Minha mente esteve animada e livre da tristeza que por muitas vezes me assalta. Pude contemplar a beleza de Deus em várias oportunidades durante o dia. À noite, desfrutei de um deleitável período em oração secreta. E fui ajudado a pleitear diante de Deus em favor de meu pobre povo querido, rogando-Lhe que desse prosseguimento à sua bendita obra entre os índios; e senti-me ajudado a orar para que a presença divina me acompanhe nessa minha tencionada viagem até ao rio Susquehanna. Quase não pude afastar-me do trono da graça, lamentando que eu tivesse de recolher-me ao leito. Desejei fortemente fazer algo pela causa do Senhor, mas sem saber como. Bendito seja Deus que me livrou do desânimo!

30 de julho. Fui extraordinariamente confortado, no corpo e na mente; e, especialmente pela manhã, senti-me muito solene. Deus me ajudou em meu trabalho, e pareceu estar perto de mim, de tal modo que o dia foi tão satisfatório quanto os melhores dias há algum tempo. À noite, fui favorecido com a ajuda divina em minha oração secreta e me senti como me sentira na noite anterior. Bendito seja Deus pela liberdade que, então, usufruí diante do trono da graça, em relação a mim mesmo, à minha gente e a meus queridos amigos!

1º de agosto. À noite, desfrutei de um gostoso período de oração secreta; nuvens espessas de preocupações e perplexidades foram brandamente dispersas, não tendo restado qualquer ansiedade. Oh, quão serena esteve a minha mente nesta ocasião! Quão livre das preocupações perturbadoras que tenho sentido por muitas vezes! "Seja feita a tua vontade" foi uma doce petição de minha alma. E se Deus tivesse me ordenado que fizesse uma opção, sobre qualquer questão, então penso que preferiria antes entregar a escolha a Ele; porquanto vejo que Ele é infinitamente sábio, nada podendo fazer de errado, como estou sempre em perigo de fazer. Fui ajudado em oração em prol de meu querido rebanho, pedindo que Deus promovesse a sua própria obra entre eles, e fosse comigo em minha planejada viagem ao rio Susquehanna. Também fui ajudado em oração em favor de meus amigos queridos da Nova Inglaterra e de meus queridos irmãos de ministério. Senti prazer no dever da oração, o bastante para dedicar-me a essa atividade espiritual por toda a noite, se meu estado físico assim o tivesse permitido. Oh, quão doce é sermos capazes de dizer de todo coração: "Senhor, não seja feita a minha vontade, mas a tua".

Dia 7 de agosto. Cavalguei até minha casa, onde passara o inverno anterior, a fim de apanhar certas coisas que eu precisaria para minha viagem até ao rio Susquehanna. Senti-me animado ao rever aquele lugar que Deus havia visitado de maneira tão maravilhosa com as chuvas de sua graça. Oh, quão admiravelmente aparecia por lá, com frequência, o *poder de Deus!* "Bendize, ó minha alma, ao Senhor, e não te esqueças de nem um só de seus benefícios" (Salmo 103.2).

9 de agosto. Visitei minha gente à tarde; pus em ordem os negócios deles, tanto quanto possível, e planejei para eles como poderiam gerenciar os seus negócios seculares. Então preguei a eles com toda a solenidade e concluí com uma oração. Senti-me tranquilo e confortável à noitinha e, em certa medida, fui fervoroso em minha oração secreta. Recebi algum senso e visão do mundo eterno, e gozei de boa serenidade de mente. Oh, como almejo magnificar ao Senhor por qualquer liberdade que Ele me confira em oração!

Dia do Senhor, 10 de agosto. Preguei para o meu povo de manhã e à tarde, usando o trecho de Atos 3.19: "Arrependei-vos, pois e convertei-vos". Ao discorrer sobre o arrependimento, pela manhã, Deus me ajudou, pelo que meu sermão foi penetrante. Alguns derramaram lágrimas, tanto índios quanto pessoas brancas, e a Palavra de Deus fez-se sentir com poder. No período de descanso, estive em conversa sobre o estado espiritual das pessoas, uma das quais havia sido salva ainda há bem pouco tempo, depois de um certo período de tribulação e aflição espirituais. À tarde, fui de alguma forma ajudado novamente, embora me sentisse fraco e cansado. Hoje, três pessoas fizeram uma pública profissão de fé. À noite senti-me em excelente disposição, e pude desfrutar de bons momentos em oração secreta. Raramente tenho me sentido tão cheio de ternura como hoje.

11 de agosto. Estando prestes a partir em viagem para o rio Susquehanna, no dia seguinte, com a permissão da providência divina, passei algum tempo hoje em oração com a minha gente, a fim de que Deus abençoasse e tornasse bem-sucedida a minha viagem, e também enviasse seu bendito Espírito junto com a sua Palavra, estabelecendo o seu reino entre os pobres índios na floresta.

Enquanto eu explicava e aplicava partes dos Salmos 110 e 111, o *poder de Deus* pareceu descer sobre a assembleia, em grau bastante apreciável. E quando eu fazia minha primeira oração, muitos ficaram comovidos, e eu mesmo senti uma afável edificação em minha alma. Preguei sobre Atos 4.31: "Tendo eles orado, tremeu o lugar onde estavam reunidos". Deus ajudou a mim e ao meu intérprete. Todos nós nos sentimos profundamente movidos e tocados, e vários deles, não duvido, foram cheios do Espírito Santo. Em seguida, orou o Pr. Macnight; então expliquei as duas últimas partes do Salmo 72. Sentimos fortemente a presença de Deus, especialmente enquanto enfatizava a *promessa de que todas as nações hão de bendizer ao grande Redentor.*

Minha alma sentiu-se revigorada ao pensar que certamente chegará esse glorioso e abençoado dia; e confio que um bom número dentre minha gente também se sentiu reanimado. Depois, orei, sentindo alguma liberdade de espírito, mas estava quase no limite de minhas forças físicas. Em seguida, saí do salão e deixei que meu povo continuasse as atividades religiosas por si mesmos. Oraram e cantaram hinos, enquanto eu descansava e me recuperava. Mais tarde, voltando à reunião, orei com eles e despedi a assembleia. Bendito seja Deus, pois este foi um dia de manifestação da graça divina. Houve muitas lágrimas e sentimentos expressos por meio de soluços entre nós, neste dia. À noitinha, minha alma foi refrigerada em oração; desfrutei de liberdade diante do trono da graça, fazendo petições em favor de meu povo e de meus amigos, bem como da igreja de Deus em geral. "Bendize o Senhor, ó minha alma."

> No dia seguinte, Brainerd partiu de viagem para Susquehanna, com seis de seus índios crentes, escolhidos dentre a sua congregação, os quais ele julgou serem os mais aptos para ajudá-lo no trabalho que ia realizar ali. Tomou o caminho que passava por Filadélfia, pois tencionava seguir até ao rio Susquehanna, bem mais abaixo, onde já estava colonizado por pessoas brancas, abaixo da região ocupada pelos índios, e assim continuar viajando, subindo o rio até onde os índios estavam. Embora esse caminho tenha ficado bem mais longo, ele evitou as montanhas e as perigosas matas que teriam de ser atravessadas, se preferisse o caminho mais curto, e que, ele havia descoberto no passado, era extremamente difícil e fatigante. – J.E.

19 de agosto. Alojei-me em uma das margens do rio Susquehanna. Senti-me fraco e enjoado, tanto ontem quanto hoje, e o meu ânimo estava bastante abatido, não tendo me encontrado com nenhuma pessoa que julguei ser piedosa.

20 de agosto. Tive calafrios a noite inteira, e expectorei muito muco sanguíneo esta manhã, sentindo-me extremamente mal fisicamente, e não pouco melancólico. Mas o que me deu algum encorajamento foi que eu tinha a esperança secreta de que, em breve, eu me despediria deste mundo e de todas as suas labutas e tristezas. Fui hoje a cavalo até à residência de um certo Sr. Chambers, às margens do rio Susquehanna, e ali fiquei hospedado. No início da noite senti-me muito incomodado por causa de uma multidão ímpia que bebia, proferia palavrões, etc. Oh, que *inferno* seria para mim, se eu tivesse de ser contado entre os *ímpios!* Desfrutei de uma conversa agradável com um viajante, que parecia apreciar a verdadeira religião.

21 de agosto. Subi a cavalo pela margem do rio, cerca de vinte e quatro quilômetros. Então me alojei com uma família que parecia inteiramente destituída de Deus. Procurei dialogar com o homem acerca da vida religiosa, mas descobri ser ele muito habilidoso em escapar de tal tipo de conversação. Oh, que morte é para alguns ouvirem falar sobre as coisas de Deus! Senti-me fora de meu ambiente; mas não me senti tão desanimado quanto em outras ocasiões.

22 de agosto. Continuei viajando rio acima. Agora os meus índios estavam comigo, pois antes eles tinham se separado de mim. Viajei até acima de todos os povoados ingleses. À noite, alojei-me em plena floresta e dormi com maior conforto do que entre a companhia ímpia das pessoas brancas. Desfrutei de alguma liberdade na oração secreta esta noite; e assim fui ajudado a relembrar amigos queridos, bem como meu querido rebanho e a igreja de Deus em geral.

23 de agosto. Cheguei a uma aldeia indígena chamada *Shaumoking*, no fim do dia. Não me sentia tão abatido quanto antes, embora um tanto cansado. À noite me sentia bastante tranquilo, e senti a liberdade de deixar tudo o que me concerne nas mãos de Deus.

Dia do Senhor, 24 de agosto. Já perto do meio-dia, visitei alguns dos índios Delawares e conversei com eles acerca do cristianismo. À tarde, falei sobre as coisas divinas com o chefe da tribo e com outros; e eles pareceram dispostos a ouvir-me. Passei a maior parte do dia nessas atividades. À noite senti algum consolo e satisfação, sobretudo senti doçura na oração secreta. Esse dever pareceu-me tão agradável, que apreciei ficar caminhando para lá e para cá, continuamente engajado no mesmo. Oh, quanto consolo há em um pequeno vislumbre de Deus!

25 de agosto. Passei a maior parte do dia escrevendo. Enviei os índios que estavam comigo, para conversarem com os índios da região, a fim de fazer amizade e familiarizarem-se com eles, para que eu tivesse melhores chances de tratar com eles acerca do cristianismo. Parece que as visitas que eles fizeram hoje conseguiram algum bom efeito, e muitos pareceram dispostos a dar ouvidos ao cristianismo. Meu ânimo estava um tanto recuperado esta noite, e senti alguma liberdade e satisfação na oração.

26 de agosto. Por volta do meio-dia, discursei diante de um considerável número de índios. Estou persuadido que Deus me ajudou, pois pude falar com muita clareza, com algum calor humano e poder; e meu sermão impressionou a alguns deles, fazendo-os ficar muito sérios. Então pensei que agora as coisas pareciam tão encorajadoras quanto foram em Crossweeks. Por ocasião de minha primeira visita a aqueles índios, tinha ficado um pouco encorajado. Pressionei as coisas com todas as minhas forças, e exortei o meu povo então presente, para darem o *seu testemunho* acerca de Deus. Foi o que eles fizeram. Ao aproximar-se a noite, senti-me reconfortado, animando-me a orar pelo estabelecimento do reino de Deus neste território, e também em favor de minha querida congregação, rio abaixo, bem como em favor de meus caros amigos de outros lugares.

28 de agosto. Antes do meio-dia, estive extremamente preocupado com o meu trabalho. Fui visitado por alguns índios que desejavam ouvir-me pregar. Falei a eles à tarde, com bastante fervor, esforçando-me por persuadi-los a voltarem-se para Deus. Eu estava repleto de preocupação pelo reino de Cristo, e minha alma foi edificada na oração, tanto particular como junto com os da família cristã. Parece que eu nunca antes vira com maior clareza do que neste dia, que cabe a Deus converter as almas, especialmente os pobres selvagens. Eu sabia que não podia afetá-los, e vi que só estava falando com ossos secos, e que não podia transmitir a eles qualquer sentido com aquilo que eu lhes dizia. Ergui os olhos para Deus, rogando-Lhe ajuda; tive de reconhecer que a obra é inteiramente dEle, e que, se Ele a realizasse, toda a glória pertenceria a Ele somente.

Dia do Senhor, 31 de agosto. Passei muito tempo, pela manhã, ocupado em atividades espirituais; senti um certo peso sobre o meu ânimo, e não pude deixar de clamar a Deus com preocupação e envolvimento de alma. Também passei algum tempo lendo e expondo a Palavra de Deus para os meus queridos irmãos que estavam em minha companhia. E igualmente entoei hinos e orei em companhia deles. Depois disso, preguei a Palavra de Deus para alguns dos índios de Susquehanna. À tarde, senti-me extremamente fraco e débil. Mas ao avizinhar-se a noite, senti-me um tanto mais aliviado na mente, pois parecia-me poder divisar algum bom resultado em meu difícil trabalho. Oh, quão pesada para mim é a obra, quando a fé não consegue tirar proveito do *braço todo-poderoso* para realizá-la! Nesta condição, por diversas vezes estive prestes a desistir. Mas, bendito seja Deus, que sempre posso recorrer a uma fonte transbordante!

1° de setembro. Parti em viagem até uma localidade chamada *Ilha Grande,* cerca de oitenta quilômetros de Shaumoking, no braço noroeste do rio Susquehanna. Percorri uma parte do trajeto e, à noite, alojei-me na floresta. Hoje eu me sentia extremamente debilitado, e suei muito durante a noite.

2 de setembro. Continuei a viagem a cavalo, mas acompanhando a velocidade de minha gente, que seguia a pé. Tenho me sentido muito fraco, tanto hoje quanto nos dias anteriores. De fato, eu me sentia tão fraco e debilitado que temi que poderia morrer, se me deitasse ao ar livre. E visto que alguns elementos do grupo se afastaram um tanto de nós, e não dispúnhamos de machado conosco, não me restou alternativa senão subir em um pinheiro ainda pequeno, e com minha faca cortei alguns de seus ramos, preparando um pequeno abrigo para proteger-me do sereno. Mas, visto que a noite estava com muitas nuvens, com possibilidade de chuva, eu ainda assim temia ficar demasiadamente exposto. Eu suava muito, pelo que minha roupa ficou bastante umedecida durante a noite inteira. Penso que nunca me sentira tão fraco e exausto quanto esta noite, quando nem ao menos eu aguentava ficar sentado. Era uma situação melancólica; porém, esforcei-me por acalmar-me, considerando a possibilidade de encontrar-me sob circunstâncias muito piores, entre inimigos ou coisa semelhante.

3 de setembro. Cavalguei até à aldeia dos índios Delawares e encontrei muitos bebendo ou já embriagados. Conversei com alguns dos 194 *A Vida de David Brainerd* índios sobre o cristianismo. Notei que meu intérprete índio estava muito empenhado e espiritualmente ajudado em seu trabalho. Algumas pessoas pareciam ouvir com grande atenção e interesse. Cerca do meio-dia, fui a cavalo até uma pequena aldeia de índios Shauwaunoes, cerca de treze quilômetros de distância e passei ali uma hora ou duas e, então, voltei à aldeia dos índios Delawares, onde me alojei. Penso que nunca ficara tão admirado de minha falta de frutificação e de despreparo em meu trabalho como agora. Oh, como notei que sou um pobre coitado, desencorajado, estéril e sem proveito! Meu ânimo estava tão baixo, e minhas forças físicas tão desgastadas que eu nada conseguia fazer. Finalmente, sentindo-me muito prostrado, deitei-me sobre uma pele de búfalo, mas transpirei muito a noite toda.

4 de setembro. Falei pela manhã com os índios, sobre o cristianismo. Em seguida, meu intérprete deu continuidade ao meu sermão por um tempo considerável. Poucos pareceram bem dispostos, e de alguma forma afetados. Deixei este local e voltei para Shaumoking, e à noite me alojei no mesmo local de segunda-feira passada. Senti-me em grande desconforto à noite, pois o meu povo chegou tarde, depois das dez horas, de forma que eu não tinha fogo para preparar qualquer comida ou manter-me aquecido, ou para manter distantes os animais selvagens, e raramente eu já estivera tão fraco e exausto. Porém, deitei-me e acabei dormindo, antes mesmo da chegada de minha gente, sem esperança de ter companhia durante à noite, e sem uma fogueira.

5 de setembro. Estava excessivamente fraco e quase não consegui cavalgar, pois às vezes me parecia que eu poderia cair do cavalo e ficar perdido na floresta. Porém, consegui chegar a Shaumoking quase à noite. Pude agradecer que Deus me permitirá voltar até ali. Fiquei mais animado ao ver um de meus crentes, que eu deixara aqui na última viagem.

6 de setembro. Passei o dia muito debilitado, tossindo e cuspindo sangue, sem apetite para comer o alimento de que dispunha. Pude fazer bem pouco, exceto falar algo sobre as coisas divinas à minha gente e a outras poucas pessoas que encontrei. Quase não me restavam forças para falar de Deus. Penso que nunca me senti mais envergonhado e confundido do que agora. Sei que muitos dentre o povo de Deus sabem que planejo, ou ao menos tenho a pretensão de fazer alguma coisa por Deus e por sua causa, entre os pobres índios. Eles supõem que sou homem *fervoroso de espírito;* mas, oh, como esta minha condição tão desanimadora me deixa confuso! Oh, se o povo de Deus me conhecesse como Deus me conhece! Penso que não me teriam em tão alta conta quanto a meu zelo e resolução de servir a Deus, conforme talvez agora me têm! Eu não podia evitar o desejo de que vissem quão desencorajado e irresoluto sou, para que não ficassem enganados e para que ninguém pensasse de mim mais do que deveria pensar. Ao mesmo tempo, pensei que se eles vissem a extensão de minha infinidade e a insignificância de minha coragem e resolução na causa de Deus, estariam dispostos a chutar-me para fora de suas portas, como indigno da companhia ou da amizade dos crentes.

Dia do Senhor, 7 de setembro. Neste dia estive no mesmo estado de debilidade física e de aflita disposição mental, tal como ontem. Minha alma esteve triste, lamentando-se que nada podia fazer pela causa de Deus. Li e expus certo trecho da Palavra de Deus para meus índios, e passei algum tempo orando com eles. Também falei um pouco com os pagãos, mas por todo o domingo quase não obtive consolação.

8 de setembro. Passei a manhã entre os índios; à tarde deixei Shaumoking, e desci o rio alguns quilômetros. Tinha resolvido demorar-me por mais tempo entre os índios do rio Susquehanna, mas não pude cumprir o meu propósito por causa das doenças ali predominantes, pelo estado enfraquecido de minha gente que estava comigo, e, sobretudo, por minha própria fraqueza física. Sempre transpiro muito à noite, e passei quase toda a jornada cuspindo sangue. Pela maior parte do tempo estive tão fraco e tonto, que parecia que nunca conseguiria chegar em casa. Ao mesmo tempo, faltavam-me os confortos e até as coisas necessárias para a subsistência, pelo menos o que era mister para alguém tão debilitado.

Nessa jornada, pude algumas vezes falar sobre a Palavra de Deus com algum poder, e a verdade divina parece ter impressionado aqueles que me ouviram. E assim, diversas pessoas, homens e mulheres, idosas e jovens, pareceram apegar-se a nós e demonstrar simpatia para com o cristianismo. Mas outros *zombavam* e gritavam, o que desencorajou aqueles que antes pareciam amigáveis, pelo menos alguns deles. Mas, ocasionalmente, a presença de Deus era evidente, ajudando a mim e a meu intérprete, bem como a outros amigos queridos que estavam comigo. Algumas vezes, Deus deu-me um bom grau de liberdade em oração, quando eu pedia em favor da colheita de almas por aqui; e não pude deixar de ter uma forte esperança de que a viagem não seria totalmente infrutífera. Não consegui determinar se o resultado seria o estabelecimento do reino de Cristo ali, ou se seria apenas o acréscimo de umas poucas pessoas em minha congregação em Nova Jersey, ou mesmo se era o início de alguma nova tentativa a ser feita entre eles. Mas eu estava persuadido de que a jornada não seria em vão. Bendito seja Deus, pois recebi encorajamento e esperança.

9 de setembro. Cavalguei rio abaixo, cerca de quarenta e oito quilômetros. Fiquei muito fraco, bastante fatigado e todo molhado por um temporal. Preguei com certo ardor e de forma bastante íntima a algumas poucas das pobres e ignorantes almas, sobre a *vida* e o *poder da religião cristã*; ou seja, sobre quais são e quais não são as suas *evidências*. Eles ficaram admirados ao observarem meus índios fazerem uma prece e agradecerem na hora do almoço, concluindo que a graça divina era patente neles. Mas ficaram igualmente admirados quando destaquei que nem isso e nem mesmo a oração secreta é evidência segura da presença da graça. Oh, a ignorância do mundo! Como a verdadeira religião cristã, com suas evidências infalíveis, são confundidas com as formalidades externas, que podem não passar de sinais de egoísmo! Que o Senhor tenha dó deste mundo iludido!

11 de setembro. Cavalguei de volta para casa, mas estava muito fraco e quase nem podia montar. Recebi importante convite para pregar em uma casa de oração pela qual passei, estando ali seus membros reunidos; mas não pude fazê-lo, devido à debilidade física. E assim, resignei-me tranquilamente diante de minha fraqueza física. Mas eu estava muito preocupado por meus companheiros de viagem, os quais deixara com muita tristeza, alguns ainda fracos e outros doentes.

20 de setembro. Cheguei entre a minha própria gente (perto de Cranberry), quando caía a noite. Encontrei-os orando juntos. Entrei e dei a eles um breve relatório sobre como Deus conduzira a mim e a meus companheiros durante a jornada, o que parece ter afetado a eles. Então orei com eles, sentindo a presença do Senhor entre nós. Diversos índios emocionaram-se até às lágrimas, parecendo ter um senso das realidades divinas. Estando muito fraco, fui forçado a voltar ao meu alojamento, sentindo-me muito desgastado à noitinha. Assim, Deus me levou através das fadigas e perigos de outra viagem ao rio Susquehanna, permitindo-me voltar em segurança, embora sob tremenda indisposição física. Oh, se minha alma fosse realmente grata pelas renovadas instâncias da misericórdia divina! Nesta viagem tive de enfrentar muitas dificuldades e aflições, mas o Senhor me sustentou em todas elas.

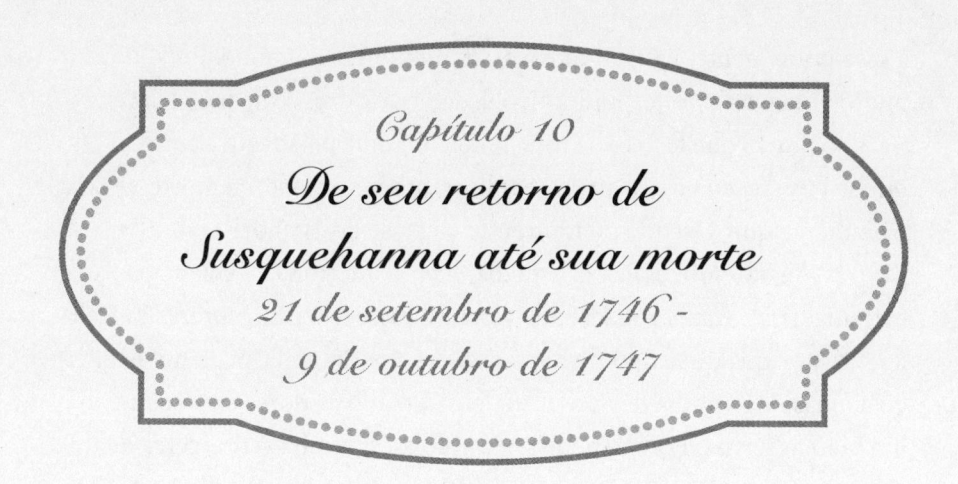

Capítulo 10
De seu retorno de Susquehanna até sua morte
21 de setembro de 1746 - 9 de outubro de 1747

Até este ponto, Brainerd conservara um *diário* constante, relatando o que se ia passando dia após dia, com pouquíssima interrupção; mas desta data em diante, seu diário é muito interrompido, devido à sua enfermidade, em vista da qual ele ficou tão abatido que nem era capaz de escrever e nem de arcar com a carga tão constante de relembrar cada evento ao fim do dia, de resumir e colocar no papel um relatório ordenado. Porém, seu diário não foi negligenciado de todo, pois ele cuidou de tomar nota, vez por outra, da maioria das coisas concernentes a si mesmo e ao seu estado mental, até poucos dias antes de sua morte. – J.E.

Dia do Senhor, 21 de setembro de 1746. Estive tão fraco que não pude pregar, e nem ao menos tentar cavalgar até à minha gente, pela manhã. Todavia, saí à tarde; sentado em minha cadeira, preguei aos meus índios com base em Romanos 14.7,8. Fui fortalecido e ajudado em meu sermão, e então a assembleia tomou uma feição agradável. Voltei a meu alojamento extremamente cansado, mas agradecido por ter podido dizer uma palavra a essa pobre gente, da qual estive afastado por tanto tempo. Pude dormir muito pouco esta noite, por motivo de fadiga e dores. Oh, quão feliz eu seria, se o pouco que faço fosse tudo feito com uma perspectiva correta! Oh, que se vivesse, eu vivesse para o Senhor; ou se morresse, eu morresse para o Senhor, e que, vivendo ou morrendo eu fosse do Senhor!

27 de setembro. Passei este dia, bem como toda a semana passada, extremamente fraco, afetado por violenta tosse e muita febre. Não tinha apetite por qualquer tipo de alimento, nem podia reter nada no estômago, e quase não podia descansar no leito, devido às dores em meu peito e em minhas costas. Porém, pude ir a cavalo até à minha gente, cerca de três quilômetros de distância, todos os dias, para cuidar daqueles que estão trabalhando em uma casinha onde pretendo morar entre os índios.[8]

Às vezes eu quase não podia caminhar, e nunca pude ficar sentado um dia inteiro, durante toda a semana. Mas, estou calmo e tranquilo, embora um pouco afligido pela melancolia, como em outros surtos de fraqueza. É duvidoso que eu consiga recuperar-me; mas por muitas vezes consolei-me no fato que a *vida* e a *morte* não dependem de mim. Agradou-me pensar que Aquele que é infinitamente sábio é quem determina a questão, e que não cabe a mim considerar e pesar os fatos em todos os aspectos, para escolher se viverei ou morrerei. Assim esgotou-se o meu dia: tive pouca força para orar, nenhuma para escrever ou ler, e quase nenhuma para meditar. Mas mediante a bondade divina, com grande serenidade tenho podido olhar a morte de frente, e isso, frequentemente, com sensível gozo. Oh, quão bem-aventurado é estar *habitualmente preparado* para a morte!

Dia do Senhor, 28 de setembro. Cavalguei até à minha gente e, embora muito fraco, tentei pregar em 2 Coríntios 13.5. Preguei quase meia hora, e o poder divino pareceu estar presente. Mas estando fraco demais, fui forçado a desistir; e depois de uma crise de tontura voltei com dificuldade, a cavalo, até o meu alojamento, onde, deitado no leito, fiquei queimando

---

8 Essa foi a *quarta* casa que ele construiu como local de residência entre os índios. Além daquelas em *Kaunaumeek*, *Forks of Delaware* e em *Crossweeksung*, agora ele também construía essa casa em Cranberry.

de febre em um quase delírio durante horas, até que, quase ao amanhecer, minha febre cessou em meio a forte transpiração. Por muitas vezes tenho estado febril e incapaz de repousar quieto depois de pregar. Mas esse foi o resultado mais severo e aflitivo que o ato de pregar já exerceu sobre mim. Todavia, minha mente estava em descanso perfeito, pois eu me esforçara ao máximo para falar sobre as coisas de Deus, e eu sabia que não poderia fazer mais do que fiz.

4 de outubro. Passei o início da semana sentindo-me muito mal de saúde, bem como a semana anterior. No entanto, consegui cavalgar um pouco cada dia, embora fosse incapaz de ficar sentado a metade do dia até quinta-feira. A cada dia procurei ajudar algumas pessoas que trabalhavam em minha casa. Na sexta-feira, senti-me maravilhosamente recuperado e fortalecido. Tendo há algum tempo avisado a minha gente e aos índios de Forks of Delaware, em particular, que eu administraria a Ceia do Senhor no primeiro domingo de outubro; preguei em 2 Coríntios 13.5, como preparação para a ordenança, terminando o que eu havia proposto oferecer sobre o assunto no domingo anterior. O sermão foi abençoado por Deus, despertando sentimentos religiosos e um espírito de devoção entre o seu povo; e um certo índio, que se *desviara* de Deus, foi muito tocado, o que o levou a julgar e a condenar a si mesmo. Fui fortalecido de modo surpreendente em meu trabalho, enquanto falava; mas logo depois fui forçado a recolher-me ao leito, na minha nova casa entre os índios. Passei algum tempo conversando com a minha gente sobre as coisas divinas, deitado em minha cama; e senti minha alma refrigerada, embora meu corpo estivesse fraco. Sendo este um dia de descanso, conversei particularmente com diversos dos participantes; e à tarde preguei sobre Zacarias 12.10. Muitos na congregação pareceram compungidos e lamentaram vividamente por seus pecados. Minha alma se sentia confortada, e desfrutei de liberdade e ajuda divina no culto público. Eu mesmo e quase todos os irmãos se sentiram comovidos diante da humilde confissão e quebrantamento de espírito do irmão desviado, e nos regozijamos que Deus lhe dera tal senso de pecado e indignidade. Fiquei por demais cansado à noitinha, mas deitado no leito, discorri sobre a Bíblia à minha gente.

Dia do Senhor, 5 de outubro. Continuo muito fraco. Pela manhã tive muito receio de não poder fazer o trabalho do dia, pois tinha muito o que fazer, de interesse particular e coletivo. Discorri, antes da administração da Ceia do Senhor, sobre João 1.29: "Eis o Cordeiro de Deus, que tira o pecado do mundo!" Considerei em primeiro lugar, quais os sentidos em que Cristo é chamado de "Cordeiro de Deus"; e observei que Ele é assim chamado por causa da pureza e inocência de sua natureza - por causa de sua mansidão e paciência sob os sofrimentos - por causa de sua expiação, simbolizada no sacrifício de cordeiros, e, em particular, pelo cordeiro pascal. Em segundo lugar, considerei como e em qual sentido Ele "tira o pecado do mundo"; e observei que o meio e o modo que Ele faz isso é pelo "dar-se a si mesmo pelos homens", tendo sofrido em lugar e em favor deles; e, é dito que Ele tira o pecado do mundo, não porque todo o mundo será, de fato, remido do pecado por Ele, mas porque Ele fez e sofreu o bastante para responder pelos pecados do mundo, podendo assim redimir toda a humanidade - Ele, de fato, tira os pecados do mundo eleito. E, por último, considerei como devemos contemplá-Lo, para que os nossos pecados sejam perdoados. Não com nossos olhos físicos, nem imaginando-O encravado na cruz, mas mediante a visão espiritual da sua glória e bondade, levando a alma a depender dEle.

A presença divina foi sentida durante o sermão, e os presentes ficaram compungidos pela verdade divina. Após o sermão, dois índios fizeram pública profissão de fé e administrei a Ceia do Senhor para cerca de quarenta participantes índios, além de diversos crentes queridos dentre os brancos. Estes parecem ter sido momentos de graça e poder divinos, e muitos presentes regozijaram-se em Deus. Oh, que doce união e harmonia se manifestou entre os crentes! Minha alma foi refrigerada, juntamente com os meus amigos crentes da raça branca. Terminada a celebração, quase não consegui voltar para casa, embora ficasse à distância de cem metros, mas meus amigos me ampararam. E assim cheguei a meu leito, onde gemi de dor até certa hora da noite; e então pude sentar-me para discorrer sobre a Bíblia com amigos. Este dia foi passado em orações e louvores com minha gente querida! Podia-se ouvi-los durante toda a manhã antes do culto público, e à noite, até quase meia-noite, orando e entoando louvores a Deus, em uma ou outra de suas casas. Minha alma foi revigorada, embora o meu corpo continuasse tão fraco.

11 de outubro. Quase ao cair da tarde, tive um acesso de calafrios, seguido por febre alta e muitas dores. Fui tratado com grande gentileza, e me senti envergonhado por ver tanta preocupação com uma criatura tão indigna como sei que sou. Minha disposição mental era boa, totalmente submissa no que toca *à vida* ou *à morte*. Foi realmente uma satisfação singular pensar que não cabe a mim determinar se eu deveria viver ou morrer. Também me senti singularmente conformado durante este tempo de grande enfermidade, estando agora realmente convencido de que me achava extremamente fraco e impossibilitado de trabalhar. Noutros tempos, minha mente ficava perplexa pelo temor de estar desperdiçando o tempo, julgando-me doente quando, na realidade, eu não estava enfermo. Oh, quão precioso é o tempo! E quão culpado me sinto, quando penso que o tenha desperdiçado com coisas banais, ou negligenciando preencher cada instante do dia com os meus deveres, até ao máximo de minha capacidade e poder!

Dia do Senhor, 19 de outubro. Quase nada pude fazer durante toda a semana passada, exceto na quinta-feira, quando cavalguei por pouco mais de seis quilômetros; nesta ocasião apanhei um resfriado. Como não podia fazer quase nada, não senti muita espiritualidade e nem vívidas emoções religiosas, embora às vezes eu muito tenha ansiado ser mais frutífero e cheio de emoções celestiais; entristeci-me por ver as horas dissiparem-se, enquanto eu nada podia fazer pela causa de Deus. Esta semana pude frequentar o culto público. Senti-me bem tranquilo e consolado, disposto a viver ou morrer, mas achei difícil conciliar a ideia de viver *inutilmente*. Oh, que eu nunca chegue a viver, ao ponto de ser uma carga para a criação de

Deus, mas antes, que me seja dado ir para o meu *lar*, quando terminar a minha obra como *peregrino!*

> Durante essa semana, Brainerd voltou aos seus índios que residiam em Cranberry, para cuidar dos interesses espirituais e temporais deles; ficou exausto por cavalgar, embora percorresse pequena distância a cada dia.
> – J.E.

23 de outubro. Fui para casa e arrumei as minhas coisas. Estava muito fraco e um tanto melancólico; esforcei-me por fazer alguma coisa, mas não tinha forças e fui obrigado a deitar-me, sentindo-me muito solitário.

24 de outubro. Passei o dia supervisionando e orientando o meu povo sobre o conserto de sua cerca, de forma que se assegure a colheita do trigo. Tenho visto que eles dependem de mim em todas as suas questões seculares. À tardinha senti-me mais reanimado, tendo-me sentido capaz de fazer algo de proveitoso durante o dia. Oh, como me dói ver o tempo escoar-se, enquanto eu nada posso fazer de útil!

Dia do Senhor, 26 de outubro. Pela manhã eu estava fraco demais. Passei o dia, até quase anoitecer, sentindo dores, triste por ver o meu povo disperso "como ovelhas que não têm pastor", esperando ansiosos por me verem em condições de pregar para eles antes do anoitecer. Eu me afligia por vê-los nessa situação, achando-me incapaz de tentar qualquer coisa pelo benefício espiritual deles. Mas já quase no fim da tarde, sentindo-me um pouco melhor, chamei-os para virem à minha casa; sentei-me e li para eles, explicando o trecho de Mateus 5.1-16. Esse discurso, embora entregue em meio a muita fraqueza, exerceu poderoso efeito sobre os ouvintes, especialmente o que foi dito acerca do último versículo, quando enfatizei o dano infinito que é causado ao cristianismo, se nossa luz torna-se trevas ao invés de brilhar diante dos homens. Muitos da congregação sentiram-se afetados pelo senso de sua deficiência no que tange a um comportamento piedoso, capaz de recomendar a religião cristã a outras pessoas; e o espírito de preocupação e vigilância parece ter tomado conta deles. Um deles em particular, que caíra no pecado da embriaguez algum tempo antes, agora, profundamente convicto de seu pecado, muito se entristeceu e se preocupou por causa da imensa desonra contra o cristianismo devido à sua má conduta. Minha alma sentiu-se renovada em face disso. Embora eu não tivesse forças para falar o tanto que eu falaria normalmente, e fosse obrigado a ficar deitado, regozijei-me em ver um humilde enternecimento entre os irmãos, e em ver que a verdade divina, mesmo anunciada com debilidade física, fez-se acompanhar de muita eficácia sobre a audiência.

27 de outubro. Passei o dia supervisionando e orientando os índios sobre como consertar a cerca em torno do trigo plantado. Pude andar junto com eles, orientando-os quanto a seus negócios, durante toda a manhã. À tarde, fui visitado por dois amigos queridos e passei algum tempo conversando com eles. Já perto da noite, fui capaz de sair de casa, a fim de ajudar novamente os índios. À noite, minha mente estava tranquila.

28 de outubro. Cavalguei até Princeton, embora muito fraco. Tive um acesso tão forte de febre no caminho, que fui obrigado a desmontar na casa de um amigo e ficar deitado por algum tempo. No final da tarde, fui visitado pelos senhores Treat e Beaty, pela esposa deste e por alguns amigos. Reanimei-me ao vê-los, mas fiquei admirado e até envergonhado ao saber que eles tanto se esforçaram viajando cinquenta ou sessenta quilômetros para me verem. Pude permanecer sentado por bom tempo, à noite, e desfrutar o tempo passado com esses meus amigos.

29 de outubro. Viajei a cavalo por dezesseis quilômetros com os amigos que ontem vieram me visitar; e então despedi-me deles, com exceção de um, que ficou afim de fazer-me companhia e me animar.

Dia do senhor, 2 de novembro. Não pude pregar e pouco pude sentar-me durante o dia todo. Entristeci-me quase até a prostração por ver minha pobre gente destituída dos meios da graça; sobretudo por não poderem ler, o que é uma grande desvantagem, impedindo que tirassem real proveito do domingo. Cheguei a pensar que me contentaria em estar enfermo, se ao menos o meu pobre rebanho contasse com um pastor fiel que o alimentasse com o conhecimento espiritual! O reconhecimento dessa carência deles me aflige mais do que toda a minha enfermidade física.

3 de novembro. Estou, agora, num estado de tão grande fraqueza e abatimento que sou totalmente incapaz de realizar o meu trabalho. Restando-me pouca esperança de recuperação, senão por cavalgar, senti que deveria viajar à Nova Inglaterra e passar algum tempo entre meus amigos, os quais fazia tempo que eu não via. Por isso, despedi-me de minha congregação neste dia. Mas antes de deixá-los, visitei-os em suas respectivas casas e dirigi-me a cada um deles conforme achei mais certo e apropriado, à luz da situação de cada um, sentindo grande liberdade em agir assim. Nem bem eu deixava uma casa e os moradores caíam em prantos. E alguns não sentiram apenas a minha despedida, mas também a solene incumbência que lhes dava quanto às coisas divinas; pois fui ajudado a mostrar-me fervoroso em espírito enquanto falava com eles. Depois de despedir-me da minha congregação e dos alunos da escola, o que tomou a maior parte do dia, parti de casa e cavalguei cerca de três quilômetros, até a casa onde eu tinha vivido no verão passado, e ali me alojei. À noitinha me senti reanimado, por haver deixado os membros da igreja tão bem-dispostos e tocados, e por ter recebido tanta ajuda ao dirigir-lhes minhas palavras de despedida.

5 de novembro. Cavalguei até Elizabeth Town, tencionando continuar viagem até Nova Inglaterra, assim que me fosse possível; mas, uma hora ou duas depois de minha chegada, comecei a sentir-me muito pior. Durante quase uma semana fiquei confinado a meu quarto, a maior parte do tempo na cama; e depois recuperei-me o bastante para poder caminhar pela casa, embora continuasse confinado a ela.

No começo desse extraordinário período de mal-estar, depois de ter chegado em Elizabeth Town, pela misericórdia divina fui capaz de manter um espírito calmo, equilibrado e paciente, assim como eu era no início de minha debilidade física. Depois de ter estado em Elizabeth Town cerca de quinze dias, tendo então me recuperado, de modo a poder andar pela casa, observei um dia de ação de graças e relembrei as misericórdias de Deus ao ponto de ficar muito emocionado, tomado pelos sentimentos de gratidão e louvor. Minha alma louvou a Deus especialmente por sua obra graciosa entre os índios e pela expansão de seu reino valioso. Minha alma bendisse a Deus por aquilo que Ele é, e O adorou, rogando-Lhe que sempre se manifestasse às suas criaturas. Regozijei-me porque Ele é Deus, e anelei que todos viessem a reconhecer, sentir e alegrar-se nesta verdade. "Senhor, glorifica a Ti mesmo", era o desejo e o clamor de minha alma. Oh, se todas as pessoas amassem e louvassem ao Deus bendito, e se Ele recebesse toda honra e glória possíveis, por parte do mundo inteligente!

Após esse consolador período de ação de graças, por várias vezes gozei de liberdade em expressar-me profundamente na oração; e pude interceder, diante de Deus, por minha querida congregação, apresentando frequentemente cada família e cada pessoa em particular. Com frequência confortou-me que eu pudesse orar a Deus de todo o coração por aqueles com quem eu não podia falar e aos quais eu não podia ver. Em outras ocasiões, porém, eu andava tão desanimado e minhas forças físicas tão desgastadas que não sentia quase nenhuma emoção.

Em dezembro, eu me havia recuperado ao ponto de poder caminhar e visitar meus amigos, parecendo estar recobrando a saúde, até um certo domingo, dia 21 de dezembro. Nesse dia participei de um culto público e muito labutei, diante da mesa do Senhor, a fim de arrancar de dentro de mim certa corrupção e vê-la morta, por ser inimiga de Deus e da minha alma. Não pude deixar de ter a esperança de que havia obtido alguma resistência contra essa e outras corrupções, e senti certo quebrantamento no coração por causa de meu pecado.

Mas depois disso, talvez por ter apanhado um resfriado, a minha saúde começou a declinar-se continuamente, até aos dias finais de janeiro de 1747. Apanhei uma tosse violenta, uma febre altíssima, uma crise asmática e ainda perdi todo o apetite, tornando-se impossível digerir alimentos. Assim, fiquei de tal modo reduzido na saúde que os meus amigos chegaram a perder a esperança de que eu sobreviveria. E alguns deles chegaram a pensar que eu não continuaria vivo por nem mais um dia. Nesse tempo não conseguia concentrar meus pensamentos em qualquer coisa; parecia estar desprovido, em grande medida, de qualquer emoção, e era afligido por grandes tentações. Não obstante, eu não temia a morte.

Dia do Senhor, 1º de fevereiro. Embora muito fraco e abatido, desfrutei de grande conforto e doçura nas realidades divinas. Pude pleitear e argumentar com Deus em oração, com confiança infantil, conforme penso. Ocorreu-me aquele trecho bíblico, que diz: "Ora, se vós, que sois maus, sabeis dar boas dádivas aos vossos filhos, quanto mais o Pai celestial dará o espírito aqueles que lhe pedirem?" (Lucas 11.13). Isso me ajudou, e pude pleitear e insistir sobre esse ponto: e vi a fidelidade divina, que tratava comigo muito melhor do que qualquer pai terreno pode fazer por um filho seu. Esses momentos reanimaram de tal modo a minha alma, que até meu corpo pareceu fortalecer-se. A partir de então, comecei a melhorar gradativamente.

24 de fevereiro. Pude cavalgar até Newark (tendo ficado confinado a Elizabeth Town por quase quatro meses), e no dia seguinte voltei a Elizabeth Town. A jornada me reanimou um pouco, embora meu corpo estivesse exausto.

28 de fevereiro. Fui visitado por um índio de minha própria congregação, o qual me trouxe cartas e boas-novas de uma conduta sóbria e boa por parte de minha gente em geral. Isso me revigorou a alma. Encerrei-me em meu quarto para agradecer a Deus por sua bondade; e, segundo penso, encontrei-me em verdadeira atitude de gratidão, pois parecia que Deus estava edificando aquela congregação para a sua glória.

4 de março. Fui repreendido por um amigo, embora não me parecesse merecer isso dele. Contudo, penso que isso foi usado por Deus para tomar-me mais sensível e temeroso contra o pecado, mais cuidadoso quanto a mim mesmo e mais empenhado em manter o coração e a vida puros e inculpáveis. E isso também me fez refletir sobre o meu amortecimento passado e a minha falta de espiritualidade, abominando a mim mesmo e reputando-me como o ser mais indigno do mundo.

Visto que o dia **11 de março** foi observado em Elizabeth Town como dia de jejum e oração, pude estar presente no culto público, o primeiro dia em que isso me foi possível desde 21 de dezembro passado. Oh, por quanta fraqueza e aflição Deus me fez atravessar nesse espaço de tempo! Contudo, tendo obtido "ajuda da parte dEle", continuo vivo. Quem me dera poder viver mais para a sua glória!

Dia do Senhor, 15 de março. Pude ir novamente ao culto público e senti intenso desejo de retornar ao meu trabalho ministerial; e, segundo penso, senti ânimo e vitalidade para falar de Deus.

18 de março. Saí a cavalo com o propósito de visitar minha gente e no dia seguinte cheguei entre eles; mas durante a viagem me senti muito abatido.

Na **sexta-feira** pela manhã, levantei-me cedo e fiquei andando entre o meu povo, inteirando-me de sua situação e de suas preocupações; e pesou-me o coração por ter ouvido certas coisas desagradáveis. Procurei achegar-me a Deus com minhas aflições, apresentei-Lhe minhas queixas e lamentos e, de maneira quebrantada, expus diante do Senhor as minhas dificuldades. Apesar disso, minha mente continuava em atitude melancólica. Cerca das dez da manhã, convoquei o meu povo e, após ter explicado e entoado um salmo, orei junto com eles. Eles muito se emocionaram, e não duvido que em alguns casos essas emoções ultrapassaram aquilo que é meramente natural.

Esse foi o último encontro que Brainerd teve com os membros de sua igreja. Às onze da manhã ele os deixou e no dia seguinte chegou em Elizabeth Town. – J. E.

28 de março. Nesta manhã fui atacado por violentas dores. Essas dores foram excruciantes e constantes por diversas horas, pelo que me pareceu impossível sobreviver por mais vinte e quatro horas em tal aflição, a não ser por milagre. Fiquei deitado o dia inteiro, em dores agonizantes por toda a manhã; depois, entretanto, agradou a Deus conferir-me alívio. As dores deixaram-me em um profundo estado de debilidade, e continuei assim por vários dias, afetado por febre, tosse e suores noturnos. Durante esse período de aflição, sempre que minha mente parecia mais lúcida, a *morte* me parecia atrativa. Eu a considerava como o fim de minhas labutas, como a entrada no lugar "onde os cansados encontram descanso"; e penso que tive certo desejo de desfrutar das delícias do céu, ao ponto de ser fascinado e atraído por elas, enquanto impelido pelas fadigas desta vida. Oh, quanta felicidade há em sermos atraídos por desejos de um estado de perfeita santidade!

4 de abril. Estive muito desanimado e abatido, muito desassossegado e inquieto, em razão do mau uso do tempo; no entanto, não sabia o que fazer. Eu anelava passar tempo em jejum e oração para livrar-me da indolência e da frieza quanto às coisas de Deus. Porém, não me restavam forças físicas para tais ocupações. Oh, quão bem-aventurado é desfrutar de paz de consciência! Mas quão espantosa é a falta de paz interior e de tranquilidade na alma! Tenho visto que é impossível desfrutar dessa felicidade sem *aproveitar o tempo* e manter uma disposição mental espiritual.

10 de abril. Chegou hoje a Elizabeth Town o meu irmão, John. Passei algum tempo conversando com ele; mas sentia-me extremamente fraco.

> Esse irmão foi enviado pelos representantes para cuidar e instruir a congregação de índios de Brainerd, pois este teria de ausentar-se, em razão de sua enfermidade. John continuou a cuidar dos índios até à morte de Brainerd, sendo logo após consagrado como seu *sucessor* na missão, para pastorear a sua congregação. – J.E.

17 de abril. À noite não pude deixar de pensar que Deus me havia ajudado a "aproximar-me do trono da graça", embora indigno, dando-me o senso de sua graça, o que me conferiu inexpressível apoio e encorajamento. Embora quase não ousasse ter esperança de que a misericórdia era real, ela parecia imensa; mas não podia deixar de alegrar-me pelo fato que Deus desvendara o seu rosto reconciliador a um pecador tão vil. Às vezes, a vergonha e a confusão me cobriam; mas então a esperança, a alegria e a admiração diante da bondade divina obtinham a ascendência. Outras vezes, era impossível não admirar a bondade divina, pois o Senhor nunca me permitirá cair nos mais grosseiros e vis atos de pecado.

20 de abril. Meu estado de saúde esteve bastante ruim, e não me levantei pela maior parte do dia. Desfrutei de um pouco mais de consolo do que em alguns dias antecedentes. Completei, hoje, *vinte e nove anos* de idade.

21 de abril. Parti de viagem para a Nova Inglaterra, a fim de (se for assim a vontade de Deus) recuperar a saúde pelo cavalgar.

> Esta veio a ser a sua partida definitiva de Nova Jersey. Ele viajava lentamente e chegou entre os seus amigos em East Haddam, mais ou menos em começos de maio. Pouca coisa foi registrada em seu diário sobre o tempo que passou desde a sua partida, nessa viagem, até 10 de maio. Ele menciona como, ocasionalmente, seu coração alegrava-se nas gloriosas perfeições de Deus, anelando viver para Ele. Mas queixa-se da instabilidade de seus pensamentos, pois eram facilmente desviados dos assuntos religiosos; e lamenta sua pobreza de espírito, como sendo algo que testificava contra ele da maneira mais eloquente. Acerca daqueles *passatempos* para os quais ele precisava apelar por motivo de saúde, dizia ele que algumas vezes podia usar de passatempos com "singeleza de coração", com vistas à glória de Deus; mas ele também descobriu a necessidade de grande cuidado e cautela, para não perder aquela atitude mental espiritual em seus passatempos e para que os mesmos não se degenerassem em mero egoísmo, sem terem a glória de Deus como o seu alvo supremo. – J.E.

Dia do Senhor, 10 de maio. Não pude deixar de ser grato a Deus, nestes dias, pois, em meu ministério, Ele sempre me impelira a persistir sobre as grandes doutrinas da *regeneração*, da *nova criação*, da *fé em Cristo*, da *santificação progressiva,* do *supremo amor a Deus,* do *viver inteiramente para a glória de Deus,* de *não pertencermos a nós mesmos,* e outras similares. Assim, frequentemente, Deus ajudou-me a ver com clareza que essas doutrinas e as outras relacionadas a elas, são o *único alicerce* para a segurança e a salvação de pecadores perdidos; e que as disposições divinas harmônicas a essas são aquela *santificação,* "sem a qual ninguém verá o Senhor" (Hebreus 12.14). A prática dessas virtudes piedosas - nas quais a alma age harmonicamente com Deus, sendo e fazendo tudo quanto Lhe é agradável - conforme entendi, seria de grande valor na hora da morte. Pois, penso que Deus *estaria negando a Si mesmo,* se rejeitasse a *sua própria imagem,* a saber, a alma que se une a Ele no tocante aos seus desejos.

Dia do Senhor, 17 de maio. Passei a manhã em casa, incapaz de ir ao culto público. Foi então que Deus me deu um senso profundo de minha própria vileza e da excessiva pecaminosidade do meu coração, a tal ponto que parecia não haver outra coisa em mim senão pecado e corrupção. "Não têm conta os males que me cercam": como minha falta de espiritualidade e de vida santificada, minha negligência a respeito de Deus, e o viver para mim mesmo. Todas as abominações de meu coração e de minha vida pareciam estar evidentes à minha vista; e nada me restava dizer além disto: "Deus, tem misericórdia de mim, pecador". Já perto do meio-dia, notei que a graça de Deus, em Cristo, é infinitamente gratuita para com pecadores, sim, pecadores tais como eu. E também vi que Deus é o bem supremo, que em sua presença está a vida; e então comecei a anelar pela morte, para ir ter com Ele, livre de todo pecado. Oh, como um breve vislumbre de sua excelência refrigerou-me a alma! Oh, quão digno é o Deus bendito de ser amado, adorado e admirado, por Si mesmo e por suas excelências divinas!

Apesar de me sentir desanimado e com falta de espírito de oração durante esta semana, contudo, pude compreender de certa forma a excelência das coisas divinas; sobretudo certa manhã, quando em meditação e oração secretas, me foram proporcionadas de tal forma a excelência e a beleza da santidade, à semelhança do Deus glorioso, que comecei a anelar, intensamente, por estar naquele mundo onde habita a santidade em toda a sua perfeição. Eu almejava por essa santidade perfeita, não tanto para minha própria felicidade - embora eu visse claramente que essa é a maior, sim, a única felicidade da alma - mas, para que eu pudesse agradar a Deus, viver inteiramente para Ele, e com todas as minhas faculdades.

Dia do Senhor, 24 de maio. (Em Long Meadow, em Massachusetts.) Não pude deixar de pensar, como por muitas vezes tenho dito a outros, que a *verdadeira religião cristã* consiste em *profunda humildade, quebrantamento de coração, um humilhante senso de esterilidade e da falta de graça e santidade;* e isto em um grau muito mais elevado do que a maioria dos que se chamam cristãos imagina; especialmente aqueles que recentemente têm sido considerados como convertidos. Parece que muitos não conhecem outra religião, a não ser a que envolva alegrias e emoções elevadas, originárias apenas da imaginação, ou por meras sugestões feitas às suas mentes, como se Cristo fosse o salvador deles, como se Deus os amasse, e outras coisas semelhantes.

Na **quinta-feira, 28 de maio,** Brainerd veio de Long Meadow a Northampton, parecendo ter melhorado muito em seu estado de saúde, em comparação aos seus relatos do último inverno. De fato, ele estava tão bem que foi capaz de cavalgar quarenta quilômetros em um dia, e ainda caminhar cerca de um quilômetro. Brainerd pareceu animado e livre de melancolia; mas, sem dúvida, a esta altura a tuberculose já era incurável. Antes mesmo disso, eu já tivera muitas oportunidades de receber informações específicas sobre ele, da parte de muitos que o conheciam bem. Mas agora tive oportunidade de conhecê-lo ainda melhor. Descobri que ele era um homem notavelmente social, agradável, de conversa interessante e, ao mesmo tempo, muito proveitosa, firme, respeitável e espiritual. Desfrutamos não só do benefício de sua conversa, mas também do consolo e da vantagem de nos juntarmos a ele em oração em família, vez por outra. Sua maneira de orar era muito agradável, apropriada a um insignificante discípulo de Cristo, dirigindo-se a um Deus infinitamente grande e santo, o Pai das misericórdias; não usava expressões floreadas ou uma eloquência estudada; nem tinha qualquer veemência ou ousadia inapropriadas. Suas orações não davam impressão de qualquer ostentação, e nem de querer destacar a si mesmo entre os demais. Também era isento de vãs repetições, de excursões impertinentes ou de multiplicação desnecessária de palavras. Expressava-se com estrita propriedade, com termos sérios e pungentes. E, contudo, o que os seus lábios diziam parecia fluir da *plenitude de seu coração*. Nunca o vi a pedir uma bênção ou a agradecer à mesa, mas havia algo de notável na maneira dele apresentar as suas orações. Nelas, ele insistia muito sobre a prosperidade de Sião, sobre o avanço do reino de Cristo no mundo e sobre a propagação do evangelho entre os índios. E geralmente ele incluía uma petição em suas orações: "Que ao deixar de ser útil, não continuasse vivendo". – J.E.

Dia do Senhor, 31 de maio (em Northampton). Não tive prazer interior nas práticas religiosas por quase toda a semana passada, não conseguindo perceber e nem contemplar espiritualmente a glória de Deus e do bendito Redentor, de onde sempre fluem as minhas consolações e alegrias na religião; e quando não consigo contemplar as excelências e perfeições de Deus, levando-me a ter regozijo nEle pelo que Ele é em Si mesmo, então não acho base sólida para qualquer alegria. Para mim, regozijar-me somente porque entendo que tenho os benefícios de Cristo e que finalmente serei salvo, é algo que não me satisfaz.

Nesta semana, Brainerd consultou-se com o Dr. Mather em minha casa. O médico disse-lhe claramente que havia grandes evidências dele estar em estado avançado de *tuberculose,* não lhe podendo encorajar de que algum dia viria a recuperar-se. Mas isso não pareceu causar nele qualquer desequilíbrio emocional, e nem alterar, em qualquer sentido, o bom ânimo e serenidade de sua mente, ou a liberdade e agradabilidade de sua conversação. – J.E.

Dia do Senhor, 7 de junho. Hoje minha atenção foi grandemente despertada, e minha alma foi muito enlevada, por aquilo que ouvi sobre a "grande preciosidade da graça salvadora do Espírito de Deus", ao ponto do meu corpo quase não poder suportar, estando nessa condição de debilidade. Percebi que a verdadeira graça é realmente muito preciosa, que ela é bastante rara e que se manifesta apenas em pequenas porções, mesmo onde ela é encontrada - pelo menos descobri que esse é o *meu* caso.

Na semana passada, gozei de alguns momentos de consolo e meditação. Certa manhã, pareceu-me muito preciosa a causa de Deus. O reino do Redentor é tudo quanto se reveste de valor na terra, e não pude evitar anelar pela sua promoção no mundo. Também compreendi que essa causa é de Deus, que Ele tem uma consideração e preocupação infinitamente maior por ela do que eu poderia ter, e que se eu tenho qualquer verdadeiro amor por essa bendita causa, isso representa somente uma partícula proveniente do próprio Deus. Sendo assim, pude "levantar a cabeça, em regozijo" e concluir: "Bem, se a causa de Deus é tão querida e preciosa para Ele, Ele a promoverá". Assim, tenho descansado em Deus, certo que Ele promoverá aquilo que é agradável à sua vontade, embora sejamos obrigados a deixar ao seu beneplácito o tempo em que o fará.

> Brainerd foi aconselhado pelos médicos a continuar montando a cavalo, pois, acima de quaisquer outros meios, isso tendia a lhe prolongar a vida. Por algum tempo hesitou sobre para onde se dirigiria; mas finalmente resolveu cavalgar até Boston. Tínhamos concluído que alguém de nossa família iria com ele, a fim de ajudá-lo em seu estado de debilidade e abatimento físico. – J.E.

9 de junho. Parti de viagem de Northampton a Boston. Viajei vagarosamente, e pude conhecer um certo número de pastores na viagem.

Tendo agora continuado a viajar por bastante tempo, senti-me muito melhor do que antes. Descobri que o meu desejo de continuar vivendo era proporcional à expectativa que eu tinha de voltar a uma vida útil, pois a *morte* me parecia inconcebivelmente mais desejável do que uma vida inútil. Contudo, bendito seja Deus, encontrei meu coração às vezes totalmente resignado e conformado com esta que é a maior das aflições, contanto que Deus visse como apropriado tratar assim comigo.

12 de junho. Hoje cheguei em Boston, um tanto fatigado da viagem. Observei que não há descanso senão em Deus; as fadigas físicas e as ansiedades mentais nos assediam tanto nas cidades quanto no campo, pois em nenhum lugar estamos isentos delas.

Dia do Senhor, 14 de junho. Desfrutei de maior liberdade e doçura no culto doméstico, bem como em minhas atividades devocionais; Deus pareceu-me excelente, os seus caminhos plenos de prazer e paz, e tudo quanto desejei foi um espírito de santo fervor para viver para Ele.

18 de junho. Adoeci gravemente, chegando à beira da morte, devido ao rompimento de pequenas úlceras em meus pulmões, conforme a suposição de meu médico. Continuei nesse estado de extrema debilidade por várias semanas. Estive tão doente que fiquei totalmente incapaz de falar, impossibilitado ao menos de sussurrar uma palavra. E mesmo quando me recuperei o bastante para poder andar pela casa e fora dela, todos os dias eu ficava tonto, em crises que usualmente continuavam por quatro ou cinco horas; e, nessas ocasiões, embora eu já não estivesse incapacitado de falar, podendo dizer um "sim" ou um "não", ainda assim não podia conversar, nem dizer uma sentença inteira, sem ter de parar para sorver o ar. E por inúmeras vezes meus amigos reuniram-se em torno do meu leito, pensando em ver o meu último suspiro, que era esperado para qualquer momento, por eles e também por mim.

Desconheço quase totalmente a condição em que eu estava, com relação ao uso de minhas faculdades mentais, nos primeiros dias dessa piora no meu estado de saúde. Penso que em certas ocasiões eu fiquei um tanto abalado pela violência da febre; mas do terceiro dia em diante, durante quatro ou cinco semanas inteiras, gozei de tanta serenidade e lucidez mental, quanto antes em minha vida. Penso que minha mente nunca penetrou com tanta facilidade e liberdade nas realidades divinas, como durante esse período; e nunca fui tão capaz de demonstrar a veracidade de muitas doutrinas importantes do evangelho quanto agora. E assim como vi claramente as verdades daquelas grandes doutrinas, com toda a razão chamadas de *doutrinas da graça,* também percebi, com a mesma clareza, que a *essência da religião* consiste na *conformidade da alma com Deus* e em agir acima de todos os pontos de vista egoísticos, visando à *glória de Deus,* no anelo de *pertencer a Ele,* de *viver para Ele,* de *agradá-Lo e honrá-Lo* em tudo. E tudo isso com base em uma clara visão de sua infinita excelência e dignidade, em Si mesmo, de ser amado, adorado e servido por todas as criaturas inteligentes. Assim sendo, vi que quando uma alma ama a Deus com amor supremo, ela passa a agir como o próprio Deus bendito que com toda a razão ama a Si mesmo dessa maneira. E assim, quando os interesses de Deus e do crente se tornam um, e o crente anela que Deus seja *glorificado,* e regozija-se em pensar que está imutavelmente possuído pela mais elevada glória e bem-aventurança, então esse crente passa a agir em conformidade com Deus. Por igual modo, quando a alma está plenamente submissa à vontade divina, e nela descansa com satisfação e contentamento, nisso ela também *amolda-se* a Deus.

Além disso, percebi que pelo fato dessa influência de origem divina, que leva a alma a exaltar a Deus e a reduzir-se a pó, ser produzida quando Deus revela as suas próprias perfeições gloriosas *na face de Jesus Cristo,* mediante as influências especiais do Espírito Santo, assim também Ele não pode considerar esta obra, senão como dEle mesmo. E sendo que é o reflexo de sua imagem na alma do crente, é impossível que Ele não se *deleite* nela. Entendi que se Deus desprezasse e rejeitasse a sua própria *imagem moral,* Ele estaria *negando a Si mesmo,* algo que Ele não pode fazer. Portanto, vi a *estabilidade* e *infalibilidade* dessa religião; e que aqueles que realmente a possuem, dispõem da mais completa e satisfatória evidência de serem beneficiários de todas as bênçãos da redenção que há em Cristo, por terem os seus corações conformados a Ele. Vi, também, que esses, e somente esses, estão qualificados para participar e desfrutar do reino glorioso de Deus, pois ninguém mais sente qualquer prazer nessas glórias celestiais, atribuindo a Deus toda a glória, e não a si mesmos. E vi, ainda, que Deus (embora eu mencione o seu nome e as suas perfeições com grande reverência) não pode lançar fora a esses, afinal, sem negar a Si mesmo.

A próxima coisa que tive de fazer foi inquirir se a *minha* religião era *assim*. E Deus agradou-se em ajudar-me a lembrar e revisar de maneira crítica aquilo que ocorrera, de natureza religiosa, nos últimos anos de minha vida. Embora eu pudesse descobrir muita corrupção até nas minhas melhores ocupações, muito egoísmo e finalidades carnais, muito orgulho espiritual e auto exaltação, e outros inumeráveis males que me cercavam, Deus achou por bem, eliminar rapidamente toda a dúvida, enquanto eu revisava os fatos, mostrando-me que eu tinha, vez por outra, agido sem a influência do mero auto interesse, e que eu ansiara por agradá-Lo e glorificá-Lo, como minha maior felicidade. Essa revisão, por meio da graça, foi acompanhada pelo sentimento da mesma disposição mental de procedência divina. Sentia-me agora satisfeito em pensar sobre a glória de Deus, anelando pelo céu como sendo um estado em que eu pudesse glorificá-Lo perfeitamente, e não mais como um lugar de felicidade pessoal. Esse sentimento do amor de Deus em meu coração, que confio ter sido novamente insuflado em mim pelo Espírito de Deus, foi suficiente para infundir-me plena satisfação e fazer-me almejar estar com Cristo, como tantas vezes outrora desejei.

Assim como Deus agradou-se em conceder-me clareza de ideias e estabilidade mental por várias semanas, quase continuamente, mesmo estando grandemente debilitado; também capacitou-me, em certa medida, a aproveitar o meu tempo para propósitos valiosos, conforme creio. Pude escrever várias cartas importantes a amigos que vivem em lugares remotos; e algumas vezes escrevi, quando não podia falar, estando incapacitado de manter conversação com outras pessoas, embora talvez fosse capaz de dizer uma palavra ou duas alto o bastante para ser ouvido.

 Durante esse período, estando confinado a Boston, li com cuidado e atenção alguns escritos do idoso Pr. Shepard, que se tornaram conhecidos ultimamente, e estão designados à publicação. Visto que me solicitaram com tanta insistência, fiz algumas correções onde o sentido foi deixado obscuro, pela ausência de uma palavra ou duas. Além disso, nesta ocasião recebi muitas visitas, com as quais, quando conseguia falar, sempre conversava sobre assuntos religiosos, tendo sido capacitado a distinguir entre a religião *verdadeira* e a *falsa*, através dos tempos. Talvez não haja um único assunto que seja motivo de controvérsia nestes últimos dias que eu não tenha sido compelido a discutir, para mostrar a minha opinião a respeito, e isso, por muitas vezes, diante de um bom número de pessoas. De forma especial discorri repetidamente sobre a natureza e a necessidade daquela *humilhação* e *auto esvaziamento*, ou seja, daquela plena convicção de incapacidade própria que uma pessoa deve ter, o que é imprescindível para uma fé salvadora; falei sobre a extrema dificuldade de alguém ser levado a essa atitude, e do grande perigo das pessoas se voltarem para a aparência de humildade, contidas em sua justiça própria. Enfatizei especialmente este *perigo*, estando persuadido que multidões pereçem nesse caminho obscuro. Mostrei também que pouco é dito, na maioria dos púlpitos, para desmascarar esse perigo. Assim, pessoas que nunca foram realmente levadas a *morrerem para si mesmas,* também nunca *foram realmente unidas a Cristo* e, assim sendo, perecem. Também discorri muito sobre aquilo que reputo ser a essência da verdadeira religião cristã, esforçando-me em descrever com clareza aquele estado e disposição de alma semelhantes aos de Cristo, aquela conversação santa e o comportamento que pode reivindicar, com razão, a honra de ter Deus como seu originador e benfeitor. Tenho razão para crer que Deus abençoou a minha exposição dessas verdades, tanto diante de ministros como de crentes em geral, pelo que meu tempo não foi totalmente perdido.

Brainerd, estando em Boston, foi visitado por muitas pessoas, as quais lhe mostraram um respeito incomum, parecendo muito satisfeitas e agradadas com a sua conversa. Além de ser honrado pela companhia e pelo respeito de outros pastores da cidade, foi visitado por vários ministros de outras regiões do país. Ele aproveitou todas as oportunidades para discorrer sobre a natureza peculiar e as características distintivas de uma religião viva, verdadeira e espiritual. Também prestou o seu testemunho contra as várias falsificações religiosas, constituídas de meras impressões sobre a *imaginação,* de supostas e súbitas *sugestões* de verdades não contidas nas Escrituras, ou como aquela fé que consiste, *primariamente,* na crença da pessoa em que Cristo morreu por ele em particular. O que ele disse, em sua maior parte, foi ouvido com grande atenção e consideração; e suas apresentações e raciocínios pareceram exercer grande influência sobre muitos que com ele conversaram, tanto ministros quanto leigos.

Os representantes da Sociedade Escocesa, em Londres, que estavam em Boston, e que visavam a propagação do evangelho na Nova Inglaterra e territórios adjacentes, tendo recebido uma doação do falecido Pastor Daniel Williams, de Londres, para sustento de dois missionários enviados aos índios, sentiram que, enquanto Brainerd estivesse em Boston, deveria ser consultado sobre uma missão àqueles índios conhecidos como Seis Nações, particularmente a respeito das qualificações necessárias a um missionário enviado àqueles índios. Ficaram tão satisfeitos com as suas sugestões, demonstrando tão grande confiança em seu juízo, em sua discrição e em sua fidelidade quanto a questões dessa natureza, que manifestaram o desejo que ele se encarregasse de achar e recomendar dois homens aptos para esta obra, e deixaram a questão entregue a ele.

A restauração da saúde de Brainerd, depois desse período de extrema fraqueza, em Boston, o que lhe permitiu sair e viajar de novo, foi inesperada, tanto para ele quanto para os seus amigos. Minha filha, que o visitou, escreveu o seguinte acerca dele, em uma carta com data de **23 de junho:**

"Na quinta-feira ele estava muito doente, com violenta febre, sentindo muitas dores na cabeça e no peito, chegando a delirar em certos momentos. Assim ficou até o sábado à noite, quando pareceu entrar nas agonias da morte; seus parentes ficaram com ele até uma ou duas da madrugada, esperando que ele expirasse a qualquer instante. Mas no domingo ele se recuperou um pouco, melhorou da dor de cabeça, embora continuasse com muitas dores principalmente no peito, e com grande dificuldade de respirar. Ontem ele melhorou. À noite ele dormiu um pouquinho. Mas hoje de manhã ele piorou muito. Diz o Dr. Pynchon que não tem esperanças quanto a sua vida, e que pensa que Brainerd jamais deixará o seu quarto, embora ele fale que *talvez* possa ir a Northampton."

Em uma outra carta, datada de **29 de junho,** disse ela: "Desde que escrevi pela última vez, o Sr. Brainerd não tem tido tantas dores e nem febre como antes; mesmo assim ele está muito fraco, abatido e tão debilitado, que a cada dia ele espera ser o seu último dia de vida. Ele diz que é impossível a sua sobrevivência, pois quase não tem forças para puxar o fôlego. Esta manhã fui à cidade e, quando voltei, o Sr. Bromfield disse que não esperava que eu pudesse vê-lo novamente vivo, pois Brainerd jazeu durante duas horas, conforme todos pensavam, moribundo. Era difícil definir se ele estava vivo ou morto. Por algum tempo não pôde falar, mas agora está mais ou menos como antes. O médico diz que ele expirará em alguma crise dessas. O Sr. Brainerd disse que nunca se sentiu tão perto da morte como hoje; e também disse que nunca concebeu ser possível a um ser humano continuar vivo, estando assim tão fraco dia após dia. E o Dr. Pynchon afirmou que não se surpreenderia se Brainerd se recuperasse e ainda vivesse por mais seis meses, nem ficaria surpreso se ele morresse dentro de doze horas. Desde que comecei a escrever, ele não tem passado muito bem, e mais uma vez ficou inconsciente; contudo, ele se mostra paciente e resignado, sem demonstrar temores opressivos, mas, antes, o contrário."

Brainerd, falando de si mesmo com um de meus vizinhos, que na ocasião o tinha visto em Boston, disse que se considerava tão morto como se lhe tivessem atravessado o coração com uma bala. No entanto, havia sido determinado pela providência divina que a natureza resistisse; e ele se recuperou, para espanto de todos quantos conheciam o seu caso.

Depois que começou a reviver, foi visitado por seu irmão mais novo, Israel, estudante no Colégio Yale. Este, tendo ouvido dizer de sua grande enfermidade, foi até Boston, a fim de vê-lo, se é que ainda poderia achá-lo vivo, do que tinha pouca esperança. Brainerd alegrou-se muito em ver o seu irmão, especialmente porque desejava conversar com ele sobre assuntos religiosos, antes de morrer. Mas esse encontro ocorreu em meio à tristeza, visto que Israel lhe trouxe a notícia da morte da irmã, em Haddam. Entre Brainerd e essa irmã sempre houvera grande afeto e muita afinidade quanto as coisas espirituais. Ele costumava fazer da casa dela a sua própria casa, quando ia a Haddam, lugar de seu nascimento. Brainerd tinha a esperança de que ela fora para o céu, e de que em breve a encontraria ali. Israel continuou com Brainerd até que este deixou a cidade, e o acompanhou dali a Northampton. Acerca do último domingo que passou em Boston, escreveu Brainerd em seu diário, como segue: – J.E.

Dia do Senhor, 19 de julho. Acabo de estar presente a um culto público, tendo sido levado até à casa de Deus em um divã. Ouvi o Dr. Sewall pregar pela manhã, quando então participei da Ceia do Senhor. Na ordenança pude perceber uma grandiosa demonstração da *sabedoria* divina, uma sabedoria que sem dúvida requer as línguas dos anjos e dos santos glorificados para ser celebrada. Parecia-me que eu nunca poderia fazer qualquer coisa para adorar a infinita sabedoria de Deus, desvendada no plano da redenção humana, enquanto eu não chegasse a um mundo perfeito; contudo, eu não podia deixar de esforçar-me por "conclamar a minha alma, e tudo quanto há em mim, para bendizer o nome de Deus". À tarde, ouvi o Sr. Prince pregar. Neste dia, entendi mais sobre Deus, através da *sabedoria* refletida no plano da redenção do homem, do que eu já vira em qualquer outra de suas perfeições.

No dia seguinte, tendo-se despedido afetuosamente de seus amigos, ele partiu, no frescor da tardinha, em sua viagem a Northampton, acompanhado por seu irmão e por minha filha, os quais tinham estado com ele em Boston; e, se Brainerd não fosse tão avesso a pompas e exibicionismos teria sido acompanhado por um certo número de cavalheiros, até alguns quilômetros fora da cidade, como testemunho da estima e respeito que nutriam por ele. – J. E.

25 de julho. Cheguei aqui, em Northampton, tendo partido de Boston na segunda-feira, cerca das quatro horas da tarde. Nessa viagem, cavalguei vinte e cinco quilômetros por dia. Algumas vezes senti-me extremamente cansado e enfraquecido, no caminho, parecendo-me impossível prosseguir; noutras ocasiões, porém, eu me sentia consideravelmente melhor e bem-disposto, tanto no corpo quanto na mente.

Dia do Senhor, 26 de julho. Hoje entendi claramente que eu jamais poderei sentir-me feliz, e que nem mesmo Deus poderá tornar-me feliz, a menos que eu possa "agradá-Lo e glorificá-Lo para sempre". Mas se esse privilégio me fosse tirado, ainda que eu fosse admitido no melhor céu que homens ou anjos sejam capazes de conceber, mesmo assim eu me sentiria um miserável para sempre.

Embora tivesse melhorado ao ponto de poder viajar aquela distância toda, ele não exprimia qualquer esperança de recuperar a saúde. Ele pensava, e assim também o médico, que chegara bem perto da morte, em Boston, devido as úlceras rebentadas em seus pulmões. E disse-me que, antes, conforme supunha, pela mesma razão já passara por crises semelhantes, embora não tão severas quanto a última. De modo que definhava mais e mais, parecendo-lhe que chegara, desta vez ao mais baixo nível possível de resistência, e que não tinha a mínima esperança de sobreviver na próxima crise. Não obstante, parecia perfeitamente calmo, diante da possibilidade da morte.

Na **quarta-feira** pela manhã, na semana posterior em que chegou a Northampton, seu irmão, Israel, deixou-nos e partiu para New Haven. E despediu-se de David na certeza de que nunca mais o veria neste mundo. Quando Brainerd aqui chegou, restavam-lhe forças suficientes para poder, ocasionalmente, cavalgar por alguns quilômetros, e, de outras vezes, para reunir com a família em oração. A partir daí, entretanto, foi enfraquecendo gradativamente. Enquanto viveu, continuou falando muito sobre a *futura prosperidade de Sião*, que tantas vezes foi predita e prometida nas Escrituras. Esse era um tema sobre o qual ele apreciava se delongar, e sua mente parecia estar possuída por grande preocupação a esse respeito e com um intenso desejo que o cristianismo se propagasse e florescesse rápida e abundantemente. Sim, quanto mais a morte se avizinhava, e quanto mais os sintomas da doença se intensificavam, mais ainda a sua mente parecia tomada por esse assunto. Brainerd disse-me, já perto do seu fim, que "em toda a sua vida nunca tivera a sua mente tão tomada com o desejo de orar fervorosamente em prol da expansão do reino de Cristo na terra, como desde que ele adoecera gravemente em Boston". Ele parecia admirar-se muito de que entre os pastores e os crentes, em geral, não parecesse mais haver disposição de orar pelo florescimento religioso no mundo, e que tão poucas parcelas de suas orações girassem em torno dessa questão, em família ou em outras circunstâncias. Particularmente, por diversas vezes, ele expressou admiração de que parecesse não haver prontidão em acatar a proposta feita recentemente por um certo número de ministros da Escócia, através de uma petição por escrito enviada à América do Norte, para que houvesse orações intensivas em conjunto, entre os ministros de Cristo e os crentes, rogando pela vinda do reino de Cristo. Como último conselho antes da morte, mandou à sua própria congregação o recado que deviam pôr em prática essa proposta, com boa disposição.

Embora estivesse constantemente muito fraco, ele sempre tinha o cuidado de aproveitar bem o *tempo*, preenchendo-o com algo proveitoso, que de algum modo contribuísse para a glória de Deus ou para o bem do próximo: em conversa edificante, escrevendo cartas para amigos distantes, anotando alguma coisa em seu diário, examinando os seus escritos anteriores, a fim de corrigi-los e prepará-los para serem entregues às mãos de outros crentes depois de sua morte, ou então orientando sobre o gerenciamento futuro da obra entre os índios, ou, ainda, em devoções secretas. Ele nunca parecia estar satisfeito, por mais doente que se encontrasse, a não ser que estivesse fazendo alguma coisa para Deus, ou em seu serviço. Depois que ele chegou aqui, escreveu um *prefácio* para um *diário* do Pr. Shepard, já mencionado anteriormente, que depois disto foi publicado.

Em seu diário na data de **Dia do Senhor, 9 de agosto,** ele menciona ter grande anelo pela morte, mediante a compreensão da excelência do estado da perfeição. Em seu diário relativo ao **Dia do Senhor, 16 de agosto,** ele diz ter recebido tanto refrigério de alma na casa de Deus, que pareceu refrigerar lhe também o *corpo*. E isso não somente ficou registrado em seu diário, como também foi observado por outras pessoas. Não era apenas a sua mente que se rejubilava com consolações interiores, mas também seu ânimo e suas forças físicas pareciam-lhe notavelmente restauradas, como se tivesse esquecido de sua enfermidade. No entanto, aquela foi a última vez que ele participou da adoração pública num domingo.

Na **terça-feira** daquela semana, pela manhã, quando eu estava ausente em uma viagem, ele orou junto com meus familiares, embora sentisse muita dificuldade, por falta de forças físicas, sendo essa sua última oração em família. Até então costumava cavalgar, com certa frequência, por alguns quilômetros; mas nesta terça-feira foi a última vez que ele conseguiu cavalgar. – J.E.

Dia do Senhor, 23 de agosto. Nesta manhã fui muito encorajado pelo pensamento, pela esperança e expectativa da *ampliação do reino de Cristo*. E não podia deixar de esperar que a hora chegasse, quando a grande Babilônia cairia para "nunca mais levantar-se". Isso me conduziu a meditações espirituais bastante consoladoras. Não pude participar do culto público nem pela manhã e nem à tarde; mas Deus agradou-se em conceder-me firmeza e satisfação com pensamentos sobre as coisas divinas. Coisa alguma refrigera tanto a minha alma, como quando vou a Deus, sim, "a Deus, minha suprema alegria". Quando Ele é assim para a minha alma, ó, como é indizivelmente deleitoso!

Durante a última semana, passei por vários períodos de refrigério interior, embora meu corpo estivesse intensamente fraco, com febre contínua e calafrios. Algumas vezes minha alma concentrava-se em Deus, como a minha única porção; e eu sentia que seria para sempre infeliz, se Ele não reinasse. Vi quão doce e feliz é ser um súdito de Cristo e estar à sua disposição. E isso fazia desvanecerem-se, prontamente, todas as minhas dificuldades.

Até esta semana, Brainerd tinha preferido alojar-se em um quarto no andar de cima, mas agora estava tão enfraquecido que não era mais capaz de subir e descer a escada. Na **sexta-feira, 28 de agosto,** foi a última vez em que ele esteve no andar de cima; daí em diante passou a ocupar um cômodo do andar térreo.

Na **quarta-feira, 2 de setembro,** sendo o dia de nossa conferência pública, Brainerd pareceu fortalecido ao ver os ministros, residentes nas proximidades, que vieram para participar da conferência; e, de novo, expressou o grande desejo de ir à casa de Deus naquele dia. Ele pôde cavalgar até à reunião e participar do culto, quando pregava o Pastor Woodbridge, de Hatfield. Brainerd deu a entender que supunha ser essa a última vez que poderia estar presente em um culto público. E isso realmente sucedeu, pois foi a última vez que chegou a ir para fora de nosso portão.

Na noitinha do sábado seguinte, foi visitado inesperadamente por seu irmão, o Sr. John Brainerd, o qual viera de Nova Jersey a fim de vê-lo. Ele foi muito animado por essa visita inesperada, pois gostava muito desse seu irmão; e pareceu regozijar-se de maneira sincera e solene, por vê-lo e por ouvir as boas notícias que ele trouxera acerca do estado de sua querida congregação de índios crentes. Entre outras coisas, o que o deixou jubiloso nessa visita, foi que seu irmão lhe trouxera alguns de seus *escritos particulares* de Nova Jersey, especialmente o seu *diário*, que vinha escrevendo desde alguns anos passados. – J.E.

Dia do Senhor, 6 de setembro. Comecei a ler alguns de meus escritos, que meu irmão trouxera, e me senti consideravelmente refrigerado com o que encontrei neles.

7 de setembro. Dei continuidade à leitura de meus antigos escritos particulares, e eles exerceram sobre mim o mesmo efeito que eu senti ontem. Não pude deixar de regozijar-me e bendizer a Deus pelo que sucedera há muito tempo, pois, se eu não tivera escrito, como fiz, todo o acontecido estaria perdido para sempre.

Esta noitinha, quando o corpo me parecia uma carga aflitiva, minha alma anelou que Deus *fosse glorificado.* Quisera viver para Deus para sempre! Mas confio que está próximo o dia, aquele dia perfeito. Oh, aquele dia de livramento de todo pecado!

Dia do Senhor, 13 de setembro. Fiquei muito reanimado, e ocupei-me em meditar e escrever; notei que meu coração se inclinava a servir a Deus. Meu ânimo foi refeito, e minha alma deleitou-se em fazer algo para Deus.

À noitinha desse domingo, os pés de Brainerd começaram a inchar; e dali por diante, foram inchando cada vez mais, um sintoma de que sua morte estava próxima. No dia seguinte, seu irmão, John, teve que deixá-lo, por ter de retornar a Nova Jersey para cuidar de negócios muito importantes e indispensáveis, tencionando regressar o mais 218 A Vida de David Brainerd prontamente possível, na esperança de ainda poder encontrar vivo a seu irmão.

Tendo agora Brainerd considerado, com muita deliberação, o assunto referido a ele pelos representantes da Sociedade para a Propagação do Evangelho na Nova Inglaterra e territórios adjacentes, escreveu-lhes, mais ou menos durante esse tempo, recomendando dois jovens cavalheiros que conhecia, o Sr. Elihu Spencer, de East Haddam, e o Sr. Job Strong, de Northampton, como missionários aptos a serem enviados às Seis Nações. E os representantes, ao receberem sua carta, alegre e unanimemente concordaram em aceitar e enviar as pessoas que Brainerd havia recomendado.

Na **quarta-feira, 16 de setembro,** Brainerd escreveu a alguns cavalheiros caridosos de Boston, em favor da escola indígena, mostrando a necessidade de outro professor, ou de alguém que ajudasse o professor na instrução das crianças índias. Esses cavalheiros, ao receberem essa carta, reuniram-se e concordaram unanimemente em pagar duzentas libras para o sustento de alguém com essa tarefa; e mostraram o desejo que o Pastor Pemberton, de Nova York (que então estava em Boston e participou da reunião a convite deles), logo que possível procurasse uma pessoa apta para o cargo; e também concordaram, segundo Brainerd havia sugerido, que setenta e cinco libras fossem usadas para o custeio de algumas despesas especiais necessárias para encorajar a missão entre as Seis Nações. Brainerd desgastou-se muito para escrever essas cartas, porque estava extremamente fraco; mas o ter sido capaz disso, deixou-o muito satisfeito, pois assim fizera alguma coisa para Deus, o que poderia avançar o reino e a glória de Cristo. Mas ao escrever a segunda carta foi obrigado a se utilizar da mão de outra pessoa.

Na quinta-feira dessa semana, **17 de setembro,** quando saiu de seu quarto pela última vez, foi novamente visitado por seu irmão, Israel, o qual continuou a fazer-lhe companhia até à sua morte. Naquela noite, manifestou-se uma certa diarreia, o que ele considerou outro sinal da morte próxima. Então, expressou-se como segue: "Oh, está chegando agora aquele momento glorioso! Tenho desejado servir a Deus de modo perfeito: agora Deus satisfará esse desejo!" E vez por outra, quando apareciam novos sintomas da aproximação de sua morte, ele não se sentia deprimido, ao invés disso, parecia *animado* e até encorajado, alegrando-se ante a aproximação da morte. Brainerd usou com frequência o termo *"glorioso"*, ao falar sobre o dia de sua morte, chamando-o de *"aquele dia glorioso"*. E ao notar que a sua partida se aproximava cada vez mais, passou a falar muito a respeito, discorrendo com toda a tranquilidade sobre o estado futuro. Ele também pôs em ordem todas as suas questões, dando orientações específicas e detalhadas sobre o que deveria ser feito sobre isto ou sobre aquilo após a sua morte. E quanto mais se aproximava o dia, mais desejoso parecia de partir. Referia-se a diversas perspectivas diante da morte, e dizia ser um motivo ignóbil e mal estar disposto a deixar o corpo apenas para livrar-se da dor, ou então partir para o céu somente para obter ali honra e galardão. – J.E.

19 de setembro. Perto da noite, quando tentei andar um pouco, meus pensamentos foram estes: "Quão infinitamente doce é amar a Deus e ser tudo para Ele!" E então foi-me sugerido: "Tu não és um anjo, vivo e ativo". E a isso minha alma imediatamente retrucou: "Sinceramente desejo amar e glorificar a Deus, como qualquer anjo do céu". E novamente me foi sugerido: "Mas tu és imundo, despreparado para o céu". Diante disso, apareceram imediatamente as benditas vestes da *justiça* de Cristo, nas quais posso exultar e triunfar; e contemplei a infinita excelência de Deus, e minha alma prorrompeu em anelos de que Deus fosse glorificado. Pensei na dignidade que gozarei no céu, mas instantaneamente voltou o pensamento: "Eu não vou para o céu para ser honrado, mas para prestar a Deus toda glória e louvor possíveis". Oh, quanto anelo que Deus também seja glorificado na *terra!* Oh, *fui feito* para a eternidade, para que Deus seja glorificado! Não me importo com as dores do corpo. Embora cercado de dores extremas, nunca me senti mais tranquilo. Senti-me disposto a glorificar a Deus nesse estado de aflição física, enquanto Ele quisesse que eu assim continuasse. O sepulcro pareceu-me realmente atrativo, e eu ansiava por guardar ali os meus ossos cansados, contanto que assim Deus fosse glorificado! - Esse foi o âmago de todo o meu clamor. Oh, como eu sabia que no céu eu seria ativo como um anjo, e que seria despido de minhas vestes imundas! Assim, não tive qualquer objeção à morte! Mas quem me dera amar e louvar a Deus ainda mais, agradando-O em tudo para sempre! Era por isso que minha alma pranteava, e pelo que continua pranteando, enquanto escrevo. Quisera que Deus fosse glorificado na terra toda! "Senhor, que venha o teu reino". Anelei que o espírito de pregação descesse e repousasse sobre os ministros do evangelho, para que se dirigissem às consciências dos homens com precisão e poder. Vi que Deus é o depositário do Espírito, e a minha alma anela que o mesmo seja "derramado do alto". Não pude deixar de suplicar a Deus em favor de minha congregação, para que Ele a preservasse, não permitindo que seu grande nome perdesse a sua glória nessa obra; e minha alma continuava anelando que Deus fosse glorificado.

> Era impossível ocultar a notável disposição mental em que Brainerd se encontrava naquele começo de noite. "Sua boca falava do que estava cheio o seu coração", expressando, de maneira eloquente, muito daquilo que ficou registrado em seu diário. Entre muitas outras expressões extraordinárias que ele então proferiu, houve gemas como estas: "Meu céu consiste em agradar a Deus e glorificá-Lo, entregando tudo a Ele, devotando-me totalmente à sua glória. Esse é o céu pelo qual anelo; essa é a minha religião, essa é e sempre foi a minha felicidade, desde que me converti. E todos quantos tiverem essa forma de religião haverão de estar comigo no céu. Não irei para o céu a fim de progredir, mas a fim de honrar a Deus. Não importa onde eu seja colocado no céu, se ali terei um local elevado ou baixo; mas amar, agradar e glorificar a Deus é o meu tudo. Se eu tivesse mil almas, se elas valessem qualquer coisa, eu as dedicaria todas a Deus; mas, no final das contas, nada tenho a oferecer. É impossível que qualquer criatura racional seja feliz sem fazer *tudo para Deus*. O próprio Deus não poderia torná-la feliz de qualquer outra maneira. Anelo

por chegar no céu, a fim de louvar e glorificar a Deus com os santos anjos; todo o meu desejo é glorificar a Deus. Meu coração volve-se para a minha sepultura, pois me parece um lugar desejável - mas glorificar a Deus, isso está acima de tudo. Serve-me de grande consolo pensar que pelo menos fiz alguma coisa para Deus no mundo. Fiz muito pouco, de fato, e lamento não ter feito mais para Ele. Coisa alguma há no mundo para a qual valha a pena vivermos, senão para fazermos o bem e completarmos a obra de Deus, fazendo aquilo que Cristo fez. Nada mais vejo no mundo, que redunde em satisfação, além de viver para Deus, agradar a Ele e cumprir toda a sua vontade. Minha maior alegria e consolo tem sido fazer algo para promover o interesse da religião cristã e das almas de pessoas; e agora, em minha enfermidade, contorcendo-me em dores e aflito dia após dia, o único conforto que sinto está em poder fazer algum pequeno serviço para Deus, seja por aquilo que eu diga, ou por algo que escreva, ou de alguma outra maneira".

Brainerd mesclou com essas e outras expressões, muitos conselhos comoventes aos que viviam ao seu redor, mormente aos meus filhos e aos servos. Ele dedicou-se a influenciar os meus filhos menores; chamava-os e falava com eles, um por um. Apresentava-lhes, com simplicidade, a natureza e a essência da verdadeira piedade, bem como a sua grande importância e necessidade, e advertia-os com zelo a não se contentarem com menos que uma autêntica transformação do coração, para terem uma vida consagrada a Deus. Aconselhava-os a não serem remissos nas atividades religiosas, e nem ficarem adiando o cumprimento desses deveres. Suas palavras eram tanto mais solenes porque eram as palavras de um *homem moribundo*. Disse ele: "Morrerei aqui, e aqui serei sepultado, e aqui vereis o meu sepulcro, e desejo que lembreis o que vos tenho dito. Estou de partida para a eternidade; seu caráter interminável a torna doce. Mas que direi sobre a eternidade dos ímpios? Não posso mencioná-la e nem pensar sobre ela; a ideia é por demais assustadora. Quando virdes o meu sepulcro, então lembrai o que vos disse quando ainda vivia; e então meditai no que o homem que jaz naquele sepulcro vos aconselhava, e como advertia para vos preparardes para a morte".

O *corpo* de Brainerd parecia maravilhosamente fortalecido, mediante o vigor interior e o fortalecimento de sua mente, de tal forma que, embora estivesse tão fraco que quase não pudesse terminar uma sentença, contudo havia momentos em que prolongava diante de nós as suas preleções por mais de uma hora, quase sem interrupção. E depois de terminar, dizia que esse deveria ser o seu último sermão. Mas essa notável disposição mental reaparecia no dia seguinte, acerca da qual ele fala em seu diário, segundo se vê abaixo. – J.E.

Dia do Senhor, 20 de setembro. Continuei em uma disposição mental agradável e confortável, e novamente fui tomado pelo desejo de que Deus fosse glorificado e pelo anelo de amá-Lo e de viver para Ele. Também desejei que as influências do Espírito Santo descessem sobre os *pastores* de maneira especial. Oh, quanto eu anseio estar junto de Deus, a fim de contemplar a sua glória, inclinando-me diante de sua presença!

Pelo que se nota no diário de Brainerd, acerca deste dia e da noite anterior, parece que a sua mente, nesse tempo, esteve muito impressionada com o senso da importância da obra do *ministério*, com a necessidade da graça de Deus e com a sua ajuda espiritual especial nessa obra; e isso também transparece no que ele expressava em sua conversação, particularmente com seu irmão Israel, o qual era, então, membro do Colégio Yale, em New Haven, preparando-se para a obra ministerial.[9] Então, e vez por outra, moribundo como estava, recomendava a seu irmão uma vida abnegada, desligada do mundo e consagrada a Deus, bem como um zeloso esforço para obtenção de grande parcela da graça do Espírito de Deus, bem como

---

9 Esse irmão de Brainerd era homem habilidoso, sério, estudioso e piedoso, havendo nele muitas virtudes que infundiam a esperança de que ele seria uma grande bênção em sua geração. Mas aprouve a Deus tirá-lo deste mundo, pouco depois da morte de David. Ele morreu naquele inverno, em New Haven, a 6 de janeiro de 1748, de uma febre, após uma enfermidade que durou cerca de quinze dias.

das graciosas influências divinas em seu coração. Mostrava o quanto os pastores carecem dessas bênçãos, e o quanto se beneficiam delas, baseando-se em sua própria experiência. Entre muitos outros conselhos, ele disse: "Quando os ministros sentem essas influências graciosas especiais sobre seus corações, isso ajuda-os admiravelmente a atingirem as consciências dos ouvintes, como que podendo tocá-las com as mãos. Por outro lado, sem essas virtudes, não importa o quanto se utilizem de raciocínio e oratória, estarão usando cotós ao invés das mãos". – J.E.

21 de setembro. Comecei a corrigir um pequeno volume de meus escritos pessoais. Creio que Deus me ajudou nisso de forma notável; minhas forças foram surpreendentemente prolongadas, meus pensamentos tornaram-se vívidos, minha alma refrigerada, e estou certo que isso foi uma obra de Deus. Oh, quão bom e quão agradável é trabalhar para Deus!

22 de setembro. Novamente ocupei-me na leitura e na correção, tendo obtido o mesmo sucesso do dia anterior. Estou extremamente débil, mas parece que minha alma se sente descansada quando assim passo o meu tempo.

23 de setembro. Terminei as correções do breve escrito antes mencionado e me senti em grande paz. Parecia que agora eu tinha terminado toda a minha obra neste mundo, e me preparado para a minha chamada para um mundo melhor. Enquanto eu perceber que há algo a ser feito para Deus, a vida será digna de ser vivida; mas como é vão e indigno viver por qualquer finalidade menos importante que esta! Hoje escrevi uma carta que, segundo penso, é muito importante, ao Pr. Byram, de Nova Jersey. Meu desejo é que Deus abençoe e dê bom êxito a essa carta, escrita para benefício de sua igreja![10] Oh, se Deus "purificasse os filhos de Levi", para que sua glória fosse fomentada! Na noite passada piorei horrivelmente, pelo que não esperava sobreviver mais nenhuma hora, ou mesmo minutos. Bendito seja Deus, porém, que desfrutei de muita doçura ao meditar sobre

---

10 Essa carta girava em torno das qualificações dos pastores, bem como do exame e do licenciamento de candidatos para a obra do ministério.

as realidades divinas durante toda esta semana, de noite ou de dia.

24 de setembro. Minhas forças começaram a declinar sensivelmente, o que me reforçava a impressão que eu terminara de fazer tudo que me era mister na vida. Mas tive forças para assinar e dobrar a minha carta. Por volta das duas da tarde deitei-me, fraco e abatido, ardendo em febre até à noite, sem conseguir descansar direito. No começo da noite, tendo me deitado vestido, levantei-me, pois sofria de grande aflição, atacado por um estranho soluço, que me sufocava ou me dava ânsias de vômito, com dores excruciantes. Oh, a aflição dessa noite! Nem eu e nem os que estavam comigo tínhamos esperança de que eu sobrevivesse esta noite. Eu anelava pelo momento final! Fui obrigado a deitar-me de novo às seis da manhã e, pela misericórdia divina, consegui descansar um pouco; mas aquele ataque de soluços me afligia muito, vez por outra. Minha alma suspirava por Deus. "Quando irei ao altar de Deus, do Deus que é a minha grande alegria?" Como anelo pela sua bendita semelhança!

25 de setembro. Estive incalculavelmente fraco, quase sem forças ao menos para falar, o dia inteiro, mas pude escrever um pouco, e por uma parte do dia senti um certo conforto. Oh, refrigerou-me a alma pensar nos acontecimentos do passado, nos desejos de glorificar a Deus, e no prazer de viver para Ele! Oh, bendito Deus, espero estar Contigo, em breve. Apressa esse dia, ó Senhor, se assim é de tua santa vontade. Oh, vem, Senhor Jesus, vem prontamente. Amém.[11]

26 de setembro. Senti o dulçor das realidades divinas nesta manhã, e tive o consolo de consciência em estar fazendo algo para Deus.

Dia do Senhor, 27 de setembro. Este foi um dia de muito consolo para a minha alma; penso que acordei ao lado de Deus. Fui capacitado a levantar minha alma a Deus, no começo desta manhã e, embora meu corpo estivesse tão debilitado, encontrei liberdade para elevar o meu coração a

---

11 Essa foi a última vez que escreveu em seu diário com o próprio punho, embora o mesmo prossiga por mais algum tempo, de maneira interrompida, escrito por seu irmão, Israel, mas ditado por ele, apesar de seu estado abatido e até moribundo.

De seu retorno de Susquehanna até sua morte
21 de setembro de 1746 - 9 de outubro de 1747

Deus, por mim mesmo e por outros crentes. Posteriormente, alegrei-me com a ideia de partir prontamente para o mundo invisível.

Hoje pela manhã, Brainerd sentiu um incomum apetite por alimentos, com o que sua mente pareceu regozijar-se, considerando isso como um sinal próximo de sua morte. Foi então que ele disse: "Nasci em um domingo; tenho razão em pensar que fui *regenerado em um domingo;* e espero que *morrerei neste domingo.* Considerarei isso como um favor, se assim for da vontade de Deus que isso venha a acontecer; e anseio por aquela hora. Oh, por que sua carruagem demora tanto a chegar? Por que suas rodas não giram mais depressa? Estou disposto a separar-me de tudo, estou disposto a separar-me de meu querido irmão, John, e nunca mais vê-lo, a fim de estar para sempre com o Senhor.[12] Oh, quando ali estiver, como a querida igreja de Deus na terra estará em minha mente!" Mais tarde, na mesma manhã, ao ser indagado sobre como estava passando, respondeu: "Estou quase na eternidade; anelo por chegar ali. Meu trabalho está feito, já me despedi de todos os meus amigos; o mundo inteiro é como nada para mim. Anelo por estar no céu, louvando e glorificando a Deus, em companhia dos santos anjos. *Todo o meu desejo é glorificar a Deus".*

Nestas duas últimas semanas de sua vida, ele pareceu continuar com o pensamento de já haver terminado seu trabalho e de ter feito tudo quanto lhe cabia fazer aqui em baixo. Agora, nada mais lhe restava fazer senão morrer, permanecendo no desejo e na expectação daquele momento feliz, quando a sua alma fizesse o voo até ao estado de perfeita santidade, onde acharia a glorificação perfeita, usufruindo da presença de Deus. Declarou Brainerd: "A ideia do dia da morte e do dia de juízo há muito me tem parecido peculiarmente aprazível". Vez por outra ele se referia a como

---

12 Antes disso, ele exprimira o desejo, se fosse da vontade de Deus, de continuar vivendo até seu irmão voltar de Nova Jersey. Este último, quando partira, tencionava fazer essa jornada e voltar, se possível, dentro de quinze dias, na esperança de encontrar seu irmão, David, ainda vivo. Essa quinzena agora estava quase terminada.

estava disposto a deixar o corpo e o mundo imediatamente - naquele dia, naquela noite, naquele mesmo instante - se assim fosse a vontade de Deus. Ele também procurava expressar o seu anelo que a igreja de Cristo na terra florescesse e que o reino de Cristo avançasse, embora estivesse prestes a deixar este mundo e não pudesse ver, com os seus olhos, o evento desejado, e nem servir de instrumento na promoção do mesmo. Disse-me Brainerd certa manhã, quando cheguei em seu quarto: "Meus pensamentos têm girado em torno daquele antigo e querido tema: a prosperidade da igreja de Deus na terra. Hoje, ao acordar, fui impelido a clamar pelo derramamento do Espírito de Deus, pelo avanço do reino de Cristo, pelo qual o Redentor tanto fez e sofreu. É especialmente isso que me faz anelar pelo mesmo". Brainerd expressou muita esperança de que o glorioso avanço do reino de Deus estivesse realmente às portas.

Certa vez, Brainerd disse-me que "antes ele havia desejado ardentemente o derramamento do Espírito de Deus e os tempos gloriosos da igreja, e esperava que os mesmos estivessem chegando; que ele estaria disposto a viver para promover a religião cristã em tal ocasião, se assim fosse a vontade de Deus". No entanto, disse também: "Estou disposto a aceitar as coisas como elas são; pois ainda que me oferecessem dez mil mundos, não caberia a mim fazer a escolha". Em seu leito de morte, Brainerd expressou uma total convicção de que, no céu, ele veria a prosperidade da igreja de Cristo na terra, regozijando-se com Cristo ali. E essa consideração parecia altamente agradável para a sua mente.

Brainerd continuava enfatizando sobre a importância do trabalho dos ministros do evangelho, expressando seu anseio que estivessem *cheios do Espírito de Deus*. Também manifestava o seu desejo de ver alguns dos pastores das vizinhanças, com os quais tinha algum conhecimento, e de cuja amizade sincera ele estava certo, a fim de conversar com eles sobre esse assunto, antes de morrer. Ele teve essa oportunidade, pelo menos com alguns deles, conforme queria.

Outra coisa que tinha no coração, sobre o que falou vez por outra, quando a morte já se avizinhava, era a prosperidade espiritual de sua própria congregação de índios crentes, em Nova Jersey. Ao falar sobre eles, exibia uma ternura peculiar, de tal modo que interrompia a fala e chorava. Também expressava muita satisfação quanto à providência divina, no que toca às circunstâncias de sua *morte;* mormente que Deus lhe dera oportunidade, em Boston, junto a um bom número de crentes e pastores, além de outras pessoas, de dar seu testemunho cristão contra o falso cristianismo, tendo destacado os muitos erros que conduzem e promovem essa falsificação. Muito se contentava que ali tivera ocasião de expor, diante de homens piedosos e caridosos, a situação dos índios e as suas carências; e isso com tão bons resultados que, desde então, Deus o capacitara a escrever-lhes reiteradamente sobre essas questões. Além destas, escreveu outras cartas importantes, esperando que exercessem uma boa influência na situação religiosa dos índios e de outros, após o seu falecimento. Ele manifestava muita gratidão a Deus, por sua misericórdia, em todas estas coisas. Também destacava, reputando como uma circunstância misericordiosa, o fato que morreria aqui. Falando sobre essas coisas, disse ele: "Deus tem me concedido todos os meus desejos", com o que dava a entender que agora podia deixar este mundo com alegria. – J.E.

28 de setembro. Pude ler e fazer algumas poucas correções em meus escritos pessoais, mas logo descobri que não podia escrever como antes, pois o meu estado de saúde havia declinado muito. De um tempo para cá tenho conseguido fazer alguma coisa, desde pouco antes do meio-dia até às duas da tarde; no entanto, o fato de poder fazer alguma coisa, particular ou do interesse da coletividade, tem reanimado o meu coração, com a esperança de estar fazendo algo para Deus.

Nesta noite, Brainerd parecia estar morrendo, impressão essa tanto dele quanto dos circunstantes. Ele parecia alegrar-se diante da proximidade da morte. Estava quase impossibilitado de falar, mas seus lábios pareciam mover-se, e alguém sentado bem perto dele, ouviu-o balbuciar expressões como estas: "Vem, Senhor Jesus, vem imediatamente. Oh, por que a tua carruagem demora tanto?" Mas depois que apresentou uma melhora, queixava-se de ter-se mostrado tão ansioso para partir deste mundo. E ao expressar a sua disposição mental naqueles momentos, disse que estivera tomado por um indizível amor por aqueles que ele considerava pertencerem a Cristo, de tal modo que, repetindo as suas próprias palavras, "cada um dos que estavam próximos parecia representar um pedacinho do céu". E ao ser indagado se ouvira a oração feita com ele, a seu próprio pedido, retrucou: "Sim, ouvi cada palavra, e compreendi profundamente cada coisa que foi dita naquela oração, pois cada palavra chegava até ao meu coração".

A noitinha da **terça-feira, 29 de setembro,** deitado em seu leito, Brainerd parecia estar com uma extraordinária disposição mental; seus pensamentos estavam envoltos em doces meditações acerca da prosperidade de Sião. Estando presentes dois jovens que ele conhecia, candidatos ao ministério, Brainerd quis que nos uníssemos no cântico de um salmo sobre a prosperidade de Sião. E, a pedido seu, entoamos parte do Salmo 102. Isso pareceu consolá-lo e fortalecê-lo, conferindo-lhe novas forças, de tal modo que, embora antes quase não conseguisse proferir palavra, agora ele pôde oferecer alguns conselhos àqueles jovens, sobre a preparação deles para a grande obra do ministério; e, em particular, recomendou-lhes que jejuassem e orassem com frequência. Reforçou seu conselho em relação a isso, com base em sua experiência, salientando o grande consolo e benefício daí advindos. "Tais coisas", explicou ele, "eu não teria mencionado, não fosse eu um homem que está morrendo". Terminado o seu aconselhamento, orou em nossa presença; e, além de orar pela minha família, por seus irmãos, pelos dois candidatos ao ministério e por sua própria congregação, ele também orou fervorosamente pelo reavivamento e progresso da religião cristã no mundo. Até hoje, ele costumava assentar-se por algumas horas a cada dia; mas depois disso, nunca mais se ergueu do leito. – J.E.

30 de setembro. Tive de ficar deitado o dia inteiro, por causa de uma fraqueza extrema. Porém, consegui aproveitar um pouco o tempo, com a ajuda de meu irmão, lendo e corrigindo cerca de doze páginas de meu manuscrito, onde conto a minha conversão.

1° de outubro. Novamente procurei fazer algo, escrevendo. Mas logo descobri que as minhas energias físicas e mentais me estavam faltando. Não me senti tão bem como quando era capaz de fazer alguma coisa que eu considerava útil. À noite passei a me sentir intranquilo e delirante; mas Deus achou por bem conceder-me algum sono, e acalmar minha mente. Oh, bendito seja Deus, pela sua grande bondade para comigo, desde que estive tão abatido na casa do Pr. Bloomfield, na terça-feira, 18 de junho. Excetuando-se aqueles poucos minutos, Ele tem me dado clareza de raciocínio, capacitando-me a trabalhar em seu favor, em coisas particulares ou públicas, talvez mais do que se eu estivesse bem de saúde. Tem me concedido, também, as consoladoras influências de seu bendito Espírito, com as quais Ele tem se agradado em refrigerar-me a alma. Que seu nome receba toda a glória, para todo o sempre. Amém.

2 de outubro. Hoje, por várias vezes, minha alma se sentiu docemente ligada a Deus, e anelei estar *com Ele*, a fim de poder *contemplar a sua glória*. Sentia-me docemente disposto a entregar tudo a Ele, incluindo os meus mais queridos amigos, o meu amado rebanho, o meu irmão ausente e todos os meus interesses, agora e para a eternidade. Quisera que o *seu reino* viesse a este mundo, para que todos pudessem amá-Lo e glorificá-Lo por aquilo que Ele é em Si mesmo, e para que o bendito Redentor pudesse "ver o penoso trabalho de sua alma, e ficasse satisfeito". Oh, Senhor Jesus, vem prontamente! Amém.

Aqui termina o diário de Brainerd. Essas são as *últimas palavras* que ficaram registradas nele, ou de próprio punho ou ditas por ele e escritas por outrem.

No dia seguinte, esperávamos muito o seu irmão, John, que chegaria de Nova Jersey, pois já havia passado uma semana do prazo que ele tinha marcado para o seu retorno, quando partiu de viagem. Embora nossas expectações continuassem desapontadoras, Brainerd parecia inabalável, com a mesma atitude calma e pacífica que sempre tivera, porquanto havia entregue tudo a Deus e se despedido de seus amigos e de todos os interesses terrenos.

Na manhã do dia seguinte, **domingo, 4 de outubro,** quando minha filha, Jerusha, que mais o servia, entrou no aposento, ele olhou ternamente para ela e disse: "Querida Jerusha, você está disposta a despedir-se de mim? Estou disposto a despedir-me de você, de todos os meus amigos, e até de meu querido irmão John, embora eu o ame como o melhor ser humano vivo. Entreguei-o a Deus, bem como todos os meus amigos, e posso deixá-los aos cuidados dEle. Mas, se eu imaginasse que não poderia mais vê-la e gozar de sua presença num outro mundo, eu não suportaria separar-me de você. Mas passaremos juntos uma feliz eternidade!"[13]

Naquela noite, quando uma irmã entrou no aposento com uma Bíblia na mão, ele disse: "Oh, aquele livro querido – aquele livro amorável! Eu logo o verei aberto! Os mistérios que nele estão ocultos, os mistérios da providência de Deus, tudo me será desvendado!"

Na **terça-feira, 6 de outubro,** Brainerd ficou por muito tempo no leito, como se estivesse morrendo. Foi então que alguns ouviram-no sussurrar, de forma interrompida, expressões como: "Ele virá, Ele não mais se demorará. Logo estarei na glória. Logo estarei glorificando a Deus junto

---

13 Em cerca de quatro meses, agradou ao Deus santo e soberano recolher essa minha filha querida, no dia 14 de fevereiro, após uma breve enfermidade de cinco dias, estando ela com dezoito anos de idade. Era uma jovem de atitudes muito similares às de Brainerd. Ela havia cuidado dele quase constantemente por dezenove semanas antes da morte dele, dedicando-lhe os seus cuidados com grande prazer, pois considerava-o um eminente servo de Jesus Cristo. Durante esse tempo ele conversou muito com ela sobre as questões religiosas. E estando moribundo, por várias vezes falou conosco, pais dela, de quão satisfeito se sentia diante da autêntica piedade dela, na certeza de que se encontraria com ela no céu. Ela havia demonstrado um coração notavelmente devotado a Deus. Em seu leito de morte, ela disse que "desde algum tempo não tinha visto ocasião em que desejasse continuar vivendo por um minuto mais, por qualquer outro motivo, senão para fazer o bem, viver para Deus e fazer aquilo que fosse para glória dEle".

com os anjos". Mas depois de algum tempo, recuperou-se da crise.

No dia seguinte, **quarta-feira, 7 de outubro,** chegou de Nova Jersey o seu irmão, John. Ficara detido nessa cidade por mais tempo do que tinha tencionado devido o surto de uma enfermidade fatal que tinha atingido os índios crentes, além de outras circunstâncias que exigiram a sua permanência entre eles. Brainerd sentiu-se reanimado e emocionado ao rever John, parecendo perfeitamente satisfeito com as razões de sua demora, considerando que fora a causa religiosa e as almas de seu povo que o detiveram.

No dia seguinte, **quinta-feira, 8 de outubro,** Brainerd sofreu grande aflição e agonias físicas; e durante a maior parte do dia esteve mentalmente confuso. Mas à noitinha recuperou o equilíbrio mental e voltou-lhe o uso da razão; mas as dores por todo o seu corpo continuaram e até aumentaram. Ele me disse que era impossível alguém conceber a agonia que sentia no peito. E manifestou muita preocupação, pois não queria desonrar a Deus pela impaciência motivada por sua extrema agonia. Era tal essa agonia que chegou a dizer que se tivesse de aturá-la mais um momento sequer, ser-lhe-ia insuportável. Desejava que outros crentes elevassem continuamente os seus corações a Deus, em favor dele, a fim de que Deus o sustentasse e lhe concedesse paciência. Ele deu a entender que esperava morrer naquela mesma noite, mas parecia temer maior demora; e a sua disposição mental em relação à morte pareceu continuar sendo o que tinha sido o tempo todo. E apesar da sua agonia física, seu interesse por Sião continuava sendo o que mais ocupava a sua mente. No começo da noite, ele dialogou com o Pr. Billing, um dos pastores da circunvizinhança, acerca da grande importância da obra ministerial. Mais tarde, altas horas da noite, pôde conversar longa e proveitosamente com seu irmão, John, sobre a sua congregação em Nova Jersey e sobre as questões religiosas entre os índios. Na segunda metade da noite, a sua agonia física pareceu elevar-se a uma tensão maior do que já experimentara antes. No fim da madrugada, seus olhos ficaram fixos, e continuou deitado e imóvel, até às seis horas da manhã da **sexta-feira, 9 de outubro de 1747,** quando a sua alma, conforme podemos concluir, foi recebida por seu querido Senhor e Mestre, naquele estado de perfeição de santidade e aprazimento de Deus, pelo que ele havia por tantas vezes anelado tão ardentemente; e foi acolhido pela gloriosa assembleia do mundo superior, como alguém peculiarmente apto para juntar-se a ela, em sua bem-aventurada atividade e aprazimento.

Todos demonstraram muito respeito por suas memórias, por ocasião de seus *funerais,* os quais tiveram lugar na segunda-feira seguinte, após um sermão pregado naquela solene ocasião. Estiveram presentes oito dos pastores das circunvizinhanças, e um grande número de pessoas. – J.E.

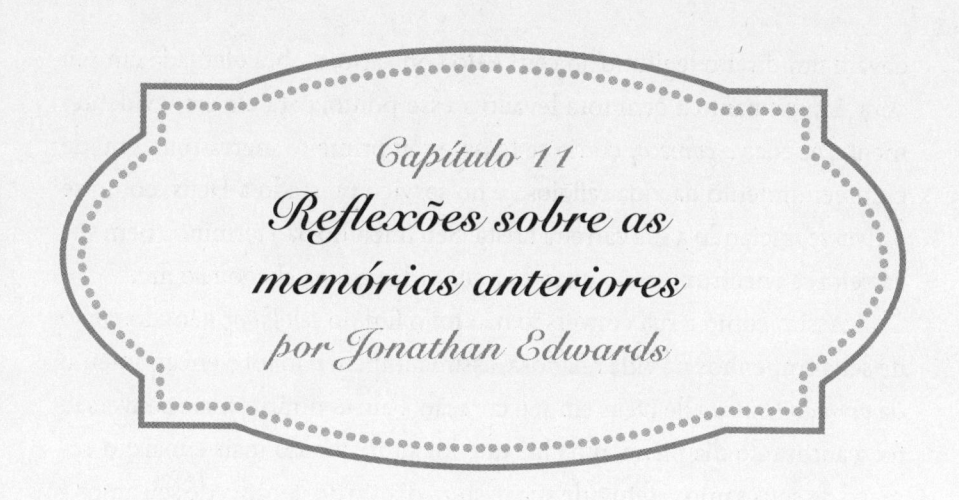

Capítulo 11
Reflexões sobre as memórias anteriores
por Jonathan Edwards

PRIMEIRA REFLEXÃO

Na vida de Brainerd, segundo entendo, podemos perceber *a natureza da verdadeira religião cristã, e também como ela opera,* quando exemplificada num *alto grau* e numa *poderosa prática de vida.* De um modo particular, é digno observar-se:

1. Quão claramente a religião de Brainerd *se diferenciava* da de algumas pessoas que simulam ter passado por uma *aparente experiência de conversão salvadora* operada em seus corações, as quais, vivendo em dependência disso, adaptam-se a uma disposição mental *fria, descuidada* e *carnal,* enquanto negligenciam a prática diária de uma fé íntegra e zelosa. Embora as suas convicções e conversão tenham, em todos os aspectos, sido perfeitamente claras e definidas, todavia, quão longe estava Brainerd de agir como se pensasse que já havia *terminado a sua obra,* quando obteve certeza da salvação e satisfação provenientes dos benefícios de Cristo, benefícios esses que lhe davam um direito legítimo ao céu! Pelo contrário, a obra efetuada em seu coração, mediante a qual fora levado a esse ponto, para ele era, evidentemente, apenas *o começo;* como se fosse o seu primeiro ingresso no grande empreendimento da vida religiosa e no serviço prestado a Deus; como se estivesse iniciando a sua carreira cristã. Seu trabalho não terminou nem sua carreira se encerrou, senão quando a sua vida terrena chegou ao fim.

Assim como a sua conversão não foi o fim do *seu labor* nem do curso de seus empenhos na vida religiosa, assim também não foi o encerramento da *obra do Espírito* de Deus em seu coração. Pelo contrário, a sua conversão foi a aurora do dia pleno, uma luz que foi aumentando mais e mais; o começo de seus santos afetos, de sua tristeza diante do pecado, de seu amor a Deus, de seu regozijo em Jesus Cristo, de seu anelo pela santificação. Muitos existem que, terminado o efeito da novidade, logo descobrem que a sua situação e os seus sentimentos assemelham-se muito ao que eram antes de sua suposta conversão, no tocante a qualquer sede por Deus ou à busca ardente de suas almas pelas realidades divinas. Vez por outra, de fato, tais pessoas chegam a refletir com saudades sobre o passado, sendo um tanto afetadas por essas memórias, e assim repousam tranquilas, pensando estar em *segurança*. E, desse modo, não duvidam que, ao morrerem, irão diretamente para o céu. Muito diferente disso era a atitude de Brainerd. Suas experiências, ao invés de fenecerem aos poucos, iam-se acentuando cada vez mais. O seu primeiro amor, bem como outros santos afetos, desde o início, era intenso, mas, com a passagem dos meses e dos anos, tornou-se ainda maior e mais patente.

2. Sua religiosidade *diferenciava* em muito da religiosidade de vários dos pretensos religiosos, que com frequência atuam por impulso de *veementes emoções*, impelidos pelo curso de *repentinas e fortes impressões*, e por supostas *iluminações elevadas* e *descobertas espirituais imediatas*. Ao mesmo tempo, essas pessoas são caracterizadas por um virulento "zelo, mas não de acordo com o conhecimento". Se examinarmos a sequência inteira das experiências de David, desde a sua conversão até a sua morte, não encontraremos qualquer dessas coisas - nenhuma visão de Cristo pendurado na cruz, com o sangue a gotejar de seus ferimentos; nenhum sorriso no semblante de Cristo, sendo-lhe dirigido; não encontraremos Cristo de braços abertos para abraçá-lo; nenhuma visão do livro da vida aberto, com o seu nome nele inscrito; nem Deus ou Cristo falando pessoalmente com ele; nem quaisquer repentinas sugestões de palavras ou sentenças, extraídas ou não das Escrituras, que lhe tenham sido dirigidas; nem novas revelações, e nem fortes sugestões sobre fatos secretos. Também não encontro em todos os registros que Brainerd deixou acerca de sua própria vida, qualquer exemplo de alegria que tenha sido incitada por alguma suposta *revelação direta* do Espírito; nem qualquer impressão interna de que a sua condição espiritual fosse boa. Mas a maneira pela qual ele ficava satisfeito com seu bom estado espiritual, ao ponto de abolir totalmente os seus temores, era sentindo dentro de si mesmo as atuações vívidas de um temperamento santo e de uma disposição celestial, como uma exercitação vigorosa daquele divino "amor que elimina o temor".

3. O cristianismo de Brainerd não era *egoístico* e *mercenário*. Seu amor a Deus era baseado, primária e principalmente, na suprema excelência de sua *própria natureza,* não em alguma noção preconcebida de que Deus *o amava,* e que o havia recebido em seu favor, tendo feito grandes coisas por ele, ou prometido grandes coisas para ele. Sua alegria fixava-se em *Deus* e não em *si mesmo.* Por meio de seu diário notamos que, ao longo de sua vida, de vez em quando, a sua alma era repleta por inefável doçura e consolação. As bases de seu forte e permanente consolo eram as emocionantes considerações e vívidas ideias sobre a *infinita glória de Deus,* sua imutável bem-aventurança, seu domínio soberano e universal. Estas coisas ele somava à doce exercitação do amor a Deus, entregando-se a Ele, humilhando-se diante dEle, negando a si mesmo por Ele, dependendo dEle, tudo fazendo para sua glória e servindo-O. Além destas, ele também fundamentava sua consolação na agradável expectação ou esperança que tinha acerca do avanço futuro do reino de Cristo.

Parece claro e inequívoco, o tempo todo, desde sua conversão até sua morte, que a santidade, a conformidade com Deus, o viver para Deus e para a sua glória eram as coisas que se tornaram o grande objetivo da nova satisfação e apetite que lhe foram dados na conversão e que, dali por diante, foram conservados e multiplicados em seu coração. Era isso que o atraía; esse era o objetivo central de sua alma; esse era o oceano para onde vertiam todas as correntes de seus afetos religiosos; esse era o objetivo de seus profundos desejos e de sua busca sincera. Ele desconhecia verdadeira excelência ou felicidade além dessa; era isso que ele desejava na terra com maior veemência e constância; e, para ele, nisso consistiam a beleza e a bem-aventurança do *céu*. Era isto que o fazia anelar tão intensa e tão frequentemente pelo mundo da glória. O seu grande alvo era ser perfeitamente santo, perfeitamente atarefado nas santas atividades do céu e, por conseguinte, "glorificar a Deus e desfrutar dEle para sempre".

Sua iluminação religiosa, suas emoções e suas consolações pareciam ser seguidas, em alto grau, pela *humilhação evangélica*, que consiste no senso de nossa própria insuficiência, vileza e odiosidade, das quais coisas ele tinha plena consciência. Quase o tempo todo ele manifestava profunda preocupação por suas falhas na vida religiosa, sentindo-se muito distante daquela atitude espiritual e santa que lhe cabia ter, por causa de sua ignorância, orgulho, amortecimento espiritual, instabilidade e esterilidade! Não somente ressentia-se diante da memória de sua pecaminosidade *anterior* à conversão, mas também diante do senso de sua *atual* vileza e corrupção. Ele não era propenso a pensar em sua maldade somente quando se comparava a Deus, mas também quando se comparava aos homens. Inclinava-se a pensar em outros santos como melhores do que ele mesmo; a pensar em si como o pior e menor de todos os santos e, por muitas vezes, como o mais vil e pior elemento da humanidade. E apesar de seus grandes feitos no campo do *conhecimento espiritual,* vemos que poucas coisas mais frequentemente o afligiam e o abatiam do que a sua *ignorância*.

Algo que o destacava era o seu espírito manso e tranquilo, semelhante à pomba e ao cordeiro, como era o espírito de Jesus Cristo! Como era pleno de amor, mansidão, tranquilidade, misericórdia e perdão! Seu amor não consistia apenas na apreciação e no zelo por algum grupo, mas, numa benevolência universal, por muitas vezes exercida mediante o mais sensível e ardente amor a seus maiores inimigos e opositores.

Brainerd era dotado de um espírito *suave* e *terno!* Oh, como as suas experiências, esperanças e alegrias se distanciavam da tendência de embrutecê-lo e endurecê-lo, de depreciar as suas convicções e sensibilidade de consciência, de amortecer seus sentimentos para com seus pecados atuais e passados, e de torná-lo menos cônscio acerca de seus pecados futuros! Quão longe estavam essas experiências, esperanças e alegrias de deixá-lo mais tranquilo quanto a negligência dos deveres difíceis e inconvenientes, de deixá-lo mais vagaroso e parcial no cumprimento de mandamentos difíceis, menos apto a ficar alarmado diante de seus próprios defeitos e transgressões, mais facilmente induzido a admitir apetites carnais! Pelo contrário, quão sensível era a sua consciência! Quão tendente era o seu coração a culpá-lo! Quão facilmente ele se alarmava diante do aparecimento da perversão moral! Quão grande e constante era seu cuidado com o seu próprio coração! Quão rígida era a sua cautela e vigilância acerca do pecado! Quão profundas e sensíveis eram as feridas provocadas pelo pecado sobre a sua consciência! Aqueles males que geralmente são considerados pequenos eram uma carga quase insuportável para ele, tais como: suas deficiências interiores, o fato de não ter um amor maior a Deus, de não detectar em si mesmo algum descuido ou ociosidade em sua vida religiosa, ou qualquer disposição mental inconstante. Quando considerava essas coisas sentia-se oprimido e abatido, cheio de vergonha e confusão! Seu amor e esperança, ainda que fossem tais que lançassem fora o temor servil do inferno, eram acompanhados do temor pelo pecado e de receber a insatisfação santa de Deus. Além do mais, eram abundantemente fomentados e valorizados pelo temor filial e reverente a Deus. Sua alegria parecia, verdadeiramente, ser um regozijo mesclado com santo temor. Seu senso de segurança e consolo se diferenciava grandemente de uma confiança e alegrias falsas e entusiásticas, pois promovia e mantinha a atitude de lamentação em face do pecado. Depois que recebeu a certeza da salvação e plena satisfação diante da segurança de seu estado, ele não se esquecia dos seus pecados passados, tenham estes sido cometidos antes ou depois de sua conversão; mas a memória deles, vez por outra, renovava a tristeza em seu coração. Não há dúvida que o trecho de Ezequiel 16.63 cumpria-se em sua vida: "...para que te lembres e te envergonhes, e nunca mais fale a tua boca soberbamente, por causa do teu opróbrio, quando eu te houver perdoado tudo quanto fizeste".

Os afetos e as alegrias religiosas de Brainerd não se pareciam com os de algumas pessoas, que têm arrebatamentos e poderosas emoções, de vez em quando, quando estão na *companhia* de outros, mas que nada sentem quando se *retiram* para devoções particulares. Embora fosse muito sociável, amando estar na companhia dos crentes e muito deleitando-se em diálogos espirituais e na adoração coletiva, contudo, as suas emoções mais calorosas e o maior efeito destas sobre a sua natureza, bem como sobre as suas alegrias mais agradáveis, ocorriam em suas devoções secretas e na comunhão íntima entre Deus e a sua própria alma. Isso podia ser facilmente observado durante toda a sua vida, desde a sua conversão à sua morte. Ele apreciava muito os retiros espirituais, e gostava de manter-se afastado do mundo, a fim de conversar a sós com Deus, em devoções secretas.

As experiências e consolos de Brainerd eram muito diversos do que sucede a algumas pessoas, que parecem viver *saciadas espiritualmente*, pondo fim a seus desejos e anelos religiosos, pelo menos quanto ao vigor e ao fervor dos mesmos; estas ficam satisfeitas com as suas próprias realizações e consolos, por viverem como se já tivessem obtido a sua finalidade básica, a extinção dos temores que sentem do inferno - e por conferir a si mesmas a confiança quanto ao favor divino. Pelo contrário, suas experiências e consolos eram sempre acompanhados por anelos e desejos de um maior grau de conformidade com Deus! Quanto mais profundas e doces eram essas consolações, tanto mais veemente era o seu desejo pela santificação. Ele não ansiava tanto por alegrar-se no amor de Deus, por ter visões claras sobre os seus próprios direitos a um progresso espiritual futuro e a honrarias celestes eternas, mas anelava por maior santidade nesta vida, maior espiritualidade, um coração mais solícito para servir a Deus, por amá-Lo e exaltá-Lo e depender mais dEle. Desejava ardentemente servir melhor a Deus, fazer mais em prol de sua glória, fazer tudo quanto pudesse ser feito tendo em vista os interesses de Cristo como sua justiça e força, e contemplar a ampliação e o avanço de seu reino na face da terra. Seus desejos não eram ociosos, mas eram poderosos e eficazes, animando-o a grande esforço na busca mais intensa por essas coisas, com o máximo de diligência e um incansável labor e autonegação. Suas *consolações* nunca arrefeceram a sua busca por Deus, nem o seu esforço em obter sua graça; pelo contrário, levavam-no a empenhar-se cada vez mais nesses propósitos.

4. A religiosidade de Brainerd não consistia numa *experiência* desvinculada da *prática*. Toda a sua iluminação interior, emotividade e consolos pareciam conduzir diretamente à prática cristã, culminando na mesma. E esta não era meramente uma prática boa por ser livre de atos grosseiros de irreverência e imoralidade, mas por ser uma prática santa e cristã, própria de uma vida séria, devota, humilde, mansa, misericordiosa, caridosa e beneficente. Ele fazia do serviço a Deus e a nosso Senhor Jesus Cristo a atividade mais importante de sua vida, à que se dedicou e buscou com o maior empenho e diligência até ao último de seus dias, em meio a todas as suas dificuldades. Nele via-se a maneira correta de alguém viver e praticar a religião cristã. Sua vivacidade cristã não consistia apenas, ou principalmente, em ser ativo em palavras, mas em obras; nem em mostrar-se ousado na profissão de sua fé e em demonstrações externas, contando com frequência as suas próprias experiências, mas sobretudo em mostrar-se ativo e abundante nos labores e deveres religiosos. "No zelo não sejais remissos: sede fervorosos de espírito, servindo ao Senhor, em vossa geração, de acordo com a vontade de Deus".

SEGUNDA REFLEXÃO

Esta narrativa da vida de Brainerd pode convencer-nos de que, realmente, existe tal coisa como uma verdadeira *religião que possa ser vivenciada*, oriunda da direta influência divina, a qual ilumina a mente e a convence de modo sobrenatural, impressionando, vivificando, santificando e governando poderosamente o coração.

Se alguém insistir que a piedade de Brainerd consistia em mero *entusiasmo*, resultado de uma fértil imaginação, então indagarei: Quais foram os frutos de seu entusiasmo? Podemos observar nele um elevado grau de honestidade e simplicidade, sinceros e ardentes desejos e esforços em conhecer e fazer tudo quanto é correto e justo, evitando qualquer coisa errada; um elevado grau de amor a Deus, deleite nas perfeições de sua natureza, colocando nEle a felicidade do viver, e isso não apenas através da contemplação de Deus, mas por mostrar-se ativo em agradar ao Senhor e servi-Lo. Havia nele uma firme e confiante crença no Messias como o Salvador do mundo, o grande Profeta de Deus e o Rei da igreja, somando-se a um grande amor a Ele, o deleite e a satisfação no caminho da salvação por meio de Cristo e o anelo pela ampliação de seu reino. Ele possuía desejos profundos de que Deus fosse glorificado e o reino do Messias progredisse, quaisquer que fossem os meios utilizados. Demonstrava uma incomum resignação diante da vontade de Deus, mesmo sob grandes provações. Manifestava uma grande e total benevolência para com o ser humano, alcançando indistintamente pessoas de todas as características, por meio de um linguajar e um comportamento dóceis, de um tratamento gentil, de misericórdia, de liberalidade, buscando com sinceridade o bem físico e espiritual dos homens. E vemos que todas essas qualidades eram acompanhadas de extraordinária humildade, mansidão, disposição em perdoar ofensas, e até mesmo de amor pelos inimigos. Nele vimos um comportamento modesto, discreto e decente, em relação aos que lhe eram superiores, inferiores ou iguais. Brainerd sabia aproveitar o seu tempo, cuidando para não o desperdiçar. Ele mantinha grande vigilância contra toda sorte de pecado no coração, na linguagem e nas ações.

Vimos que esse exemplo e esses esforços resultavam dos mais felizes frutos e da benéfica influência sobre *outros,* quanto a humanizar, civilizar, reformar e transformar, da maneira mais maravilhosa, alguns dos selvagens mais brutais, ou outras pessoas ociosas, imorais, alcoólatras, assassinos, idólatras grosseiros e feiticeiros. Homens eram assim levados a uma permanente sobriedade, diligência, devoção, honestidade, boa consciência e amor. As virtudes acima nomeadas e os labores bem-sucedidos afunilavam-se todos em uma maravilhosa paz, em grande estabilidade, calma e resignação diante dos sinais sensíveis da aproximação da morte. Ele anelava pelo estado celestial, não somente por causa das honras e vantagens envolvidas nessa circunstância, mas acima de tudo, devido a *perfeição moral* e as santas e benditas atividades que ali imperam. Essas qualidades foram vistas em um homem dotado de indisputável entendimento e bom juízo. Digo, pois, que se todas essas virtudes foram apenas fruto do *entusiasmo,* então, por que o *entusiasmo* não seria considerado uma virtude desejável e excelente? Pois, que mais poderia fazer a verdadeira religião cristã ou a melhor das filosofias?

TERCEIRA REFLEXÃO

A história da vida de Brainerd serve para confirmar as *doutrinas da graça.* Pois, se admitirmos que no âmago de seu viver cristão havia verdade, substância e valor, segue-se, sem dúvida, que aquelas doutrinas são de origem divina, visto ser evidente que sua vida, do começo ao fim, harmoniza-se com essas doutrinas. Foi por meio de doutrinas como estas que ele foi conduzido ao seu despertamento e profundo interesse pelas coisas de natureza espiritual e eterna. Por meio dessas doutrinas, as suas convicções foram mantidas e levadas avante, e a sua conversão evidentemente ocorreu em plena harmonia com as mesmas. Ela não resultou da confirmação e aperfeiçoamento de princípios e hábitos morais, mediante o uso, a prática e a disciplina diligente, juntamente com as concordantes sugestões e colaboração do Espírito de Deus. Antes, deveu-se totalmente a uma operação sobrenatural, que, de súbito, o arrancou das trevas para a maravilhosa luz, e do poder do pecado para o domínio exercido por princípios divinos e santos. Em nenhum aspecto a sua conversão foi produto de seu esforço ou labor e nem foi obtida mediante as *suas* virtudes pessoais; também não ocorreu senão quando ele já estava plenamente convicto de que todas as suas virtudes, forças, labores e esforços jamais lhe valeriam coisa alguma para a produzir ou obtê-la.

Se Brainerd foi realmente levado a abandonar o pecado e se voltar para Deus, e se ele tornou-se um homem piedoso, de fato, então ninguém pode duvidar que a sua conversão ocorreu no tempo que ele pensava ter ocorrido. A transformação pela qual ele passou foi evidentemente a maior transformação moral que já experimentara; e nesta ocasião, ao que parece, é que foi inicialmente conduzido ao tipo de religião, que ele manteve vida afora: a conduta e disposição mental admiráveis. A narrativa mostra que esta mudança foi diferente em sua *natureza* e *espécie*, de tudo quanto ele já passara. Sem dúvida foi algo que sucedeu de uma vez, sem preparação prévia de sua mente, convencendo-a gradualmente, mais e mais acerca das mesmas verdades, trazendo-a cada vez mais perto de tal disposição. Pois tudo aconteceu pouco depois da sua mente estar repleta de blasfêmia, e de exercitar uma veemente e sensível inimizade contra Deus, com grande oposição às verdades que agora ele abraçava e nas quais descansava, com todas as forças de sua alma, considerando-as divinas e gloriosas. Ele depositava a sua felicidade na meditação acerca dessas verdades e no aprimorar-se nelas. Ele mesmo, sem dúvida, sendo quem melhor podia julgar a sua própria experiência, declarou que os novos afetos e as novas disposições que lhe foram outorgados, os quais também permaneciam em sua possessão, eram, com a maior certeza, completamente diferentes, em sua *natureza,* de tudo quanto lhe fora dado experimentar antes daquela ocasião, e de tudo quanto ele antes pudera conceber.

Portanto, é patente que a piedade de Brainerd era o efeito das doutrinas da graça aplicadas ao seu coração. E por certo não podemos negar que o resultado foi bom, a menos que nos tornemos ateus ou deístas. Gostaria de indagar se existe realmente tal coisa como a *devoção cristã.* Se existe, no que ela consiste? Qual é a sua natureza? E qual é a sua justa medida? Não deve ela manifestar-se em um elevado grau? Nas Escrituras lemos abundantemente a respeito de "*amar* a Deus de todo o coração, alma, mente e forças", de *deleitar-se* em Deus e de *regozijar-se* no Senhor com um júbilo indizível e cheio de glória. Lemos acerca da alma magnificando ao Senhor, tendo sede de Deus, tendo fome e sede de justiça, irrompendo em anseio pelos juízos divinos, orando a Deus com gemidos que não se podem exprimir, lamentando pelo pecado com o coração quebrantado e com o espírito contrito, etc. Oh, quanto os Salmos e outras porções bíblicas estão repletos de coisas como estas! Ora, no que essas coisas que foram expressas e vistas na pessoa de David Brainerd, por si mesmas e em seus efeitos e frutos, se diferenciam daquilo que as Escrituras indicam? A todas essas coisas ele foi conduzido por meio daquela estranha e maravilhosa transformação do ser humano, que ele chamava de sua *conversão.* Porventura, isso não concorda com o que por tantas vezes lemos no Antigo e no Novo Testamentos, acerca da dádiva de um coração de carne, da criação de um espírito reto, da renovação da mente, da plena santificação, do tornar-se alguém uma nova criatura?

QUARTA REFLEXÃO

Não há, porventura, nas memórias que lemos sobre Brainerd, muita coisa que ensine e estimule ao serviço, a nós que fomos chamados para a obra do *ministério*, bem como a todos os *candidatos* a essa grande obra? Ele parecia ter um profundo senso da grandiosidade e importância dessa obra, que pesava tanto sobre a sua mente! Quão sensível era ele quanto a sua própria insuficiência para essa obra, e quão grandemente dependia da suficiência de Deus! Quão diligente se mostrava em estar qualificado para a mesma! E, com esse alvo, quanto tempo ele passava em oração e jejum, como também na leitura e na meditação, *dedicando-se* a essas coisas! Ele consagrou a sua vida inteira, todos os seus poderes e talentos a Deus; e olvidou e renunciou ao mundo, com todos os seus aprazimentos agradáveis e sedutores, a fim de que pudesse libertar-se totalmente para servir a Cristo em sua obra e agradar Àquele que o escolhera para ser um soldado sob a autoridade do Capitão da nossa salvação! Com quanta solicitude, seriedade e diligência ele se consagrou a Deus, nosso Salvador, buscando a sua presença e bênção em secreto, por ocasião de sua *ordenação* ao ministério! E quanto o seu coração parecia constantemente envolvido, o seu tempo bem empregado e todas as suas forças gastas na atividade para a qual foi chamado e publicamente separado! A história de Brainerd mostra-nos como podemos obter *êxito* na obra ministerial. Ele buscou esse sucesso como um soldado resoluto busca a vitória em um cerco ou batalha; ou como um homem que participa de uma corrida, aspirando pelo grande prêmio. Animado pelo amor a Cristo e às almas dos homens, Brainerd sempre batalhou fervorosamente, não apenas em palavra e doutrina, de maneira pública e privada, mas também em *orações*, dia e noite, "lutando com Deus", em secreto, "em trabalho de parto", com gemidos inexprimíveis e agonias, "até que Cristo fosse formado" nos corações das pessoas às quais ele fora enviado! Possuía grande sede pela bênção sobre o seu ministério, "vigiando pelas almas como quem deve prestar conta"! Oh, ele saiu "na força do Senhor Deus", buscando e dependendo da influência especial do *Espírito* a fim de receber ajuda e obter sucesso! Seu trabalho teve um feliz resultado, afinal, embora após longa espera, e com muitas situações negras e desencorajadoras! Como um autêntico filho de Jacó ele perseverou na luta, em meio às trevas da noite, até que irrompeu o dia.

Que o exemplo de David Brainerd conceda instrução particularmente aos *missionários* por seu trabalho, dedicação à oração, abnegação, sua resistência nas dificuldades, demonstrando constante determinação e paciência, e também por sua conduta fiel, vigilante e prudente, quanto a muitas outras questões.

QUINTA REFLEXÃO

O relato sobre a vida de Brainerd pode fornecer instruções aos *crentes* em geral. Sua vida demonstra, em muitos aspectos, a maneira correta de pôr-se *em prática* a religião cristã, a fim de se obter os *fins* e receber os *benefícios* daí resultantes. Também ensina como os crentes devem "correr a carreira que lhes foi proposta", se não quiserem correr em vão ou incertamente, mas quiserem honrar a Deus no mundo, adornando a sua profissão de fé, mostrando-se úteis para os seus semelhantes, desfrutando das consolações cristãs enquanto viverem, livres de dúvidas inquietantes e apreensões obscuras acerca da condição de suas almas, usufruindo de paz por ocasião da aproximação da morte e "terminando a sua carreira com alegria". De modo geral, ele muito recomendava, com esse propósito, *o aproveitamento do tempo,* uma grande *diligência* nas atividades da vida cristã, *vigilância,* etc., exemplificando todas essas coisas de modo notável.

Particularmente, o exemplo e o sucesso de Brainerd, no que concerne a certo dever especial, pode ser muito útil para os pastores e os crentes em geral. Refiro-me ao dever do *jejum em secreto.* O leitor viu o quanto Brainerd recomendou esse dever, e o quanto ele mesmo o punha em prática; e também não deve ter escapado à observação, o quanto ele foi dedicado e abençoado por essa prática, e o quanto a sua alma evidentemente se beneficiou dela. Dentre os numerosos dias que passou em jejum e oração secretos, acerca do que se referiu em seu *diário*, praticamente não houve uma única instância que não tenha sido seguida, de imediato, ou pouco depois, por um visível sucesso, e de uma bênção notável, no tocante às influências e consolações especiais do Espírito de Deus. Por várias vezes, isso sucedeu antes daquele mesmo dia terminar. Devemos salientar, porém, que quando ele se dispunha a cumprir esse dever, ele o fazia com grande empenho, esforçando-se em apegar-se a Deus, perseverando com insistência em oração, com uma atitude semelhante à de Jacó, o qual disse ao anjo: "Não te deixarei ir, se me não abençoares" (Gênesis 32.26).

SEXTA REFLEXÃO

No relato que vimos atrás, há muita coisa que estimula e encoraja o povo de Deus a dedicar-se a orações e esforços intensos em prol do *avanço* e *ampliação do reino de Cristo no mundo*. Brainerd legou-nos um excelente exemplo quanto a isso. Ele buscava a prosperidade de Sião com todas as suas forças, e preferia o céu acima de qualquer satisfação. Oh, quanto a sua alma anelava e por ela suspirava! Quão zelosa e frequentemente ele lutou com Deus a esse respeito! E tomado por esses desejos e orações, quanto parecia se distanciar de todos os pontos de vista pessoais e egoísticos! Pois era encorajado por um amor puro a Cristo, por um sincero desejo pela sua glória, e por uma abnegada afeição pelas almas dos homens.

A consideração desses fatos deve servir não somente de *incentivo* para o povo de Deus, mas também de um *encorajamento* apropriado, de modo que busquem e orem intensamente por um derramamento do Espírito de Deus e por um amplo reavivamento. Confesso que o fato de Deus ter dado tão intenso espírito de oração, em favor da graça do avivamento a um tão eminente servo seu, tendo-o estimulado daquela maneira, com tão veemente sede de alma, ao ponto dele agonizar-se em oração a esse respeito, vez por outra, no decorrer de sua vida, é uma daquelas coisas, entre outras, que me infundem grande esperança de que Deus tem planejado realizar algo mui glorioso, no interesse de sua igreja, dentro em breve. Um caso de oração como esse, conforme entendo, insufla maior encorajamento do que as orações comuns, frias e formais de milhares de pessoas. Visto que os desejos e as orações de Brainerd em favor da vinda do reino de Cristo eram muito *especiais* e *extraordinárias*, penso que também podemos esperar, com certa razão, que o mesmo Deus que incitou esses desejos e orações haverá de lhes dar resposta com algo de *especial* e *extraordinário*. E, de modo particular, penso ser digno de nota, para nosso encorajamento, que quando ele estava para morrer, e seu coração anelava e suplicava de maneira incomum pelo florescimento do reino de Cristo na terra, e ao dar o último suspiro, elevou a sua alma para o seio do seu Redentor, orando e almejando por aquele glorioso evento, assim expirou, com a grandiosa esperança de que esse avivamento logo começasse a se cumprir.

Não posso concluir estas reflexões sem um grato reconhecimento da misericórdia de Deus nas circunstâncias da morte de David Brainerd, sobretudo na graciosa dispensação da providência divina para comigo e meus familiares, no fato que as coisas foram ordenadas de tal modo que, estando Brainerd a cerca de trezentos e cinquenta quilômetros de distância, tenha sido trazido para a minha residência nos estágios finais 240 *A Vida de David Brainerd* de sua enfermidade, tendo falecido aqui. Assim, tivemos oportunidade de conhecê-lo mais intimamente e de dialogar com ele, mostrando-lhe os nossos solícitos cuidados em tais circunstâncias, acompanhando a sua *conduta* como moribundo, ouvindo os seus *discursos* do leito de morte, recebendo os seus *conselhos* finais e colhendo os benefícios de suas últimas *orações*. Que Deus, em sua infinita misericórdia, conceda-nos que nunca nos olvidemos dessas coisas, aprimorando-nos sempre, com base nas vantagens assim recebidas! Que o Senhor também nos outorgue que esta narrativa, sobre a vida e a morte de Brainerd, redunde em grande benefício espiritual de todos quanto puderem lê-la, mostrando ser um feliz meio de promover o avivamento do verdadeiro cristianismo!

Amém.

FIEL
MINISTÉRIO

O Ministério Fiel visa apoiar a igreja de Deus de fala portuguesa, fornecendo conteúdo bíblico, como literatura, conferências, cursos teológicos e recursos digitais.

Por meio do ministério Apoie um Pastor (MAP), a Fiel auxilia na capacitação de pastores e líderes com recursos, treinamento e acompanhamento que possibilitam o aprofundamento teológico e o desenvolvimento ministerial prático.

Acesse e encontre em nosso site nossas ações ministeriais, centenas de recursos gratuitos como vídeos de pregações e conferências, e-books, audiolivros e artigos.

Visite nosso site

www.ministeriofiel.com.br

Leia também:

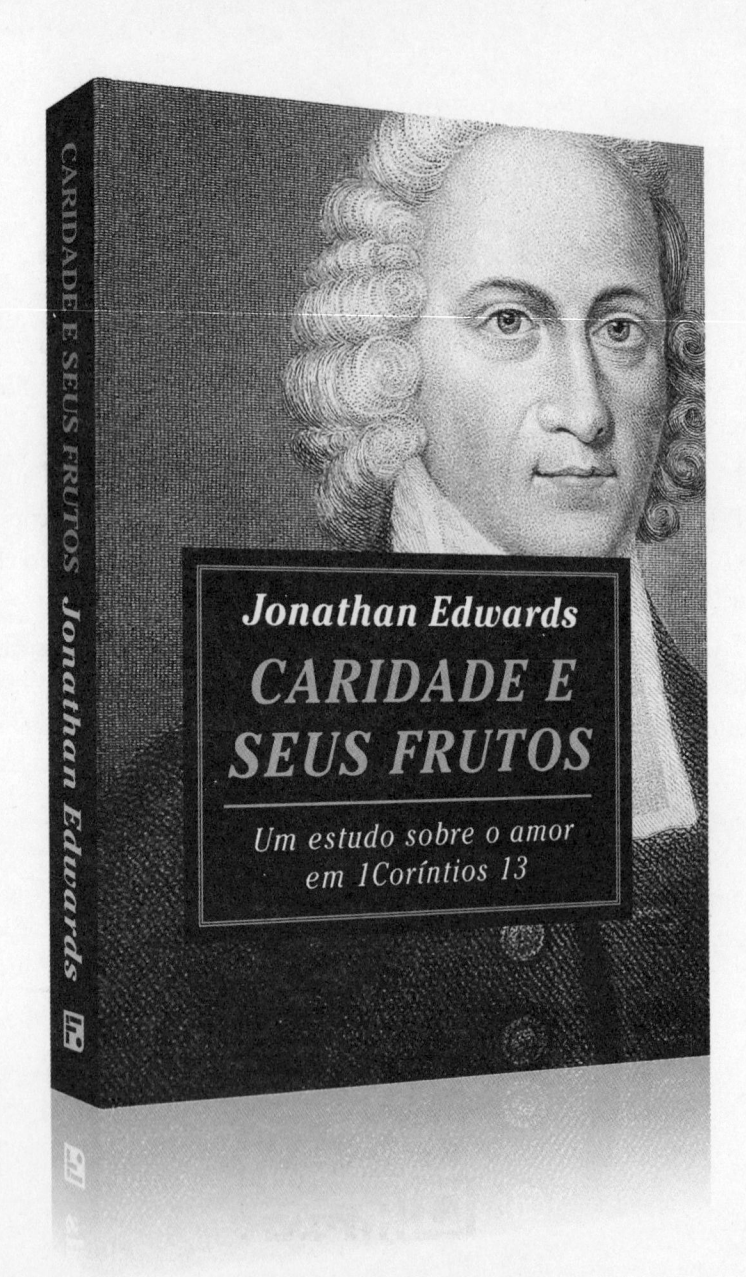

Jonathan Edwards
CARIDADE E SEUS FRUTOS
Um estudo sobre o amor em 1Coríntios 13

A breve vida de
Jonathan Edwards

GEORGE MARSDEN

Autor premiado com o Brancroft Prize

As Firmes Resoluções de

Jonathan Edwards

STEVEN J. LAWSON

UM PERFIL DE HOMENS PIEDOSOS

AMY CARMICHAEL

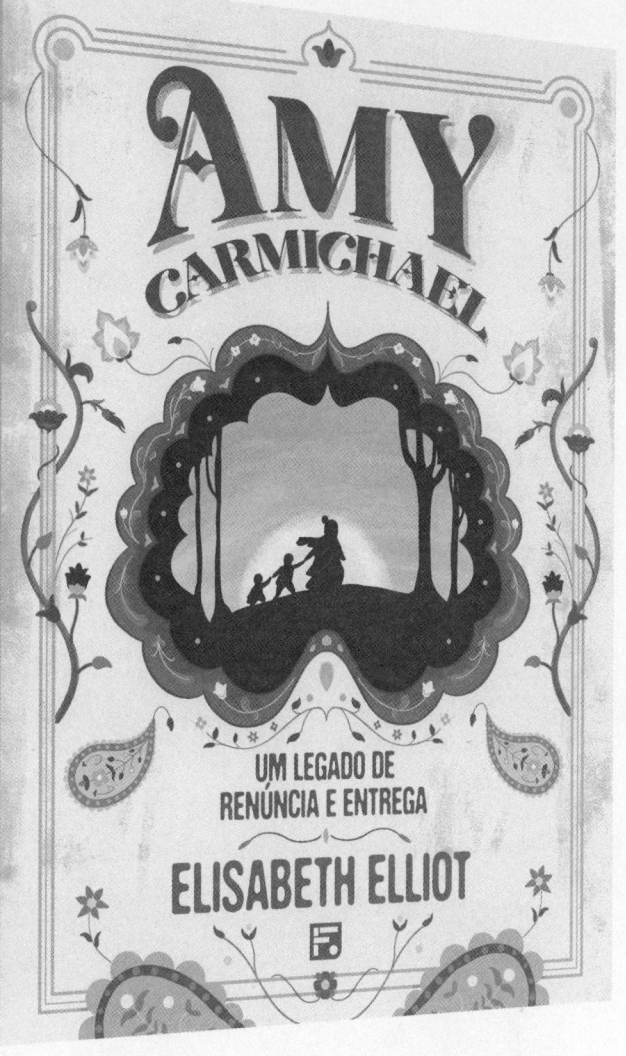

UM LEGADO DE RENÚNCIA E ENTREGA

ELISABETH ELLIOT

Impressão e Acabamento | Gráfica Viena
Todo papel desta obra possui certificação FSC® do fabricante.
Produzido conforme melhores práticas de gestão ambiental (ISO 14001)
www.graficaviena.com.br